ASAHI SENSHO
朝日選書
721

二・二六事件　全検証

北　博昭

朝日新聞出版

二・二六事件　全検証●目次

二・二六事件 全検証

北　博昭

はしがき

二・二六事件を取り上げるといえば、まだ書くことがあるのか、改めてなにが提示できるのかと、そんな問いかけが返ってくるかもしれない。たしかに、この事件に関する調査や研究は多い。関係文献も数えきれないほどある。事件はすでに論じ、語りつくされてしまったかのようにもみえる。

しかし、有力な素材があらたに出現すれば、論じられ、語られてきたことも、場合によってはゆらぐ。一九九三年（平成五）にその素材が現れた。二・二六事件正式裁判記録の大量の原本「二・二六事件記録」が公開されはじめるのである。保管先・公開元は東京地方検察庁。これは、事件研究に不可欠の、他のどんな素材をも上回る一次史料とみなしえよう。

この裁判記録によって、これまでの素材を照らしてみると、あちこちで不協和音が聞こえてくる。

例を引こう。

事件にくわわり、無期禁固刑に処された清原《きよはら》（のち湯川）康平《こうへい》少尉は、のちにこう証言する。事件前日の一九三六年（昭和十一）「二月二十五日の朝、私は妻に送られて玄関を出た。もうふたたび、この家のしきいをまたぐこともないだろうと思い、ふと妻の顔を見上げると、なにも知らない妻はいつものように笑って送ってくれている。（略）後を振り返ると足が鈍りそうなので、私は一心に前を見つめて歩いた」（湯川「命令！　警視庁を占拠せよ！」『日本週報　ダイジェスト版』六）。

清原は、二十五日の朝までに、すでに決起を知っていたというわけである。これがほんとうなら、従来、決起将校のうちでも末端にみられていたかれが、じつは、かなりのキーパーソンであったことになる。というのは、決起が事前に漏れるのを防ぐために、その連絡に臨んでは、中心グループからの距離に比例して時間差が置かれていたのである。

清原が知られざるキーパーソンだとすると、これまでほとんど追跡されていないかれを調べることで、事件研究にあたらしい局面がもたらされる可能性も出てくる。かれの証言のもつ意味は重い。

だが、正式裁判記録中の清原の公判調書には、決起日につき、歩兵第三連隊において二十五日の午前十時ごろ、主動組の安藤輝三《あんどうてるぞう》大尉より翌日であることを告げられ、参加をうながされた、という供述が記載されている。さらに、同公判調書からは、二十四日以降、かれは週番士官の勤務についていた、すなわち兵営に泊まっていた、という清原の弁もうかがえる。かれの証言にあるように、「二月二十五日の朝、私は妻に送られて玄関を出た」のではなかった。

はたして、決起の計画はよく煮詰められたものだっただろうか。成功の可能性はあったろうか。あるいは、ときにいわれるように、決起は昭和の忠臣蔵だったのか。はたまた、二・二六事件に先行するテロ、相沢事件はどんなつながりをもっていただろうか。巻末の「付　相沢事件判決書」にはこの事件の第一審と上告審の判決書を収めるが、これは、そのつながりを検討するうえでも有力な新史料となる。

たとえば、事件をおこした相沢三郎《あいざわさぶろう》中佐は、自分が決行せずにいれば「至誠硬骨の青年将校が、党を組んで如何なる不祥事を惹起するやも知れない」と思っていたという陳述（上告審判決書）をしているのがわかる。しかし、いっぽうではこの事件が青年将校を追いつめることにもなる。このように、ここに初めて公刊する資料により、両事件の相関性が明らかになるのである。

これまで、たとえば「陸軍大臣告示」の下達《かたつ》など特定のテーマについて裁判記録をふまえた論考もいくつかは発表されている。これにたいし、本書では裁判記録をつかいながら、事件全体のながれを時系列的に追ってゆく。しかも、叙述にあたっては、各項目をあえてほぼ均等の分量にし、ハンドブック的な方法で捉えなおすことにより、予断を排して「あるがまま」をできるだけしめそうとした。

二・二六事件という、近代日本最大のクーデターは失敗した。とはいえ、天皇や政治の中枢部をはげしく震撼させた企てであった。右の方法をとることで、この事件が昭和戦前・戦中期の日本の歩みにあたえた影響までも意外な姿で直接・間接にあぶり出すことができたのではないかと思う。

現在、裁判記録のうち、伊藤隆・北博昭共編『新訂　二・二六事件　判決と証拠』にはすべての判決書が、池田俊彦編『二・二六事件裁判記録　蹶起《けっき》将校公判廷』には公判調書中のいわゆる将校グループの全箇所が収載されている。

文中の引用文は、かたかなをひらがなに直し、旧かなは新かな遣いに、旧漢字は新字体に改めた。また、適宜、ふりがなをつけ、法令類を除いて句読点をうった。補遺は［　　］に記入した。巻末付録資料についても同様であるが、読みやすくするため、適宜改行を入れた。

一　憂国の青年将校運動

1　天皇は国家革新の象徴

北一輝の登場

明治の初め以来、日本の国家主義運動の目はほぼ外にむかっていた。対外強硬路線である。これが、内にむかい、国家改造路線へとかわるのは大正の半ば以降となる。シベリア出兵のあった一九一八年（大正七）の米騒動がおもなきっかけである。この騒動は、前年のロシア革命とともに、その後の日本の社会運動におおきな影響をあたえた。

国家主義者の大川周明《おおかわしゅうめい》は語る（五・一五事件、大川・予審訊問調書）。「国家が軍を海外に出す時に、米価が高いからと云って暴動を起し、亦《また》もそれが忽《たちま》ち全国数十箇所に拡まると云う事は深刻なる暗示を国民に与えるもので、日本国家は此の儘では不可と云う事を示す天意と私には考えられました」。

米騒動のころ、のちに二・二六事件で刑死する北一輝《きたいっき》（輝次郎《てるじろう》）は中国の上海にいた。そして、一九年の「八月頃、欧州大戦の終末を告ぐると共に、将来、更に第二の世界大戦が勃発するものと予想し、

（略）前以て日本国内を合理的に改造」（二・二六事件判決書。以下、とくに断らないかぎり、裁判関係事項および裁判にかかわる典拠は二・二六事件のもの）しておくために、『国家改造案原理大綱』をまとめる。

これが、二三年には『日本改造法案大綱』となる。二・二六事件で国家革新の教典として取り沙汰されるものである。本書は天皇をかつぐクーデターによる国家改造のプランともいえるもので、天皇は国家革新の象徴としてとらえられている。

『国家改造案原理大綱』のまとめもおわろうとする八月末、上海の北のもとを大川がおとずれる。北と旧知の国家主義者、満川亀太郎《みつかわかめたろう》の依頼だった。大川は、「日本は今にも革命になりそうで（略）危いから、支那を捨てて日本に帰ってくれ」（北・公判調書）とたのみこんだ。

北は、大川に、ほぼ書きおえていた『国家改造案原理大綱』をしめす。そして、「之を基礎として国内改造を断行」（判決書）することで話はまとまった。翌二〇年の一月、帰国した北は、満川や大川らの国家主義団体である猶存社《ゆうぞんしゃ》にくわわり、国家革新の啓蒙活動に邁進しはじめる。『国家改造案原理大綱』の頒布・普及が猶存社の主たる活動である。北は、以後の国家主義運動において、天皇を国家革新の象徴とみなす源流的な位置をしめてゆくのであるから、大川によるこの北訪問の意義はおおきかった。

猶存社は、国家改造の実行をめざす日本で初めての国家主義団体だった。大川が北をむかえにいった一九年八月のはじめ、前年の十月にできた老壮会《ろうそうかい》の非実践性に限界を感じた満川や大川らが結成したものである。老壮会は国家改造について論議するために、満川のよびかけで組織されていた。

西田税のほうがキーパーソン

西田税《にしだみつぎ》は、師匠格の北一輝とともに二・二六事件を画策した首魁《しゅかい》（首謀者）とみなされ、死刑になった。決起将校らの国家革新運動にあたえた直接の影響は、じつのところ北よりも西田のほうがおおきい。しかも西田は、「陸軍に国家革新の『種』をまいた」（大谷敬二郎『軍閥』）張本人であるから、陸軍当局が、北ともども西田を粛清してしまうのである。

一九一九年（大正八）、陸軍中央幼年学校本科（のち陸軍士官学校予科、陸軍予科士官学校）生の西田は国家革新運動に関心をもつ。「大本教《おおもと》の日米関係を聞き、其《それ》に大陸発展の必要を感じ、之《これ》が為には日本国内を改造する必要がある様に思った」（西田・予審訊問調書）のが、その動機だった。

かれは同じその年、同期生の宮本進の線から国家主義団体の黒竜会《こくりゅうかい》をはじめて訪れる。翌二〇年の秋には、同期生の宮本、福永憲、平野勳《ひらのいさお》らと「日本改造、亜細亜《あじあ》復興」（西田税「戦雲を麾く《さしまね》」佐伯彰一・鹿野政直監修『日本人の自伝』一二）のための会合をもつ。陸軍士官学校本科（のち陸軍士官学校）にすんだ直後である。さらには二一年九月、学友同志によびかけて青年亜細亜同盟を結成する。

西田の国家革新運動への息吹である。まだ、北との出会いはない。国家革新運動において、西田はしばしば北の亜流のようにいわれるが、独自の側面も多い。

本科二年目の二二年（大正十一）、満川亀太郎の「紹介で北一輝と初めて相知」（西田・予審訊問調書）る。満川を知ったのは出入りしていた「黒竜会の関係から」（西田・憲兵聴取書）だった。二・二六事件の公判廷で、西田はのべる（西田・公判調書）。「大正十一年、士官学校在学中、衛戍《えいじゅ》病院よりの帰途、北方を訪問しました。之が北を知った最初であります」。西田は、同年二月下旬から四月下旬まで、赤坂の陸軍衛戍病院に胸膜炎のため入院している。「衛戍病院よりの帰途」とは退院時をさす。

その後、西田は「北から日本改造法案［大綱］の原稿などを借りて読み、深く之に共鳴」（同上）する。そして、「北輝次郎、満川亀太郎等より種々思想的に指導せられ」（判決書）る。とはいえ、士官学校のころは「未だ国家革新問題に対して明確な意見を持って居った訳では」（西田・憲兵聴取書）なかった。学友同志間で「お互将校になったら、確《しっか》りやろうではないかと話合った程度」（同上）だったらしい。

二二年七月、西田は士官学校本科を卒業。原隊となっていた朝鮮の羅南《らなん》騎兵第二七連隊に見習士官として赴く。十月に騎兵少尉に任官。だが、すでに連隊では国家革新思想をもつ要注意将校であった。西田は「上官の眼が余に鋭く光るようになって」「余の身辺は圧迫の波がひた打った」。「東京に出たくて堪ら」（同上）ず、憲兵への転科を志願した（前掲「戦雲を麾く」）、という。しかし、連隊長の飯島昌蔵大佐はゆるさなかった。

二三年六月、西田は広島の騎兵第五連隊へ転属となる。はっきりした理由はわからない。だが、翌年の五月には依願で予備役に編入。羅南時代から体調がすぐれず、肋膜肺尖《はいせん》を病んでいたことがおおきかったようだ。予備役になった西田は、国家革新運動に専念する。

士官学校をおえてから予備役になるまでの間、西田と北の付き合いはなかったらしい。「同校を出ると朝鮮に赴任した為、交際は途絶えて居りました」。二・二六事件の公判廷における北の供述である（北・公判調書）。

揺籃期の青年将校運動

陸軍の現役を退いた西田税は上京する。一九二五年（大正十四）六月、大川周明の主宰する行地社《こうちしゃ》にはいった。二三年に解散した猶存社をうけての国家主義団体である。

西田はこのころから北一輝に親しくちかづくようになる。もっとも北は猶存社の同人だったが、行地社にはくわわっていない。西田は「行地社に入ってより後は、屢々《しばしば》訪ねて来る様になりました」（北・公判調書）と、二・二六事件の公判廷で北はのべている。西田は行地社で「機関雑誌『日本』の編輯に任じ、一方大川周明と共に、主として陸海軍将校等に対し、『日本改造法案大綱』を基調とする革新思想の普及宣伝に努力」（判決書）してゆく。

やがて、西田のまわりには国家革新をめざす年下の陸海軍将校らのすがたがうかがえるようになる。たとえば、陸軍の末松太平《すえまつたへい》、菅波三郎《すがなみさぶろう》、村中孝次《むらなかたかじ》、大岸頼好《おおぎしよりよし》、海軍の藤井斉《ふじいひとし》、古賀清志《こがきよし》。

かれらは社会や国家への不満を背景に、西田とまじわり、北の『日本改造法案大綱』にちかづく。そして、西田以下、国家革新運動に邁進し、いわゆる青年将校運動の揺籃期をきずいてゆくのだ。

末松たちは青年将校とよばれた。国家革新運動にしたがう部隊勤務の若い初級将校、すなわち尉官級の隊付将校である。かれらによる革新運動を青年将校運動という。二・二六事件へとつながるこの青年将校運動は、西田の周辺に発するいわば憂国の念の発露だった。かれらはその運動の先覚グループをなすのである。

のち、西田、末松、菅波は二・二六事件に連座する。村中は主動組のひとりとなる。大岸は事件の時はすでに西田とわかれていて、不起訴だった。藤井は第一次上海事変で三二年（昭和七）に戦死。古賀は五・一五事件で刑に服すが、二・二六事件にはかかわっていない。

青年将校運動の台頭のなかで、やがて西田は大川と齟齬をきたしはじめ、二五年（大正十四）十一月、大川の行地社を脱退する。翌年の四月ごろには、西田は在郷軍人の労働者による右翼労働運動を企て、星光同盟をはじめた（「星光同盟綱領規約」）。だが、五月におこした宮内省怪文書事件すなわち北海道御料林払い下げ問題で八月に収監され、中断する。二七年（昭和二）二月に保釈で出所するものの、三〇年十月、その宮内省怪文書事件が上告棄却となり、懲役五か月が確定、これにともない、予備役騎兵少尉の官を失った。陸軍からの完全な追放であった。

保釈で出所した二月、西田は「愛国運動の必要を感じ、士林荘《しりんそう》を結成し、同年七月海軍将校藤井斉と共に『天剣党規約』を印刷配布したるも、結社の成立を見ず」（判決書）におわる。士林荘も天剣党も、実際のところ、有名無実だった。探知した憲兵隊も手を引く程度のものでしかなかった。

「天剣党規約」は軍人主体の国家革新をうたう。これは、天皇を国家革新のシンボルとみる『日本改造法案大綱』にもとづく。大綱へのこの依拠は、以後も、西田の国家改造策のベースとなりつづける。

このころ、揺籃期の青年将校運動に拍車がかかる。天剣党に参加していた藤井は二八年三月に王師会を結成。三〇年十二月、福岡県の香椎《かしい》温泉で九州方面の同志の結集をはかる会合を開催する。そして三一年三月には、頓挫したとはいえ、国家革新をめざす桜会《さくらかい》のリーダー橋本欣五郎《はしもときんごろう》中佐らによる三月事件がおこる。

三月事件とは、橋本たちが、陸軍省軍務局長小磯国昭《こいそくにあき》少将ほかの陸軍中枢部とむすび、民間人大川周明などと連なり、陸軍大臣宇垣一成《うがきかずしげ》大将を擁してなそうとした軍事政権樹立のためのクーデターの画策である。未遂となったため、第二次大戦後まで公にはならなかった。

当時の藤井は、茨城県大洗《おおあらい》の、のち血盟団事件で知られる国家主義者井上日召《いのうえにっしょう》にも接近するが、そのきっかけは、二九年十一月の同県霞ヶ浦海軍航空隊への転属だった。その結果、海軍の青年将校と井上のつながりができる。藤井とむすぶ西田も、井上とまじわるようになっていく。

三月事件後もほどない三一年八月二十六日、東京・青山の日本青年会館で郷詩社《きょうししゃ》(郷詩会)の名による会合が開かれた。西田は二・二六事件の予審廷でこうのべている(西田・予審訊問調書)。「友人の紹介で」知った橋本中佐から、やがて発覚する「十月事件の内容を聞かされ、海軍を参加させる様に努力してくれと依頼され」た。そこで、「私、「井上」日召、藤井の三名が主となり」、その会合がもたれたのだと。このころには、天剣党の一件に起因した、西田と、大岸や末松など陸軍青年将校との間に生じた溝もうまっていた。

陸軍青年将校からは大岸、末松、菅波、それに二・二六事件で決起する安藤輝三《あんどうてるぞう》、栗原安秀《くりはらやすひで》、対馬勝雄《つしまかつお》らが出席。海軍青年将校では藤井、古賀ほかが、民間は西田や井上らにくわえて、五・一五事件に参画する橘孝三郎《たちばなこうざぶろう》まで顔をみせている。

西田は座長として会合をリードした。とはいえ、会は、組織についての取り決めがなされただけでおわる。西田宅がその組織の本部とされたこともあって、以後、かれのもとへは陸海軍の青年将校らが頻繁にあつまるようになる(末松太平『私の昭和史』)。二・二六事件で刑死する元士官候補生の民間人渋川善助《しぶかわぜんすけ》もそのひとりだった。西田は、いわば郷詩社派ないし西田派の代表格となり、揺籃期の青年将校運動は西田を中心に展開したといっても過言ではない。

2　運動の展開

十月事件が起点

一九三一年（昭和六）九月、日本の関東軍は中国大陸で満州事変をおこす。これに呼応し、橋本欣五郎中佐らは、国家改造のクーデターを企てた。十月事件である。橋本は桜会の急進派のリーダーだった。

かれらは、三月事件のときと同じく、民間の大川周明一派と連携した。そして、実動部隊を必要としたことから、菅波三郎や栗原安秀などの陸軍の青年将校にも声をかけた。菅波たちはこのころ、海軍青年将校をふくむ井上日召グループとともに、郷詩社派つまりは西田税一派をなしていた。西田一派はその企てに乗る。

しかし、企ては憲兵隊の知るところとなり、失敗。これを機に、画策を練る過程でうまれていた参加各派の不満が噴き出した。もともと別個だった大川一派と西田一派はわかれ、郷詩社の会合を起点にしていた西田一派も分裂していく。

西田一派中、井上グループのうちの民間組はおおむね翌三二年はじめの血盟団事件へとむかった。海軍青年将校組は同年に五・一五事件をおこす。そして、陸軍青年将校組は、三六年の二・二六事件の方向へすすむのである。菅波、栗原、村中孝次、安藤輝三、末松太平などである。これが、西田派ないしは西田の師匠格の北一輝とあわせていう北・西田派である。つまり十月事件は陸海軍の青年将校運動における分岐点をなすのである。

右のうちの陸軍青年将校組について、村中は二・二六事件の公判廷でこうのべる（村中・公判調書）。「所謂《いわゆる》十月事件後に於て、吾々青年将校が野心的な佐官級と分離して独自の国家改造運動を致す様になりました」。

では、「独自の国家改造運動」なる陸軍組の青年将校運動とはなにか。栗原はつぎのように語っている（栗原「昭和維新論」東京地方検察庁保管「二・二六事件記録」）。「建国の理想顕現を企図する青年将校、下士官、兵を中心とせる軍隊運動とも謂うべきか。特にその青年将校たるの矜持《きょうじ》は剣によって救国の実をあげるにあり」。

要するに、十月事件を境に陸軍の青年将校運動は、青年将校たちが「軍隊の中にあって、『軍隊ぐるみ』の変革の行動への参加を呼びかける運動」（竹山護夫「2・26事件」竹山・河原宏ほか『日本のファシズム』）へと、変わる。かれら青年将校が、「建国の理想」すなわち国体を「顕現」する日本国家の建設をめざす者であるのはいうまでもない。

変わった背景には、十月事件直後の三一年十二月の、革新をうたう荒木《あらき》貞夫《さだお》陸軍大臣の登場があった。この登場を青年将校らは歓迎した。そして、「軍当局及軍上層部を鞭撻推進して国論を維新的に導」（村中・公判調書）びこうと試みる。「『軍隊ぐるみ』の変革の行動への参加を呼びかける」のである。かくして、青年将校運動の矛先は軍隊内へとむいてゆく。これが、栗原のいう「軍隊運動」であろう。村中は「維新運動」とよんでいる（同上）。

青年将校運動の軍内志向性は、やがて、民間側の革新運動との間に隔たりを生じさせる。陸軍の青年将校運動のゆきつく二・二六事件にあって、民間側はもはや十月事件や五・一五事件のときのような決起主体の一員ではなかった。

栗原は二・二六の決起に際し、民間人の西田へ「貴方に関係のないことです」（栗原・公判調書）とまでいい、西田も、同決起の予審で、とくに五・一五事件以後、「私は軍部関係を離れて民間方面のみの啓蒙運動に努力して」（西田・予審訊問調書）いたとのべている。

とはいえ、これは、青年将校運動が実際運動の面において西田ら民間側と歩を一にしなくなったという意味にすぎない。脱西田、脱西田・北ではあっても、西田らとの交流が絶たれたのではない。思想面での影響が払拭されたわけでもなかった。

青年将校たちは「新たに西田がこしらえた『上下一貫、左右一体』という標語を掲げ」（前掲「2・26事件」）て運動をすすめてゆくのである。二・二六事件の西田の予審で栗原は、「北、西田等は我々維新運動の同志であると共に我々の思想的背景であると申す事が出来ると思います」（栗原・予審訊問調書）と供述している。

十月事件は、国家革新のための武力行使、すなわち直接行動の積極的な肯定の契機ともなった。二・二六事件の点火はここにもとめられるといえなくない。以下は、二・二六事件後の、同事件の首謀者三人（村中・予審尋問調書および公判調書）の弁である。

まず栗原。十月事件「当時から之《これ》［維新］が断行の為に直接行動に出《い》でねばならんと考えて居たのか」（栗原・予審訊問調書）と藤井喜一予審官に問われ、「そうであります」（同上）と断言。つぎに村中。「私共の中、首謀者は十月事件以来、直接行動を企図して居た」（村中・公判調書）と供述。そして磯部浅一。十月事件の三一年当時にはすでに、「国家社会の不正不義に対して葬《ママ》いの一戦を決意」（磯部「手記」東京地検保管「二・二六事件記録」）ずみだったと記す。

皇道派青年将校

一九二一年（大正十）、ドイツのバーデン・バーデンに永田《ながた》鉄山《てつざん》・岡村寧次《おかむらやすじ》・小畑敏四郎《おばたとししろう》があつまった。いずれも、陸軍士官学校一六期生で、陸軍大学校出のエリート少壮軍人である。おくれて、一期下の東条英機《とうじょうひでき》もくわわった。かれらはみな、滞欧中の三十代後半の少佐。終わったばかりの第一次大戦の教訓として、日本軍制の改革、総力戦体制の確立、それらにそなえる軍内の派閥解消などを誓い合う。当時の陸軍は山県有朋《やまがたありとも》元帥にはじまる長州閥に壟断《ろうだん》されているとかれらは考えていた。

永田たちは帰国ののち、研究会をもち、バーデン・バーデンの会合を二葉《ふたば》会《かい》へと発展させる。そしてこの会と、同じ傾向の木曜会が合同して一夕会《いっせきかい》となる。二九年のことである。木曜会は鈴木《すずき》貞一《ていいち》ら陸軍省や参謀本部に勤務する省部の若い幕僚将校が結成し、永田や東条なども出席していた。永田ら一夕会の省部の幕僚将校は、長州閥の専横と派閥人事を排除し、有能な人材を陸軍中央の要職につけようとしていた。

一夕会のできたころ、長州閥は宇垣一成大将の宇垣系に継承されていた。永田らはそのもとで等閑視されている荒木貞夫、真崎甚三郎《まさきじんざぶろう》、林銑十郎《はやしせんじゅうろう》の三中将の擁立につとめる。当時、長州閥・宇垣系に圧《お》されていたのが、教育総監武藤信義《むとうのぶよし》大将ら佐賀系を主として上原勇作《うえはらゆうさく》元帥の薩摩系を合わせた九州閥だった。三中将は九州閥であった。結果的に、永田ら一夕会系はその九州閥とむすぶことになる。

三一年（昭和六）十二月、若槻礼次郎《わかつきれいじろう》内閣は満州事変をおこした関東軍の暴走をおさえられないまま、閣内不一致で総辞職し、替わって犬養毅《いぬかいつよし》内閣が成立した。大佐に進級し、陸軍省軍務局軍事課長になっていた永田は、荒木を陸軍大臣にすえようとうごく（筒井清忠『昭和期日本の構造』）。

軍事課長というのは陸軍軍政上の枢要のポストである。そのうえ、永田は、三か月まえの「満州事変開始期には［陸軍］中央部の主要中堅ポストをほぼ独占するに近い体制」（同上）とまでになっていた一夕会の中心でもあった。かなりの影響力があったはずである。一夕会は三二、三三年ごろにはなしくずし的に消滅する（同上）ものの、のちに統制派といわれる派閥の有力メンバーの大半は、「満州事変開始期」当時の一夕会員だった。

永田のほか、犬養総理大臣の「［立憲］政友会側でも森恪《もりつとむ》幹事長が荒木と共鳴し、その陸相就任を望ん」（北岡伸一「陸軍派閥対立（一九三一～三五）の再検討」近代日本研究会編『年報・近代日本研究』一）だ。九州閥の上原や武藤も荒木を推した（井上清『宇垣一成』）。荒木は反長州閥・反宇垣系のエースとして犬養内閣の陸相に就任するのである。

荒木には革新の期待がよせられた。永田ら一夕会系の佐官級の幕僚将校だけでなく、十月事件で国家革新の決意をあらたにした尉官級の陸軍青年将校たちも荒木の登場をよろこんだ。荒木は就任に際し、犬養内閣を「精神において実質においては挙国一致の強力内閣たらしめる」（「東京朝日新聞」三一年十二月十三日付）とのべ、「陸軍の刷新」（同上）をとなえた。青年将校らにもつうじる革新志向の表明である。

荒木は二九年八月からの熊本の第六師団長時代、すでに、「皇軍の使命は皇道の宣揚に在り」（橘川学

『嵐と闘ふ哲将荒木』）とうたっている。国体観念の確立をめざしていたのである。荒木や盟友の真崎、それに、陸相就任後の荒木の新人事でつくられる党派的な軍上層部は皇道派とよばれた。

村中孝次や栗原安秀ら同じ傾向の青年将校たちはこの皇道派を支持した。荒木や真崎らもまた、かれらを受け容れた。かれらは皇道派青年将校と称されるようになる。国体の原理をベースにすることから国体原理派ともいわれる。皇道派青年将校たちがかついだ主対象は、初めは荒木、のちに真崎である。

皇道派青年将校は、新登場の荒木陸相を「擁立して国体原理に基づく革新思想により粛軍を行い、全陸軍を革新勢力とし、その後、国内改造に進もう」（刈田徹『昭和初期政治・外交史研究』）とした。さきにみた青年将校運動における、軍隊運動のあらわれである。

皇道派は、村中たち青年将校をもってする下層部と、荒木らの上層部の二層で構成される。くわえて、永田など一夕会系の幕僚将校も、荒木やその人事による軍上層部を支持するかぎりで、皇道派の一層をなす。この時期のこうした三層構造の皇道派が、初期皇道派である。

この初期皇道派は荒木を擁立し、陸軍を掌握する。荒木陸相登場の三一年十二月から、一夕会系が離反してゆく三三年秋ごろまでのおよそ二年間が、三層構造の初期皇道派の最盛期である。この間、陸軍は荒木皇道派体制のもとにあった。

五・一五事件は「失火」か

一九三二年（昭和七）五月十五日の夕刻、五・一五事件はおきた。古賀清志中尉ら海軍青年将校が中心である。戒厳宣告による国家革新が図られるが、同夜半、事件は失敗におわる。下士官兵を動員していない点で、二・二六事件とはおおきく異なる。

決行にあたっては、陸軍の皇道派青年将校にも誘いがかかった。だが、二・二六事件の公判で安藤輝三ものべるように、「時期尚早を唱え彼等と行動を共に」（安藤・公判調書）しなかった。陸軍側は十月事件以降、海軍青年将校とは別行動をとっていた。

五・一五事件をリードしたのは海軍将校である。大角岑生《おおすみみねお》大将は責任をとって海軍大臣を辞める。だが、陸軍大臣の荒木貞夫中将は、葬られた犬養毅総理大臣のあとの斎藤実《さいとうまこと》の新内閣に留まる。陸軍では準軍人の士官候補生のみが参加しており、海相にくらべて陸相の責任はちいさかった。そのうえ、荒木の支持母体である初期皇道派がまだ健在だった。

五・一五事件の判決は三三年の秋から翌年の初めにかけて言い渡された。第一師団軍法会議による陸軍側参加者への判決がいちばん軽かった。青年将校を受け容れる荒木皇道派体制下でのこの判決は青年将校運動を鼓舞することになる。磯部浅一はこう語る（磯部・公判調書）。「五・一五事件等に刺激され、在京同志諸子と屢々《しばしば》会合し、連絡を図り、直接行動の目標及実行方策に関し意見の交換をしました」。

海相が引責辞任した海軍は、大角の後任の海相岡田《おかだ》啓介《けいすけ》大将の述懐によれば、事件後、革新運動にかかわる青年将校にきびしく臨んだ（岡田『岡田啓介回顧録』）。五・一五事件をきっかけに、海軍青年将校は淘汰されてゆくのである。

ところで、さきの海軍の誘いに関連して、村中孝次は二・二六事件の公判で注目すべきこんな発言をしている（村中・公判調書）。五・一五事件のまえの「三月二十日頃、海軍側の中村［義雄］中尉が歩兵第三連隊の安藤［輝三］大《ママ》［中］尉の室に来て、陸軍側数名の青年将校と会見し蹶起《けっき》を慫慂《しょうよう》」した際、陸軍側は「個人的には蹶起せず、兵力を以《もっ》て起《た》ち度《た》い」と答えた、と。

陸軍の皇道派青年将校は時期の到来を待って直接行動に出るだけではなく、軍隊の動員までかんがえていたというのである。二・二六事件の胎動ともいいえて、関心をひく。このころの「青年将校文書」（仮題）も、この軍隊動員をこう裏づけている。「吾人《ごじん》は起たねばならぬ」「直接行動組織は厳格に軍隊内に於て組織せらるべきである」。

この文書は、内容からみて、五・一五事件まえの満州事変勃発後の三一年秋から年末にかけて作成されたようだ。十月事件と重なるかその直後で、それも青年将校運動に軍隊運動が生じたとき以降か。作成者は青年将校運動の指導的人物と推断できる。ここで用いているのは憲兵司令部警務部による写しと思われる謄写刷りのものである。

「青年将校文書」は、軍隊運動についても詳述する。「吾人の運動の究極の手段はある時期における実力発動にあるのであるから、〔陸軍〕部内としてその実施に有利なる客観情勢を作り上げることが何より必要である」「まず必要なのは軍の中央をして我々に有利なる如く行動せしむる為の運動である」（傍点筆者）。要するに、軍隊運動は決起をめざしたもので、その決起は軍隊を動員しておこなう、ということだろう。

従来、軍隊運動というのは、およそ、青年将校運動が実力行使に代えてとった合法活動路線と解されてきた。もちろん、荒木陸相期の陸軍の皇道派体制を背景とするから、実力に訴える必要はない。ここから、「この『軍隊運動』の時期に突発した非合法行動である五・一五事件は、陸士在学中の士官候補生達が（略）村中、大蔵栄一、安藤などのリーダー達の隙を窺って飛び出したものであって、青年将校運動の主流から言えば、『失火』に当たる出来事である」（前掲「2・26事件」）といった叙述も出てくる。

ところが、「青年将校文書」は軍隊運動をさきのように捉える。「『軍隊運動』の時期」でも、青年将校は十月事件以後の非合法・直接行動の姿勢をけっしてくずしていなかったのである。とすれば、皇道派青年将校にとって、五・一五事件は「失火」なぞではない。きたるべき日の先取りと映っていたのではなかろうか。

もっとも「青年将校文書」を、「青年将校運動の主流」から外れた一部急進派によるものとみるならば、話は別である。「失火」ともいえる。しかし、同文書は急進分子だけのものではなかろう。五・一五事件直前の「三月二十日頃」、すでに、右の引用文中の村中や安藤ら「リーダー達」が「兵力を以《もっ》て起《た》ち度《た》い」意向だったことはさきにふれた。また、十月事件以降、村中が武力決起の意思をもちつづけていたこともものべた。

なお、さきに紹介した二・二六事件公判廷での安藤の供述によれば、陸軍側青年将校が五・一五事件に参加しなかったのは「時期尚早」のためだった。「時期尚早」とは決起の放棄ではない。時期を待って起つふくみである。

二　陸軍のヘゲモニーをめぐって

1　皇道派と統制派

離反

一九三一年（昭和六年）十二月、荒木貞夫中将は陸軍大臣に就任する。そして、ただちに陸軍人事に着手。陸軍省、参謀本部、教育総監部といった陸軍中央の枢要なポストは、反長州閥すなわち九州閥、さらにいえば皇道派でかためられる。永田鉄山《ながたてつざん》ら一夕会系の幕僚将校も重要な職につく。それまで中央部にいた長州閥つまり宇垣一成・南次郎《みなみじろう》系は追われる。

参謀総長には閑院宮載仁《かんいんのみやことひと》親王元帥をおいた。盟友の真崎甚三郎中将を、「宮様総長」のもとで、事実上の総長役として参謀次長にすえた。荒木就任後約五か月、三二年五月末日現在での皇道派系の布陣はこうであった。

荒木の陸軍省では、軍務局長に山岡重厚《やまおかしげあつ》少将、人事局長に松浦淳六郎《まつうらじゅんろくろう》少将、軍務局の軍事課長に山下奉文《やましたともゆき》大佐。真崎の参謀本部は、第三（運輸・通信）部長に小畑敏四郎《おばたとしろう》少将、第一（作戦）部の第二（作戦）課長に鈴木《すずき》率道《よりみち》大佐。教育総監部にあっては、本部長に香椎浩平《かしいこうへい》中将、憲兵司令部の司令官に秦真《はたしん》次《じ》中将。

では、荒木を陸相に推した永田ら一夕会系の幕僚将校はどうか。以下は、同じ時期の一例である。永田は少将に進級して参謀本部の第二（情報）部長、武藤《むとう》章《あきら》少佐が同部長直属の第二部第四（総合）班長、池田《いけだ》純久《すみひさ》少佐が陸軍省軍務局軍事課員。参謀本部には、東条英機大佐が第一部の第三（編制動員）課長でいた。

皇道派の、一夕会系をあわせていえば初期皇道派の全盛期である。だが、ながくはつづかない。きっかけは荒木の政治的失策であった。三三年十月の五相《ごしょう》会議で陸軍充実革新案が、ついで同年十一月から十二月にかけての内政会議で兵力供給源である農村の救済予算案が、高橋是清《たかはしこれきよ》大蔵大臣に阻まれてしまった。

荒木に期待していた一夕会系の、というよりも永田を中心とする東条、池田などのいわば永田グループの幕僚将校は失望する。このころに、すでに目的を達したともいえるなかで一夕会は自然消滅する。荒木の当時のブレーンで陸軍省新聞班長の中佐だった鈴木《すずき》貞一《ていいち》の証言によれば、永田グループは陸軍の革新や国家の改革は荒木に託せないと思うようになったという（木戸日記研究会・日本近代史料研究会編『鈴木貞一氏談話速記録』上）。永田らはまた、荒木の党派的人事に反発を感じはじめてもいた。皇道派からの永田グループの離反、つまりは初期皇道派がくずれる要因はこのあたりにもとめられる。

池田たち幕僚将校と磯部《いそべ》浅一《あさいち》ら皇道派青年将校との懇談の決裂も、その原因となった。懇談は内政会議開始のころにいくどかおこなわれた。幕僚将校は皇道派上層部をかつぐ青年将校の国家革新運動を批判。陸軍省や参謀本部を中心に軍一体で革新をなすから政治運動をやめろ、と主張した。だが、青年将校側はこれを拒否し、懇談は物別れにおわる。

この物別れが、永田グループの幕僚将校に、青年将校という皇道派の下層部までも見切らせることになる。のちに、池田はこうのべる（池田「青年将校と革新思想」『別冊知性』5）。物別れになったことで、「われわれは皇道派の策効を封ずる必要に迫られた。（略）それと同時に、軍中央部内に組織的に革新の企画を樹てる必要が起ってきた。そこに統制派が誕生することとなった」。この統制派と以後の皇道派は、ともに国家革新をめざしながらも、やがてはげしい抗争に入る。

初期皇道派分裂後の皇道派は、荒木や真崎ら上層部と下層部の青年将校という二層構成となる。青年将校のかつぐ中心も、荒木から真崎に移る。二会議に失敗した荒木には革新政策の実行を期待できないというわけであった（司法省刑事局「右翼思想犯罪事件の総合的研究」今井清一・高橋正衛編『現代史資料4』）。

このころには、荒木皇道派体制を背景にしていた青年将校の軍隊運動に「兵力を以て起《た》ち度《た》い」姿がみえかくれしはじめる。初期皇道派崩壊以後の状況変化によるところがおおきいだろう。三三年の九月に栗原安秀中尉らのなしたクーデター中止事件、十一月にはこの事件に派生して、救国埼玉青年挺身隊事件がおきている。

これは「救国埼玉青年挺身隊」を名乗る吉田豊信ほか民間人七名が、立憲政友会総裁鈴木喜三郎を暗殺しようとしたもので、事件は小規模ではあるが鈴木を「暗殺し、帝都に昭和維新の烽火《のろし》をあげようとした」（北条清一「救国埼玉青年挺身隊事件」『文藝春秋』一九三四年五月号）点で見落とせない。また栗原を首謀者とする立ち消えになった右の九月のクーデター計画の一環であったとみなす、司法省刑事局の見解（前掲「右翼思想犯罪事件の総合的研究」）がたしかだとすれば、背景の意味はなおさら重い。

　こうしたうごきは、栗原だけのたんなる突出と解するべきではない。村中孝次の場合でもみたように、決起志向は栗原ら急進派だけでなかった。安藤輝三大尉もまた、三五年ごろまでに、同志と「直接行動の目標及実行方策に関して意見の交換を為し」（安藤・公判調書）ている。西田税《にしだみつぎ》にいわせれば、栗原は「過激」（西田・公判調書）だが、村中は「温健《ママ》」（同上）、安藤は「慎重、重厚」（西田・予審訊問調書）であった。

　三四年には、栗原の指揮する戦車で、元老の西園寺《さいおんじ》公望《きんもち》や貴族院議員の牧野《まきの》伸顕《のぶあき》などを襲う計画もあった。これも西田によると「自重派で温和しい」（同上）香田《こうだ》清貞《きよさだ》大尉までが参加する予定だった。当時、栗原は千葉の戦車第二連隊に勤務していた。

真崎大将も推した永田の軍務局長

　一九三三年（昭和八）の十月に大将へ進級した荒木貞夫陸軍大臣は五相会議、内政会議で失敗する。はやくも十一月二十日ごろには荒木辞職の話が出てくる。軍事参議官真崎《まさき》甚三郎《じんざぶろう》大将と教育総監林銑《はやしせん》十郎《じゅうろう》大将が辞職の話を荒木にもちかけた（原田熊雄『西園寺公と政局』三）。真崎は、六月、大将に進級し、中将職の参謀次長から専任の軍事参議官になっていた。

　当時の三人は皇道派のトップとみられていた。だが、だからといって、そのもちかけを仲間割れとまではみなせまい。真崎は翌三四年の二月十八日になっても「三人一致するにあらざれば［陸軍］部内の結束乱る」（伊藤隆・佐々木隆ほか編『真崎甚三郎日記』昭和七・八・九年一月〜昭和十年二月。以下『真崎日記』1）と記している。もちかけのねらいは、荒木陸相を辞めさせて倒閣し、その荒木がさきの会議で拒まれたような陸軍の革新政策を新内閣で実現することにあったらしい（同上）。

だが、このときにはもちかけは荒木に拒否されてしまう。とはいえ、その一か月後くらいには、荒木も辞職を思いはじめた。三三年の暮れ、陸軍省新聞班長の鈴木貞一中佐はそのことを真崎から聞き、「小生も左様考えある」（伊藤隆・佐々木隆編「鈴木貞一日記　昭和八年」『史学雑誌』八七編一号）と真崎にのべている。つまるところ、「荒木の政治生命を維持するためにも適当なところで辞めるのがよかろう、と荒木自身、あるいは周辺の鈴木貞一らも」（伊藤隆『昭和史をさぐる』）結論づけたということか。

三四年一月、荒木は肺炎を理由に陸相を辞任し、鈴木は後任陸相に真崎を推す（伊藤隆・佐々木隆編「鈴木貞一日記　昭和九年」『史学雑誌』八七編四号）。鈴木が荒木の「周辺」にいたことを斟酌するなら、荒木の腹もまたそうだったといえよう。真崎も「自ら出馬の意、充分」（前掲「鈴木貞一日記　昭和八年」）であった。

しかし、「真崎にては不安心故《ゆえ》、林にすべし」（前掲「鈴木貞一日記　昭和九年」）という参謀総長閑院宮載仁親王元帥の意向がはたらいた。結局、教育総監の林大将が陸相に就任し、真崎は教育総監、荒木は専任の軍事参議官になった。

このころの林は皇道派と目されよう。鈴木は、林、真崎、荒木の「三人の内、何れが大臣たるも可、（略）此三人を結束せしめて全軍の団結中軸と為さざるべからず」（前掲「鈴木貞一日記　昭和九年」）と記す。陸相の椅子をのがした真崎も、林への「全般の協力」（前掲『真崎日記』1）をきめた。

林陸相となって二か月後、三月の陸軍定期異動で、永田グループのリーダー永田鉄山少将が陸軍省軍務局長に補される。参謀本部第二（情報）部長から荒木人事により歩兵第一旅団長に遠ざけられてわずか七か月ほど、ふたたび中央へ、それも、陸軍軍政の根幹をなす軍務局長としてかえってきた。軍務局長というポストは陸軍省の筆頭局長であり、陸相の重要な補佐機関でもあった。

永田局長の実現には、陸軍省軍事調査部長の東条英機少将ら永田グループの幕僚将校がうごいた。林も永田を望んだ。林は陸相になるまえから、「将来の軍務局長は永田少将が可」（前掲「鈴木貞一日記昭和九年」）と思っていた。

東条は真崎にもはたらきかけた（前掲『真崎日記』1）。いずれ「［永田］少将を中心とする時期の至るべきを」（同上）予想する真崎は同意した。それどころか、自分と林、荒木の「三人一致するにあらざれば［陸軍］部内の結束乱る」とみる真崎は、永田に拒否感をもつ荒木をつぎのように説得する（同上）。すでにのべたように、荒木は五相会議と内政会議に失敗するのみならず、党派人事をなすことで、永田らとの間に溝ができていた。

永田の軍務局長案には予想の如く大分不同意の風、見えしも、余りに狭量悲観的に見ゆ。此が［林］新大臣の眼目なり。新大臣も一石をも投ぜずしては収まらざるべく、之を［荒木・真崎の］二人にて無理に圧迫せば、林は離反するに至るべし。

かくして永田の軍務局長は実現する。やがては真崎とも相克することになるのだが。永田は今後の戦争が総力戦になることをはやくから見抜いていた。二六年（大正十五）三月には作戦資材整備会議（のち整備局）で幹事を務め、すでに総動員計画に取り組んでいる。

そんな永田の、しかも軍務局長就任である。永田はまさしく陸軍の中枢から、総力戦に備える高度国防国家の建設を考えてゆく。そして、軍内の一致・統制と国家革新という統制派色＝永田色を打ち出し、東条ら幕僚将校もかれを支える。林陸相もかれを受け容れた。なんといっても永田は「新大臣の眼目」である。林陸軍は、一面、永田陸軍にほかならなかった。

こうした新陸軍は、荒木前陸相下で陸軍省、参謀本部という省部の要職にあった皇道派上層部とはなじまない。こうして、皇道派は軍中央から除かれる対象となる。また、皇道派の底辺を構成する同派青年将校も目障りになってくる。いきおい、皇道派のほうはタテの命令社会である軍隊組織を横断して同志をあつめ、国家革新運動に邁進しようとする。これは、「軍内の一致・統制」を紊《みだ》す以外のなにものでもなかった。

追い込まれる皇道派

永田グループは反皇道派の姿勢をとる。それが、軍務局長に就任したばかりの永田鉄山少将を中心とする本格的な統制派のスタートだった。陸軍大臣林銑十郎大将も永田らに同調し、やがて統制派の一員とみなされるようになる。

永田を同局長に推した皇道派巨頭の教育総監真崎甚三郎大将は、永田の就任直後の一九三四年（昭和九）五月、「東条［英機］等、予等に反抗しつつある風説を耳にし」（前掲『真崎日記』1）、永田に「熟考を促」（同上）すはめになる。七月には、「予も永田を局長に持ち来せしことに就ては半分の責任ある」（同上）とくやむ。

そして八月、定期異動である。これを皮切りに、永田ら統制派は軍中央から皇道派上層部を排除する。このときの異動では、皇道派大番頭格の陸軍次官柳川平助《やながわへいすけ》中将が第一師団長に、憲兵司令官秦真次《はたしんじ》中将は第二師団長に出された。ただ、前陸相荒木貞夫大将の右腕で、皇道派のブレーンともいうべき陸軍大学校幹事小畑敏四郎少将は追われていない。陸軍の政策決定とは距離をおくポストだったことにもよろうか。

真崎は林に不快感を覚えはじめた。明けて三五年の一月にはこうのべる（前掲『真崎日記』1）。「今日迄、予は自己の苦痛を忍び、同僚の為に隠忍自重し来りたり。将来も亦同方針にて進むべきも、彼との精神的結合は全く破れたり」。

しかし、もともと林は真崎や荒木のような掛け値なしの皇道派ではなかった。「しばしば語られる荒木・真崎・林の三者一体論は、事実というよりは願望である面が強」（前掲「陸軍派閥対立（一九三一〜三五）の再検討」）かった。

その林に、荒木陸相下で軍中央を追われた長州閥・宇垣系の軍事参議官で元陸相南次郎大将グループがちかづく（佐々木隆「陸軍『革新派』の展開」近代日本研究会編『年報・近代日本研究』一）。林をかつぐ永田らも、南グループとむすぶ。かつては荒木や真崎を支持して、排撃した相手ではあったが、皇道派を追い払うためだった。南たちのねらいは勢力の回復にあったものの、結局はかなわずにおわる。

なお、三一年の十月事件以後、陸軍内には清軍《せいぐん》派とよばれる派閥もうまれていた。同事件首謀者の橋本欣五郎中佐が中心である。皇道派を排斥し、軍の清浄化をはかろうとする一派だった。とはいえ、統制派と「人的関係において相通じ、同一とみられ」（前掲『昭和初期政治・外交史研究』）なくもない。おおきくは統制派として括ることもできよう。

陸軍の主役となった統制派による皇道派排撃の矛先は、とうぜん青年将校へもむけられた。二・二六事件の公判で磯部浅一はのべる（磯部・公判調書）。「林大将が陸軍大臣となり、軍務局長故永田鉄山中将［後述の相沢事件で斬殺される。事件により進級］が就任しましてから、私共青年将校の合法運動は頓《にわか》に圧迫される様になりました」。

ここにいう「合法運動」とは青年将校運動における公然活動の部分をさす。「兵力を以て起ち度い」部分ではない。磯部によると、たとえば、三四年五月の朝鮮総督宇垣一成予備役大将上京阻止のための会合開催、極東オリンピック参加と国家としての「満州国」の関係に関する意見具申、がその部分であった（磯部・公判調書）。

統制派の攻勢は、青年将校運動から「合法運動」の部分を放棄させ、本来的な武力決起・非合法運動へと青年将校をせきたてることとなった。二・二六事件後、村中孝次は同志の集まりについてこうのべている（村中・予審訊問調書）。「［三四年］五、六月頃、永田軍務局長の弾圧に依り、（略）［東京・青山の梅窓院でおこなっていたような］会合が禁止されて終《しま》ったので集会者の範囲は減少されましたが、自然、其の運動は地下的となり、深刻の度を加えました」。

とはいえ、天皇親政をめざす精神主義の皇道派も、合理的な改造路線をいそぐ統制派も、国家の革新つまりは軍部中心の高度国防国家の建設をめざす点では同じだった。このかぎりで、皇道派とか統制派とかいうラベリングは意味をなさない。統制派による三四年十月の陸軍パンフレット、すなわち陸軍省新聞班『国防の本義と其強化の提唱』はその一例である。これは永田色ゆたかな政治的意思の表明で、総動員体制の整備と国防軍事の充実、統制経済への移行などがうたわれている。

そのパンフレットを、皇道派の真崎が認知するのである（前掲『真崎日記』1）。「青年将校が騒げばパンフレットの目的を自ら挫くに至るべし、熟考せよ」と目的を一にしているのである。当の青年将校の磯部もまた、パンフレットに寄せて、「広義国防に関して下士官・兵に教育して下士官・兵を維新的に導き」（磯部・公判調書）云々と肯定的にのべている。磯部と村中による、のちにみる「粛軍に関する意見書」にも、「パンフレット発行後、陸軍当局の此決意を支持推進せんとし」と容認的なくだりがある。

もっとも、このパンフレットにつき、皇道派は「批判的であった」（佐々木隆「陸軍パンフレット問題」『国史大辞典』一四）といった評もあることはある。

2　炎上へむけて

軍法会議の認めなかった十一月事件

一九三四年（昭和九）十一月二十日未明、陸軍次官橋本虎之助《はしもととらのすけ》中将の官邸を片倉衷《かたくらただし》少佐、辻政信大尉、塚本誠《つかもとまこと》憲兵大尉の三名がおとずれた。橋本以下、いずれも統制派と目される。片倉らは皇道派のクーデター計画をつたえた。その結果、反乱陰謀の容疑で、つぎの皇道派青年将校らが東京憲兵隊に検挙される。村中孝次大尉、磯部浅一一等主計、片岡太郎中尉、および佐藤勝郎《さとうかつろう》ほか四名の陸軍士官学校本科在校中の士官候補生。

これが十一月事件（士官学校事件）である。陸士本科生徒隊中隊長の辻が自分の中隊の佐藤候補生をつかい、村中からクーデター計画を聞き出したことが発端とされる。

このあたりにつき、村中は二・二六事件の公判でこうのべる。決起をうながす佐藤に、「彼等を取鎮《とりしず》め様と云う意味に於て実行の意思なき架空の計画を即座に案出して」（村中・公判調書）示したのだ、と。佐藤も、辻にたいし、村中の話は「多分、士官候補生を安心させて離反するのを防ぐ手段であろうと思」（岩淵辰雄『軍閥の系譜』）うと語ったようだ。とすると、事件は皇道派の排除をねらった統制派による捏造である。

第一師団軍法会議の島田朋三郎《しまだともさぶろう》検察官は予審を請求する。予審官は村中ら全被告人を勾留。翌三五年の三月十九日に予審はおわる。ただし、ほとんど知られていないが、各被告人はそのまえの三月四日に東京衛戍刑務所から出所ずみだった。責付《せきふ》すなわち勾留の執行停止による。勾留を停止し、被告人を親族など適当な引受人に預けるのが責付である。

予審終了後の、島田検察官の「予審終了報告」に付された「意見書」には、「被告人等が本件反乱謀議を為したるとの事実は、之を認むべき証拠十分ならざるものとす」（原秀男・澤地久枝ほか編『匂坂資料』4）とある。三月二十九日、第一師団軍法会議は村中ほか士官候補生をふくめて被告人全八名を不起訴処分にする。

被告人とされた磯部はいきどおった。事件は統制派のでっちあげだと抗弁していたかれは、検察官を務めた「第一師団法務部長島田法務官に会い、不起訴［処分］の理由に付て質問し、軍司法の歪曲であると述べ」（磯部・公判調書）た。村中も「この処分に付ては不服」（村中・公判調書）だった。これはのちの二・二六事件の公判廷での供述である。

この不起訴処分についてはこうもつたえられている（高宮太平『軍国太平記』）。皇道派の第一師団長「柳川［平助中将］は法務部長を呼んで、屢々《しばしば》調査内容を訊《き》いたり感想を述べたりする。島田法務官は困ったが、師団長の意図通り、事件は犯罪にならぬという結論に導いた」。だが、これには疑問がわく。もし柳川がそうするつもりならば、予審まえに、第一師団軍法会議長官としての権限をもって不起訴（「陸軍軍法会議法」第三一〇条告知）を検察官に命じればよいからである。

全員不起訴処分にはなった。しかし、林銑十郎陸相や永田鉄山軍務局長ら統制派のリードする陸軍当局は手をゆるめない。行政処分である。磯部、村中、片岡を停職に、佐藤ら五人の士官候補生を陸軍士官学校退校に処した。一方、統制派と目される辻、片倉、塚本にあっては、辻が候補生への中隊長としての指導責任を問われ、重謹慎三十日の懲罰をうけただけである。

磯部はおさまらない。辻、片倉、塚本を誣告《ぶこく》罪で第一師団軍法会議検察官に告訴する。村中もすでに勾留中の衛戍刑務所から辻と片倉を告訴していた。だが、誣告罪の処理はすすまない。村中は五月十一日付で林陸相と柳川第一師団軍法会議長官あてに審理推進の上申書を出す。さらに七月十一日、磯部とともに「粛軍に関する意見書」を作成してくばる。

そのねらいは統制派への攻撃にあった。二・二六事件の公判で、村中はいっている（村中・公判調書）。「所謂十一月事件は、当時軍務局長永田少将が私共青年将校を陥害するのみならず、延《ひ》いては荒木、真崎両大将を陥害せんとする不純な意図に依って為されたるものでありまして、斯《かか》る皇軍の私兵化が行われて居ては国家改造は出来ぬと云う考えから、粛軍に関する意見書を発表したのであります」。

これにたいし、八月二日、永田ら陸軍当局は陸軍大学校学生で大尉の村中と野砲兵第一連隊勤務で一等主計の磯部に免官処分をもって応じる。理由は軍内の統制紊乱。予備役編入ではなく、軍そのものからの追放であった。

ここにおいて、統制派と皇道派の対立はさらに激化。真崎甚三郎大将によれば、十一月「事件の為、青年将校と幕僚との間は極度に悪化し、無事に治まらざるが如き形勢」（広瀬順晧校訂・真崎「現世相に関する特別備忘録」『THIS IS 読売』一九九二年三月号）になる。そして、栗原安秀はのべる（栗原安秀「国家改造運動に参加せる事情」東京地検保管「二・二六事件記録」）。十一月事件に関して、「余等に対する当局者の処置は甚だ残酷にして、磯部、村中、片岡、士官候補生を処分せしことは余等をして決意前進せしむるの因を為せり」。二・二六事件はもう目前になっていた。

相沢事件による反撃

一九三五年（昭和十）七月八日、教育総監真崎甚三郎大将はこう記す（伊藤隆・佐々木隆ほか編『真崎甚三郎日記』昭和十年三月～昭和十一年三月。以下『真崎日記』2）。陸軍省軍務局長永田鉄山少将らの画策による参謀総長閑院宮載仁親王元帥の考えとして、翌八月の「［定期］異動により、予及柳川［平助第一師団長］、山岡［重厚陸軍省整備局長］、小畑［敏四郎陸軍大学校校長］、秦［真次第二師団長］等を罷免すべく決定しあり」。統制派による皇道派上層部一掃のうわさである。

そして十日、真崎は林から教育総監を辞めてほしいといわれた。だが、真崎にその気はない。そこで、十二日と十五日に陸相の林銑十郎大将、参謀総長の閑院宮、教育総監の真崎による三長官会議が開かれた。

陸軍の将官人事は三長官の協議でおこなわれる。一三年（大正二）改正の「陸軍省参謀本部教育総監部関係業務担任規定」（「省部業務担任規定」）による。もっとも、ここには「協議の上、陸軍大臣に於て取扱う」ともあり、協議が唯一の方法であるとまではいい切れない。

せまる林と閑院宮に、真崎は、陸軍の「最高人事は三長官に於て協議するの規定慣例」（前掲『真崎日記』2）である、しかも教育総監の「地位は大元帥陛下の御意《ぎょい》を拝し自ら決定すべきものなり」（同上）と抗した。つまり、協議も整わず、真崎本人の同意もない異動は不可、勅裁をえている「省部業務担任規定」にふれるばかりか、教育総監職の天皇直隷性をおかすもので、統帥権の干犯になる、というわけである。

会議はいき詰まる。林はただちに真崎の更迭を「単独上奏なすことに決意」（同上）し、実行に移した。真崎の教育総監罷免である。十六日、真崎は専任の軍事参議官へとやられ、かれの教育総監という、陸軍中央における皇道派の最後の牙城は落ちた。新教育総監には、二・二六事件で殺害される渡辺錠太郎《わたなべじょうたろう》大将が就く。統制派である。

この罷免劇に、皇道派青年将校は怒った。二・二六事件の裁判時に、栗原安秀はのべる（前掲「国家改造運動に参加せる事情」）。「余等青年将校は統帥権干犯なりと確信しあり。而して其の元凶と目されし永田軍務局長に対する憤激の声は漸次昂《こう》せり」。村中孝次《しこう》によれば、永田は林陸相を「ロボット」（村中・公判調書）化していた。青年将校のいきどおりは、当の真崎自身が「軽挙のことなき様戒」（前掲『真崎日記』2）めなければならないと思うほどつよかった。

そのいきどおりが、皇道派の相沢三郎中佐による永田斬殺という八月十二日朝の相沢事件（永田事件）を引きおこすのである。真崎罷免をきっかけにする皇道派の反撃であった。相沢は八月の異動で台湾歩兵第一連隊付に発令されたばかりだった。

襲ったときの模様を、第一師団軍法会議による第一審判決書の証拠説明の部はこうつたえている。相沢は永田の陸軍省軍務局長室に「這入《はい》ると直に自分所有の軍刀を抜き、無言の儘《まま》、急いで永田局長の左側に迫り、之に気付きたる同局長が右方に避け、来訪中の軍人の所に遁《のが》れ、其の軍人と一緒になりたる際、同局長の背部に第一刀を加え斬付け」云々。

斬った相沢は、ときにいわれるように「天誅《てんちゅう》っ！」（椋本捨三『天皇の叛徒』）とさけんだのではなかった。「無言の儘」だった。

事件をおこすまえに、相沢は村中孝次の「教育総監更迭事情要点」やさきの「粛軍に関する意見書」、西田税作成の「軍閥重臣閥の大逆不逞《ふてい》」を読み、共感する。これが梃子《てこ》となり、「［真崎］大将が教育総監の地位を去るに至りたるは是亦《また》永田局長の策動に基くものと推断し、……永田局長を以て元老、重臣、財閥、新官僚等と款《よしみ》を通じ、昭和維新の気運を弾圧阻止し、皇軍を蠹毒《とどく》するものなりと思惟し、（略）同局長を殺害せんことを決意するに至」ったという。相沢事件の陸軍高等軍法会議判決書で認定される第一審判決のくだりである。

「皇軍を蠹毒する」、つまり天皇の軍隊をだめにする永田の排除だからか、相沢に違法性の意識はなかった。三六年二月四日の公判で、かれは殺害の「決行自体は悪事と思わず、良き事を為したりと信ず」（内務省警保局保安課『特高外事月報』昭和十一年二月分）とのべている。

永田を殺害した直後、相沢は陸軍省内で検挙された。そして、はやくも翌十三日、第一師団軍法会議で予審。終結は十一月二日だが、同日、ただちに公訴の提起がなされた。その間の十月十一日に、相沢は待命を経て予備役に編入されている。

これよりまえの九月五日、川島義之《かわしまよしゆき》大将が陸相のポストに就く。林は相沢事件の責任をとって辞任した。十一月事件、真崎教育総監更迭とつづく統制派の攻勢、永田斬殺による皇道派の反撃、といったふうに、両派の激闘で陸軍部内がゆれているさなかの就任であった。川島の「特に派閥的色彩はなく人格円満」（「東京朝日新聞」夕刊、同日付）な点がかわれたようだ。両派に気配りしたもので、力量を見込まれてのことではなかった。やがて、かれには「暗君」（松村秀逸『三宅坂』）という評も出るようになる。

決起を煽る

相沢公判は、一九三六年（昭和十一）一月二十八日から第一師団軍法会議ではじまる。弁護人に貴族院議員の鵜沢総明《うざわふさあき》弁護士、特別弁護人に皇道派の陸軍大学校教官満井佐吉《みついさきち》中佐がついた。その後、決起側に与したとして二・二六事件では、鵜沢は反乱幇助に問われるが不起訴、満井は反乱者を利す罪で禁固三年となるのである。

相沢三郎中佐と「同志」（判決書）の西田税も満井に協力し、奔走する。西田はまた、村中孝次などと新聞「大眼目」を出し、「軍部民間の同志を刺激すべき矯激《きょうげき》なる記事を執筆掲載」（同）した。麻布区竜土町のレストラン、竜土軒《りゅうどけん》では村中らを中心に、傍聴してきた公判の報告・発表会がおもに青年将校を対象として開かれた。統制派を糾弾し、革新気運を昂めようと、広範な公判闘争が展開された。

二月十二日の第六回公判以後、裁判は適宜非公開となる。軍機の保持と軍事上の利益、がその理由だった。「二・二六事件のため非公開」（佐々木隆「永田鉄山暗殺事件」『国史大辞典』一〇）という説もあるが、そうではない。

軍事参議官真崎甚三郎大将が証人出廷した二十五日第十回公判の翌日、二・二六事件はおこった。相沢公判は中断し、事件後の四月二十一日に第十一回の公判が非公開で開かれ、続行される。このとき、裁判官と弁護人に変更があった。二・二六事件関与の嫌疑で、鵜沢と満井の両弁護人が去ったのだ。この日以降、五月七日の判決日をのぞき、公判はすべて非公開となった。

被告席で死刑の判決をうけた相沢は、翌五月八日、陸軍高等軍法会議に上告する。軍の通常の裁判は二審制である。第一回公判は六月二十三日で、非公開だった。弁護側と検察側が上告趣意書をふまえて口頭弁論をおこなったが、このとき相沢は出廷していない。被告人自らの弁論はゆるされないきまりだった。

三十日、公開の法廷で判決が言い渡された。上告理由なしで棄却。用兵器上官暴行殺人傷害被告事件の相沢の死刑は確定する。被告人の出廷は法定要件ではない。相沢の姿はこの日もみえなかった。翌七月の三日、かれは勾留中の陸軍の東京衛戍刑務所で銃殺された。

村中は相沢事件の公判闘争の中心だった。とはいえ、十月事件以来の懸案である決起の意思を放棄していたのではない。二・二六事件の公判廷でかれはいう（村中・公判調書）。公判開始前月の十二月に、東京の「第一師団が満州に派遣されるという報が伝わりましたので、第一師団の渡満前に主として在京同志に依って急に事を挙げなければならぬと考え、其時、決心したのであります」。同師団には栗原安秀中尉、安藤輝三大尉、香田清貞大尉などの有力な皇道派青年将校がいた。

その「決心」を、相沢公判の一月、村中は磯部浅一と香田につたえてもいる（同上）。二人は同意した（同上）。そして、磯部はいう（磯部・公判調書）。相沢第六回公判まえの二月十日夜、村中らと話したが、「其頃既に、栗原中尉、香田大尉、村中孝次等が第一師団渡満前に決行する意志を持って居て、種々画策・協議して居たのであります」（傍点筆者）。

すでに決起を決めていたのに、それではなぜ、村中は公判闘争に力をいれていたのか。かれによれば、それは「特権階級腐敗の事情或は相沢中佐の蹶起《けっき》の精神を宣伝し、維新の気運に導き、同志の決意を促」（同上）すためだった。効果は確かにあった。高橋太郎はこう語っている（高橋・公判調書）。「相沢公判以来、坂井［直《なおし》］中尉等と共に竜土軒に於《おけ》る相沢公判座談会に出席し、（略）痛感するところがありました」。出席していた坂井も、少尉だった高橋も、二・二六事件に参加することになる。

公判闘争と二・二六の決起は別個のながれではないようだ。二者の関係を、「公判闘争をやめて武力決起に訴えるという方針の変化」(前掲『昭和史をさぐる』)といったふうに理解する(北博昭「二・二六事件の概略＋基礎知識」『歴史読本』一九九六年四月号、古屋哲夫「相沢事件」『日本近現代史辞典』ほか)のは早計だったといえよう。

ともあれ、村中は「[相沢]中佐の精神に大に感奮し蹶起の念を固く」(判決書)する。磯部も、「相沢中佐の義挙は国体破壊の元凶たる特権階級の陣地に対し、破壊孔を造ったもの」(磯部・公判調書)とみた。そして栗原は記す(前掲「国家改造運動に参加せる事情」)。「中佐の老軀《ろうく》蹶起されしは余等の決意を固めし近因ならん」。

ほどなく、村中、磯部、栗原が中心となって二・二六事件をおこす。相沢事件に「感奮」されたのである。三一年の十月事件以来、かれらが武力決起のときをうかがっていたことはのべた。はやくから決起の炎は点火されていたわけである。

以後、その炎は五・一五事件や救国埼玉青年挺身隊事件などの国家革新事件と不即不離のかたちで燻《いぶ》りつづける。そして、十一月事件、真崎教育総監罷免という統制派の攻勢のなかでおきた相沢事件でいっきに煽られ、二・二六事件として炎上するのである。相沢事件は、二・二六事件の単なる「発端」(池田純久「二・二六事件の発端、相沢事件」『人物往来』一九六五年二月号)や小さな「導火」(大谷敬二郎『憲兵秘録』)ではなかったのである。

三　決起の前夜

1　決意のひとり歩き

キーワードは栗原中尉の「大言壮語」か

陸軍士官学校在校中、栗原安秀中尉は「社会科学に興味」（前掲「国家改造運動に参加せる事情」）をもっていた。一九二九年（昭和四）の少尉任官後には、国家革新をかんがえる菅波三郎《すがなみさぶろう》中尉を「屢々《しばしば》訪問して指導を受け、（略）積極的に社会革新の実際運動に乗出」（栗原・公判調書）し、十月事件以降は決起をめざす。

救国埼玉青年挺身隊事件にはかれの影がある。戦車による元老西園寺公望らへの襲撃未発事件もかれの企てだった。だが、かれが直接かかわって実際になにかおきた例はこれまではなかった。

栗原には、「時々駄法螺《だぼら》をふき、又豪傑ぶる癖」（斎藤瀏『二・二六』）があった。「大言壮語」（西田税・憲兵聴取書）していた。「いつも『やる、やる』といい、かえって同志たちの嘲笑を買」（大谷敬二郎『二・二六事件』）ってもいた。

三五年夏の相沢事件が、そうした栗原を越えてしまう。鼓舞されたかれは、二・二六事件へむけて突っ走る。これまでの「やる、やる」の手前、相沢三郎中佐に先行されて立場をなくしてしまったのか。あるいは、二年まえの救国埼玉青年挺身隊事件に関し、もれてくる話がかれを追いつめたのか。「軍幕僚関係が近くこの事件をとり上げて［栗原は］軍から追放されるかも知れない」（池田俊彦『生きている二・二六』）ような状況であった。

相沢事件後の秋、栗原は磯部浅一に決起の意思をつたえ、磯部もこれに応ずる（磯部「行動記」河野司編『二・二六事件』）。なお、同じ年の十二月には村中孝次も決意し、その旨を、翌三六年の一月に磯部へつげることはのべた。

栗原とつうじた磯部は、心あたりの陸軍上層部をたずねはじめる。翌年一月末くらいまでいえば、つぎのとおりである（磯部・公判調書）。十二月末。歩兵第一連隊の同志小川三郎大尉といっしょに軍事参議官真崎甚三郎大将、小川のほかに村中をくわえて陸軍次官古荘幹郎《ふるしょうもとお》中将、村中とふたりで陸軍省軍事調査部長山下奉文《やましたともゆき》少将。そして、翌三六年の一月十五日ごろに陸軍大臣川島義之大将。一月末か二月当初には陸軍省軍務局軍事課長村上啓作《むらかみけいさく》大佐。

これらの訪問が決起のための探りだったことはいうまでもない。磯部は一月十八日の真崎訪問によせてこうのべている（真崎・予審訊問調書）。「私共は昨年末頃から決行の意向を有したるを以て、軍首脳部の方の意向を打診する為、行ったのであります」。訪問は、決起に際しての根回しの意味もあっただろう。

栗原は三六年にはいると、「その周囲（歩一を中心とし近三）をガッチリとかためることに日夜をあげている様子だ」(前掲「行動記」)った。歩一つまり歩兵第一連隊は栗原の、近三すなわち近歩三こと近衛歩兵第三連隊は同志中橋基明《なかはしもとあき》中尉の配属先である。

はたして「ガッチリとかためる」努力の成果か、やがて栗原は磯部に「相当なる部隊を出し得る」(同上)とつたえる。これにより、「最初は少数同志でやるつもりでいた」(同上)磯部も、栗原といっしょに軍隊動員による計画の拡大へとむかう。二月十日夜、歩兵第三連隊の将校集会所で栗原、磯部、村中、同連隊の安藤輝三大尉らによる本格的な会合がもたれ、二・二六事件はうごきはじめる。ちなみに、会合場所は週番司令室だったとする磯部の記録(前掲「行動記」)は誤りのようだ(栗原・磯部・村中の各公判調書)。

こうしてみると、「相当なる部隊」がうごかせるといった栗原のことばは重い。磯部はそのことばに乗った。しかし、栗原がなぜそう明言したのか、よくわからない。というのも、かれによって「ガッチリとかため」られたはずの歩一と近歩三の「相当なる部隊」が歩一にあっては決起全兵力の約三一%、近歩三は約四%しかなく、合わせても最大数を出した安藤の歩三の半分にすぎないのである。のちに、磯部はしぶる安藤を決起させるため、力をそそぐことになる。

右の明言が、「やる、やる」といいながら相沢にさきを越されたうえ、「軍から追放されるかも知れない」と追いつめられた栗原の、起死回生のための「駄法螺」や「大言壮語」の類《たぐ》いだったとすればどうだろう。かれの責任はあまりにもおおきい、といわなければならない。

なお、決起に参加した池田俊彦は、栗原は三五年十二月に自分の機関銃隊に転属してきた林八郎少尉という「有力な同志を得て、部隊全員を率いて起つ決心がついたよう」だとのべている(池田書簡、一九九八年五月）。当時、池田は少尉で栗原、林と同じ歩一にいた。

磯部の希望的観測

一九三五年（昭和十）十二月以降、磯部浅一は前項であげた陸軍上層部への打診をはじめる。その結果、かれのえた感触はこうだった（前掲「行動記」）。決起した場合、「頭から青年将校をたたきつける様な事はすまい、と云うのが余の一月中迄に得た状況断判《ママ》だ。これは真崎［甚三郎大将・軍事参議官］、川島［義之大将・陸軍大臣］、古荘［幹郎中将・陸軍次官］、山下［奉文少将・陸軍省軍事調査部長］、村上［啓作大佐・陸軍省軍務局］軍事課長と直接面会して感得した所だ」。

しかし、磯部の打診に対する、右の軍人たちの応答（註）をみるかぎり、かれのような〝状況判断〟をくだすのはむずかしい。そのことばは狡猾だったといえばいえる。磯部の「感得」はあまく、希望的観測によるものであったようだ。

［註］陸軍上層部各人の応答（磯部・公判調書）

真崎（三五年十二月末［二十四日］）「真崎大将の教育総監更迭の際の統帥権干犯問題に付いて話しました後、私共が此の儘では不可、何《な》んとかして合法的に解決されぬ時は明かに血を見るであろうと云った処、真崎大将は、君達は種々考えて遣《や》らねばならぬ、俺も会う人に血を見るであろうと云ったが、其の様なことを云う真崎が後を押して居ると思われるから、俺はもう何も云わぬことにした、と云いました」。

川島（三六年一月十五日ごろ）「青年将校の気持はよく判るがと云われたので、私は更に夫《そ》れでは何とかして貰わねばならぬと云いました処、川島大将は之に対して君は急進論だから不可と云われましたので、私は其の様な談義を聞く為に来たのではない、其の様なことを云って居ると今膝元から剣を持って起つものが出て仕舞うと云いました。すると、川島大将はそうかな——併し我々の立場も汲んで呉れと云われました」。

古荘（真崎と同時期）「真崎大将の教育総監更迭の際の統帥権干犯問題に関し、種々話をし、尚、総ては合法的にやらないと血を見ることになる、相沢中佐が血を以て起ったのに再び血を見る様なことになると云った処、古荘次官は［真崎大将が］辞表を出されたならば統帥権干犯にならぬではないかと云われました」云々。

山下（真崎と同時期）「今の［岡田啓介］内閣では駄目だ、私共が強く否認して居た内閣であるから、此の儘放って置いては血を見ることになる。其時はどうしますかと云いました処、山下少将は其時は仕方ないと云って居りました」。

＊　翌三六年の二月十五日、安藤輝三大尉らも山下を訪ねている。安藤が相沢事件について質した。山下は「肯定も否定もせず、或事物を革新することは容易なことでない」（安藤・予審訊問調書）と答えている。「山下閣下は重大なる事項のときは常に即座に解決を与えず、慎重の態度をとられる人であります」とは、安藤の観察（同上）である。ただし、安藤と同行した常盤稔《ときわみのる》少尉は、「統帥権干犯者をどうするかと誰か聞いたところ同［山下］少将は斬ればよいと云われました」（常盤・公判調書）とのべている。

村上（三六年一月末か二月初頭）「私は内閣を倒すことは大権私議ではなかろうかと聞きますと、村上大佐はそう云う風には考えて居ないと云い、更に結局君達を扇動するのではないが血を見ねば治まらぬねと云いましたので、私は大佐殿が其の様に思わるるならば今の中に何んとかしたらどうですと云いました処、同大佐は止むを得まいと云われました」。

磯部は、希望的観測をしていたことを決起後に思い知らされる。さきの軍人のうちで、裁判の最後にいたるまで、決起側をかばった者はだれひとりもいない。それどころか、公判中すでに、磯部によれば、かれらをふくむ「十五先輩は云うに云われぬヒキョウな態度で皆尻に帆かけてにげのび」（磯部「獄中手記」河野司編『二・二六事件』）たという。

「十五先輩」とは、磯部が拘禁中の東京衛戍刑務所から反乱幇助《ほうじょ》罪で告発した陸軍上層部をさす。味方と思っていた一五人が「にげおわり、吾人に不利なる態度をとるかもしれないと心配した」（同上）あまりの告発であった。告発状は三六年六月八日に陸軍高等軍法会議で受理され、東京陸軍軍法会議へ移送される。だが、取り上げられることはなかった。

ともあれ、打診ののちの二月十六日ごろ、磯部は真崎や川島らについて手帳にこう記してもいる（磯部・憲兵訊問調書）。「之等の方は私共の気持ちを判って下さる方々」「予《あらかじ》め一大事件発生せば之に善処せられ度《た》き旨をお願いする積《つも》り」。あわれともいうべきか。

磯部の打診先は、真崎以下、皇道派系ないしは派閥色のうすい軍人、つまりは受け容れてくれそうな上層部ばかりだった。いわば、初めから深読みのおそれをはらんだ訪問であった。磯部の誤断はすでに、打診先をえらんだときからきまっていたともいえる。

のちに磯部は、「同志等は皆、極刑に処せられた責任の一部は私にありと為し、恨みを呑んで死んで行ったのではないかと想像し、日夜煩悶」（磯部・検察官聴取書）するはめになる。決起前の情勢偵察先に、陸軍省軍務局軍事課高級課員の武藤章中佐など、対立する統制派を同じほどの数でくわえていたらどうだったろうか。全体の読みがシビアになり、判断に抑えがかかったのではないか。

あまいのは磯部だけではなかった。栗原安秀中尉、村中孝次もそうであった。この三人が二・二六事件の首謀者だったことはのべた。「私達が決行すれば軍首脳部は動くものと思って居りました」と語るのは、栗原（栗原・予審訊問調書）。「真崎大将、［元陸軍省軍務局長］故永田［鉄山］中将、［陸軍大学校校長］小畑［敏四郎］少将、山下少将、［内閣調査局調査官］鈴木貞一大佐等に会って予《かね》てより考えて居た昭和維新実現に付ても意見を述べました処、真崎大将は維新をやらなければならぬと云われました。其他のものも永田中将を除いては全部吾々の思想を理解し同情して居りました」というのは村中（村中・公判調書）である。

村中の文言中、統制派の永田以外は皇道派である。ただし、鈴木は皇道派色と統制派色を合わせもつ。かれは磯部に告発された「十五先輩」のひとりであった。この鈴木と小畑は、「私共の気持ちを判って下さる方々」として磯部のさきの手帳に載っている。「十五先輩」の一員である真崎と山下の名も、手帳にうかがえる。

微動は誇張された「A会合」から

決起の一六日まえ、一九三六年（昭和十一）二月十日の夜、歩兵第三連隊の将校集会所で会合がもたれた。磯部浅一、村中孝次、同連隊の安藤輝三大尉、歩兵第一連隊の栗原安秀中尉、所沢陸軍飛行学校学生（操縦）の河野寿《こうのひさし》大尉、それに近衛歩兵第三連隊の中橋基明中尉の六名だった。

のちに磯部はこれについて記す（前掲「行動記」）。「企図の秘とくの為、此の会合をA会合として五人《ママ》以外の他の者を本会合には参加させまい。他の同志を参加させる会合をB会合としておく事にする」。最高メンバーのあつまりだったかのようである。

しかし、これは独りよがりの弁といえる。以後、このメンバーのみによる会合はなく、A会合・B会合という名称もみられないようだ。また、それほど重要な会合なら、出席していた中橋が「短時間で、私には余り関係のないことの様に思いました」（中橋・公判調書）とのべるはずもなかろう。しかも中橋は、決起の具体化という意味で重要な二月十八日夜の会合にも出ていない。

したがって、磯部の記述をつぎのように敷衍するのは深読みである。「A会合の五人《ママ》は『実行部隊の長となるもの』であって、いわば中核のなかの中心であり、実行に当っての共同指揮者である。そしてB会合を別に定めたのは、秘密保持のためでもあるから、これらのメンバーには絶対の信頼がおけるとは限らなかったということもできる。タテの組織でいえば、A会合が最高で、B会合はその下級である」（松本清張『昭和史発掘』8）。

ところで、十日の出席者に関して磯部は、「いちばんの首謀者」のひとりである村中を落としてしまい、五名と誤記した（前掲「行動記」）。そのせいか、これまでは五名とかんがえられてきた（高橋正衛

『二・二六事件　増補改版』ほか）。しかし、出席者は村中をふくむさきの六名だった（磯部・村中・中橋・公判調書）。

だから、以下のような解釈は訂正されなければならない。「村中が磯部、栗原、安藤などの『A会合』的な決行の中枢部に入ったのは、相沢公判の行詰りと、決行の逼迫した空気からである」（前掲『昭和史発掘』8）。あるいは、十九日夜の栗原宅での会合に出た時をもって「村中はにわかに『A会合』のメンバーに入ったわけである」（同上）。

十日夜の会合では、「第一師団渡満前に在京同志にて蹶起すると云う様な話」（村中・公判調書）はあった。だが、「具体的なことは決って居」（同上）ない。「安藤大尉も今年はやらねばなるまい」（磯部・公判調書）とのべた。これにつき、安藤はのちの公判で「左様であります」（安藤・公判調書）と認めている。安藤に踏ん切りがついていたわけではなかった。しかし、この夜、決起へのうごきが本格的に微動しはじめたのはたしかだろう。

そして、二月十八日の夜、栗原宅で「決起の具体化という意味で重要な」打ち合わせがもたれた。栗原、磯部、安藤、村中の四人があつまった（各人・公判調書）。「A会合」のメンバーだったはずの河野と中橋は出ていない（村中・公判調書）。

前夜には、夜間行軍中の歩三の一隊が警視庁にむかって突撃演習をするという出来事がおきている。だが、指揮官の常盤稔《ときわみのる》少尉は「[決起]計画を知って予行を致したのでは」（常盤・公判調書）ない。かれが計画を知らされるのは、決起二日まえの二十四日であったからだ。

十八日夜の打ち合わせで、「襲撃の目標、方法及時期等に関し謀議の上、近衛歩兵第三連隊、歩兵第一連隊及歩兵第三連隊の各一部兵力を出動せしめて、在京の重臣を襲撃殺害し、別に河野寿の指揮する一隊を以て牧野《まきの》伸顕《のぶあき》を襲撃殺害し、又豊橋市在住の同志をして［静岡県］興津《おきつ》別邸の西園寺《さいおんじ》公望《きんもち》を襲撃殺害せしむこと、及決行の時期を来週中とすること等」（判決書）がきまった。

ただし、安藤は「未だ其の機に非ず」（判決書）と反対した。だが結局、安藤には「黙認して貰うことに」（栗原・公判調書）なったという。安藤を抜きにした、見切り発車である。

翌朝、磯部は豊橋へむかう。豊橋陸軍教導学校学生隊付の対馬勝雄《つしまかつお》中尉に「東京方面の情勢を告げ、相謀りて前記西園寺公望襲撃殺害を確定」（判決書）する。さらに磯部は、二十日ごろには歩一の山口一太郎大尉、翌二十一日午後に歩三の野中四郎大尉を訪ね、決起をつげる。いずれも、村中がいっしょだった。

村中はまた、二十日ごろまでに西田税《にしだみつぎ》にも声をかけている。「一緒に蹶起したら何《ど》うですか」（西田・公判調書）。だが、このとき西田は「軽い気持ちで受流」（同上）したという。

じつは、西田は十八日の夕方、すなわち決起が具体化するさきの打ち合わせ直前に栗原と会っている。この時点で、決起の確信をえた。二十日ごろの夕方には安藤と語り、「情勢は私等一人二人の力では到底押え切れぬ所迄進んで居る事を認め」（西田・予審訊問調書）る。そして、二十一日の朝、北一輝《きたいっき》にこのことをつたえるのである。

「安藤起てば歩三は起つ」の実態

決起の具体化は安藤輝三大尉を見切ってのものだった。だが、磯部浅一にはあきらめがつかない。

「安藤が立たなければ、歩三は動かない。歩三が動かなければ、成功の可能性はない」（松本一郎『二・二六事件裁判の研究』）と思ったのかもしれない。あるいは、「やる、やる」の栗原安秀中尉のいう兵力動員にたいして、懸念でもあったのか。

磯部は、一九三六年（昭和十一）二月二十一日の夜、安藤宅を説得のために訪れる。しかし、安藤はウンといわない。翌二十二日朝、重ねて訪問。ようやくここで、安藤は「結局同志一体感から其時判然と参加」（安藤・公判調書）することにきめる。磯部に根負けしたのだろう。

そんな安藤であるが、のちに決起が失敗すると、皮肉にも当の磯部から愚痴られることになる（前掲「手記」）。「安藤の自重論の為に決行日確定の遅れたるも残念なり」。

安藤の決断には、十九日の村中孝次の説得と野中四郎大尉の叱責も一役かっていよう。村中はこう証言している（村中・公判調書）。「蹶起の時期は延ばしても行動を共にしたいと述べました処《ところ》、安藤大尉は前「十八日夜の」会合の顚末を野中大尉に話した処、同大尉は歩一のものが皆蹶起するのに何故之に同意しなかったかと云って叱られたと云いました」。

安藤は、十八日夜、決起を黙認した。しかし、参加にはまだためらいがあった。かれは「成算の見込みがない」（安藤・公判調書）と捉えていた。「最後の幕を切り落」（安藤・予審訊問調書）とさねばならないほどの逼迫した情勢ではないともみていた。時期尚早というのである。また、「不義を討つことに重点を置き、全く建設計画を考慮せずと云うのは自分の腑に落ちぬ」（安藤・公判調書）と思ってもいた。

さらに、安藤が中隊長に補されたときの事情もブレーキとなった。三五年一月に歩兵第三連隊の第六中隊長になったが、この職につく際、前年十二月、連隊長井出《いで》宣時《のぶとき》大佐へ「『誓って直接行動は致しません』との固い誓約」（安藤「蹶行前後の事情並立場心境等につき陳述の補足」東京地検保管「二・二六事件記録」）をしていたのである。

安藤が中隊長になるには、歩三将校団の支援もあった。歩三付の士官候補生時代に出会って交わりのある参謀本部付秩父宮雍仁《ちちぶのみややすひと》親王大尉の力添えもあった。安藤はのべる（同上）。「中隊長として在職間はいかなる理由あるも（略）直接行動は取ることの出来ない立場にありまして」云々。

しかしながら、安藤は二十二日朝にいたって参加を決断する。歩三からは決起全兵力の約六〇％、最大多数の九百数十名が動員された。「安藤起てば歩三は起つ」（前掲『二・二六事件　増補改版』）。この大量動員の「原動力＝責任は、間違いなく人望厚かったその安藤大尉が起ったからといってもいい」（平塚柾緒「決起！　尊皇討奸を掲げて」『別冊歴史読本　戦記シリーズ』35）とまでいわれる。伍長勤務上等兵で安藤中隊にいた前島清によれば、安藤は「信望の厚い」（前島「安藤大尉と私」埼玉県史編さん室編『二・二六事件と郷土兵』）中隊長だった。

だが、歩三の大量動員は、決起時に安藤が週番司令だったことがおもな要因といえるだろう。同司令には連隊のなかの中隊長のひとりが服務する。週番司令とは連隊長の夜の代役で、夜の連隊長である。つまり、夜間には連隊の動員ができる。また、週番司令の下には週番士官がいる。これは夜の中隊長で、各中隊ごとにひとりの所属将校（原則）が務める。

決起前日の二十五日の夜、安藤は大量動員につながる週番命令を出す。歩三の第一・三・一〇の各中隊と機関銃隊あてである。どの隊の週番士官も、安藤には与《くみ》しやすかったせいだろうか。第一中隊は坂《さか》井直《いなおし》中尉。革新運動の同志である。第三中隊の清原康平《きよはらこうへい》少尉と第一〇中隊の鈴木金次郎少尉は、かれのコントロール下にいる将校。ふたりは隊付の士官候補生時代に安藤の指導をうけていた。機関銃隊の柳下《やなした》良二中尉の場合は、かれの「生来の優柔不断と薄志弱行」（判決書）を安藤が見透かしていたための与しやすさだったかもしれない。

もっとも、のちに、安藤はこうのべている（安藤・公判調書）。坂井以外の「歩三同志将校の決心の程が判らなかったので、週番司令の命令として動かしたならばすらすら動くであろうと思った」。

坂井にたいしては、安藤は「他中隊の下士官でもよいから同志として意識あるものを連れて行け」（安藤・公判調書）とも命じている。ここから、第二中隊の一八名がくわわる。直接間接に安藤や坂井の影響下にあった長瀬一伍長ほか下士官五名、その下士官によって引き出された内笹井《うちささい》香一等兵ら兵一二名である。連隊兵器委員助手と連隊糧秣《りょうまつ》係へも週番命令が出る。これにより、弾薬庫から実弾が配給され、糧食も準備された。

歩三からはさらに、第六中隊と第七中隊が出動する。週番命令は略され、中隊長命令であった。前者は安藤自身、後者は同志の野中が中隊長だった。

安藤が週番司令の立場を利用してなした不軍紀、統帥命令の僭用《せんよう》。それが、「安藤起てば歩三は起つ」すなわち歩三の大量動員のいちばんの「原動力」だったといえる。「人望厚」いだけでは、これほどまでにうごかせなかっただろう。

加速

安藤輝三大尉を仲間に得た磯部浅一は、同じ一九三六年（昭和十一）二月二十二日の午後、村中孝次ともに野中四郎大尉宅を訪ねる。村中は「共に起たれ度《た》い」（村中・公判調書）と要請。十九日に安藤の不同意を叱っていた野中であるから、もちろん「快諾」（同上）だった。

そればかりか野中は、書き上げていた「蹶起に関する決意」（北・予審訊問調書）文を村中にわたす。二十四日、村中は北一輝宅でこれに手をくわえ、「蹶起趣意書」を起案。北は野中の一文をみて「大変立派」（村中・公判調書）と評したという。もっとも北は、一時、村中の起案は知らず、コメントもしていないと逃げを打っている（北・予審訊問調書）。北が、二十一日の朝、西田税から決起を知らされたことはのべた。

磯部と村中は、同じ二十二日の夜、河野寿大尉、栗原安秀中尉と栗原宅で会合を開き、散会後、中橋基明中尉も同宅で栗原から「其時の決定事項に付て」（中橋・公判調書）知らされる。

事件は、この会合での以下のような決定（判決書）にしたがい、展開したが、結局、岡田首相、鈴木侍従長、牧野前内大臣の殺害はできず、元老西園寺への襲撃は頓挫するという結末は周知のとおりである。

一、栗原安秀は、一隊を指揮して内閣総理大臣官邸を襲撃し、総理大臣岡田啓介を殺害すること。
一、中橋基明は、一隊を指揮して大蔵大臣高橋是清私邸を襲撃し、同人を殺害し、次で為し得れば宮城坂下門《さかしたもん》に於て奸臣と目する重臣の参内《さんだい》を阻止すること（傍点筆者）。
一、坂井直は、一隊を指揮して内大臣斎藤実《さいとうまこと》私邸を襲撃し、同人を殺害すること。
一、安藤輝三は、一隊を指揮して侍従長官邸を襲撃し、侍従長鈴木貫太郎を殺害すること。

一、河野寿は、一隊を指揮して神奈川県湯河原《ゆがわら》町滞在中の前内大臣牧野伸顕を襲撃殺害すること。
一、対馬勝雄《つしまかつお》は、一隊を指揮して静岡県興津《おきつ》町西園寺公望別邸を襲撃し、同人を殺害すること。
一、野中四郎は、一隊を指揮して警視庁を襲い、之を占拠し警察権の発動を阻止すること。
一、丹生誠忠《にうよしただ》は、一隊を指揮して陸軍省、参謀本部、陸軍大臣官邸を占拠し、村中孝次、磯部浅一、香田清貞《こうだきよさだ》等は陸軍大臣に面接して事態収拾に付、善処方を要望すること。
一、田中勝《まさる》は、一隊を指揮して、野戦重砲兵第七連隊の自動車数両を以て輸送業務を担当すること。

そのほか、決行は二月二十六日の午前五時、合言葉は「尊皇討奸《そんのうとうかん》」、「下士官以上の同志の標識として三銭切手を各自適宜の場所に貼付する」(判決書) ことなどもきまった。動員部隊は十八日夜の決定どおり、「近衛歩兵第三連隊、歩兵第一連隊及歩兵第三連隊の各一部兵力」(同上) である。決起の歯車は回転しはじめる。

翌二十三日の朝、栗原は「怪しまれぬ為」(栗原・公判調書) に妻の玉枝をともない、愛知県豊橋市へ向かい、西園寺襲撃組の豊橋陸軍教導学校の対馬中尉に、前日の決定事項をつたえる。「一年程前から[実弾演習時に] 帳簿にない空薬莢《からやっきょう》を、実包を使用した都度《つど》、射ったことにして」(栗原・公判調書) ためた約二〇〇〇発の小銃弾ももとどけた。

午後には、元士官候補生の渋川善助にも、村中が決起をつたえる (渋川・公判調書)。

同夜、歩三の週番司令室の安藤のところに香田大尉、磯部、村中、野中があつまった。計画に、「坂井直の指揮する一隊が内大臣斎藤実私邸を襲撃したる後、同部隊に属する高橋太郎、安田優は一部の兵員を率いて更に教育総監渡辺錠太郎私邸を襲撃し、同人を殺害すること」（判決書）を追加。「襲撃完了後に於ける各部隊の集結位置、及《およ》び守備地域、並に歩兵第三連隊関係者の所要弾薬等は、安藤輝三に於て週番司令の地位を利用し、同隊弾薬庫より之を搬出し夫々《それぞれ》出動部隊に交付する」（同上）ようにもきまった。

二十四日、近歩三の中橋は、自分が決起日の二十六日に守衛控将校になることを知る。かれを中隊長代理とする第七中隊が宮城警護の守衛隊の控《ひかえ》隊になったのである。口実をつければ、中隊をひきいて宮城へむかうことができる。午後二時ごろ、それを聞いた栗原は「天佑《てんゆう》と云って喜」（中橋・公判調書）ぶ。かくして、二十二日夜の会合では「為し得れば」であった「宮城坂下門に於て奸臣と目する重臣の参内」を阻止する計画は確定する。

二十四日の夜。シンパの山口一太郎大尉が週番司令を務める歩一の同司令室に磯部、村中、香田、野中、栗原が集合。「蹶起後、企図達成の為、陸軍上層部に対する折衝工作は村中孝次、磯部浅一、香田清貞等に於て之を担当すること、及部外参加者は二十五日午後七時迄に歩兵第一連隊に集合すること、並に歩兵第一連隊関係者の所要弾薬等は栗原安秀に於て非常手段を以てするも之を入手し、中橋基明等の部隊にも交付すること等」（判決書）をきめる。このとき、山口は占拠目標となる首相官邸や陸軍省、参謀本部をふくむ一帯の要図を約二〇〇枚、磯部らにわたす。前日、部下に謄写刷りさせたものだった。

明けて、決起前日の二十五日。栗原は支援者の斎藤瀏《さいとうりゅう》予備役少将に決起をもらす（前掲『二・二六』）。夕方には村中が西田とともに民間人シンパの亀川哲也に「決行する旨を告げ」（村中・公判調書）る。そして、直接行動に参加することになる、これまで知らせなかった者へも、ほぼ、この日の夕方ごろまでに勧誘がなされた。

なぜ二月二十六日なのか

一九三五年（昭和十）夏、相沢事件は皇道派青年将校らを煽ることになる。のちに、栗原安秀は獄中で「中佐の老軀《ろうく》蹶起《けつき》されしは余等の決意を固めし近因ならん」「余は第一師団の満州派遣の内定するや、私《ひそ》かにその以前に蹶起せざれば、維新翼賛《いしんよくさん》の機を失すべきを考えた」と記す（前掲「国家改造運動に参加せる事情」）。

この「第一師団の満州派遣」が二・二六決起のおおきな背景をなす。「渡満」の報は、相沢事件後の同年十二月につたわった（判決書）。磯部浅一も「〔同〕師団渡満前に行わなければならぬ」（磯部・公判調書）といい、すでにふれたように村中孝次も「渡満前に在京同志にて」決起すべきことを考えていた。

「渡満」前の決起という理由はどのようなものだったのだろうか。村中は予審廷でこう供述している（判決書）。満州派遣は皇道派の「第一師団長柳川〔平助〕中将を中央より左遷し、同時に在京青年将校同志を満州に派遣し、以て其の維新運動を阻止せんとする永田〔鉄山陸軍省〕軍務局長の策謀なりと観察し居たるが、同年十二月前後頃、愈《いよいよ》翌年三、四月頃に渡満すべきことの確定を知るや、該渡満前に蹶起すべく決意を固め」云々。「派遣」される「在京青年将校同志」の大半は、栗原中尉や安藤輝三大尉ほか、第一師団の歩兵第一・三連隊の所属将校だった。

ここでの問題は、満州派遣がほんとうに「維新運動」の「阻止」にあったか否かではない。村中らにそう映ったという事実が、決起をもたらした意味で重要なのである。

記すまでもなく、決起は三六年の二月二十六日であった。その理由を、中橋基明中尉の近衛歩兵第三連隊第七中隊が同日に「皇居警備の非常時援兵部隊としてその任務につくことになっていた」点にもとめる説がある（ベン＝アミ・シロニー、河野司訳『日本の叛乱』）。しかし、これは誤りで、中橋の中隊が「非常時援兵部隊」つまり守衛控兵隊になるとわかるのは前述の通り二十四日であり、決起日はそれよりはやい二十二日夜の栗原宅の会合できまっているのである。

では、二十六日にきまったのはなぜか。決起の主力は歩一・歩三からの動員部隊であった。とすれば、両隊がスムーズに営門を出られるときこそがチャンスだった。そこでまず、歩一ではシンパの山口一太郎大尉、歩三では決起する安藤大尉が夜の連隊長たる「週番司令として勤務中なる」（磯部・公判調書）二十二日正午から二十九日正午までの夜間、にしぼられる。日時の決定は二十二日夜の会合だったから、決起は二十三日以降とならざるをえない。このふたつを重ねて、とりあえず、二十三日より二十九日までがうかぶ。

ところが、「二十七日から山口大尉が野営演習に出張する」（村中・公判調書）予定になっていた。したがって、決起は二十三日から二十六日までの四日間に限定される。

決起の準備には時間が要る。村中、磯部と異なり、栗原や安藤ほかには隊務がある。そのかたわら、秘密裏に準備をすすめなければならない。とすると、どんなに時間があっても足りなかっただろう。決起までにゆるされた最大限は四日。二十三日を起点にし、そこから目一杯の「二十六日午前五時」（同上）が割り出されたのではなかったか。

そして、「午前五時」については、栗原がこう語っている（栗原・公判調書）。「払暁《ふつぎょう》を期したのは、夜中では暗くして攻撃が出来ぬのみならず、一般の混乱を生ずるからであり、午前五時頃は最も適当な頃と思ったからであります」。

なお、先の山口の週番司令勤務は、栗原が山口に、決起するときは「週番に当る様に御願いして居《い》」（同上）た結果だという。そして、栗原は「決行の具体的の話は致しませんが、予め［山口は］察知して居たと思」（同上）うとのべている。山口が二十日ごろに決起を知らされていたことはさきにみた。

いよいよ、決起に向けて準備が大急ぎではじめられた。二十三日夜、歩三の週番司令室で会合。二十四日夜、歩一の週番司令室において最後の打ち合わせ。二十五日の夕方から、武器弾薬や糧食の手配。二十六日に日づけが移ってすぐ、下士官に出動準備の下令、兵への非常呼集等々。

そして、およそ午前三時半、安藤の指揮する鈴木貫太郎侍従長襲撃隊が五時の決行にむけて歩三の営門を出る。それよりはやいのは、神奈川県湯河原町に滞在中の牧野伸顕前内大臣を襲う河野寿大尉の一隊であり、午前零時四十分ごろ、歩一を後にしている。

事は秘してはこばれた。しかし、取り締まり当局が不穏な空気を感じていなかったわけではない。二十五日夜には、東京憲兵隊員とともに、宇都宮憲兵隊員らの応援憲兵が歩一や歩三などを対象に警備配置されている。だが、「行動部隊が堂々と営門を出て行くのに『雪中演習かなァ』と怪しみながらも見送っ」（福本亀治『兵に告ぐ』）てしまう。「堂々」がかえってカムフラージュの役をなしたのだろう。警視庁特別高等警察部も、二月中旬には「極力視察内偵に努力」（安倍源基『昭和動乱の真相』）していた。

当局は、結局、先手をとられるはめになる。陸軍省で軍紀・風紀や憲兵事務を担当するのは軍務局兵務課であったが、二十六日朝、決起を知らされた課長の西村琢磨《にしむらたくま》大佐は、「『やったな』とか『やりやがったな』というふうに」漏らしたという。次男西村誠《まこと》の談（北博昭「東京陸軍軍法会議の設置と陸軍省法務局」『日本歴史』四二七）である。

2　にわかづくりの決起部隊

「仕舞《しま》った」までもふくむ参加

首謀者のひとり、栗原安秀は決起について、後日、こうのべている（前掲「国家改造運動に参加せる事情」）。「現状を維持して自己の特権を享有《きょうゆう》せんとする」「君側《くんそく》の奸《かん》に対し一挙その本拠をつき、これを粉砕しうるは、余等青年将校を核心とせる下士官、兵の青年軍人の集団的威力以外になし」。しかし、その「核心」とされるいわゆる将校グループは、周到な根回しのうえに組成されたものではなかった。

決起の日時をきめた二十二日夜の栗原宅の会合には、元大尉村中孝次、元一等主計磯部浅一、所沢陸軍飛行学校学生河野寿大尉、歩兵第一連隊栗原中尉が出席した。この会合の直後から、河野以外の三名および歩兵第三連隊安藤輝三大尉、同野中四郎大尉により、他の将校への決起参加の要請が直接間接にはじまる。すでにみたように、安藤は右の会合の日の朝に磯部へ、野中は会合の数時間前に村中と磯部へ、決起を確答していた。

のちに自決する河野と野中をのぞき、村中、磯部、栗原、安藤、および十月事件ごろからの同志である歩兵第一旅団副官で大尉だった香田清貞の五名は、裁判で首魁とされ、死刑になる。香田へは村中が二十三日に連絡した。この七名を主動組とよぼう。

参加をもとめられたのは右の七名の主動組以外の一八名。河野と野中をふくめれば二五名となる将校グループの七二％である。かれらの反応は、七名からの距離の遠近に起因してだろうか、まちまちだった。

七名にちかい、同志色の濃い者は、それまでに決起を示唆あるいは漏洩されていたこともあって、積極的におうじる。たとえば、「時期が到来したならば何時にても同志と共に蹶起せんとの考えを抱き居」（坂井・公判調書）た歩三の坂井直中尉。かれはすでに、二月十九日、村中より「近く」（同上）といわれて「参加する旨を答え」（同上）ている。そして二十三日の夕方、具体的につげる安藤へ「確定的に（略）決意し承諾」（同上）する。

だが、主動組からとおい者は驚愕のうちに、あるいは泣く泣く承諾した。近衛歩兵第三連隊の今泉義道《いまいずみよしみち》少尉はその一例。日付が二十六日となってすぐ、同連隊の中橋基明中尉より「行動を共にすべく勧告」（判決書）された。大隊長から中橋には注意せよといわれていた今泉は、「其話を聞き、仕舞《しま》ったと思」（今泉・公判調書）う。「非常に躊躇」（同上）するが、「最後には自決する覚悟で同人の云う通りにな」（同上）ったのだという。

これは、「常に中橋中尉より圧せられて、同中尉の前へ出ますと恰《あたか》も猫の前に出た鼠の様に気を呑まれて」（今泉・憲兵訊問調書）しまうかれのメンタリティーによるものだったようだ。かれは、のちに、「昭和維新を実行するという非合法手段に付ては、全く私の考えて居なかったことでありました」（今泉・公判調書）と語っている。

参加をもとめられた時期にも、坂井と今泉のケースであきらかなように、主動組からの距離によって遅速があった（註）。その時期と距離により、一八名はおおまかにつぎのようにわけられよう。快諾組

（中橋・渋川善助・田中勝・坂井・対馬勝雄・林八郎・竹島継夫《たけしまつぎお》）、自然受諾組（安田優・中島莞爾《なかじまかんじ》・高橋太郎・丹生誠忠）、慎重組（常盤稔・池田俊彦）、引き込まれ組（麦屋清済・鈴木金次郎・清原康平・山本又・今泉）。そして、快諾組、自然受諾組、慎重組はおのおのそれなりに自発的に応諾している共通点をもつ。この意味で、主動組と引き込まれ組の間に位置する中間層をなす。

［註］参加要請の時期

快諾組　要請があったのは、二十二日夜から二十四日午後。

最初に知らされたのは近歩三の中橋中尉。二十二日夜の会合直後で、栗原からだった。中橋はすでに、一月十日に会った栗原の「態度顔付等から何か決意して居ると察知し（略）一緒に何事でもやろうと決意し」（中橋・公判調書）ていた。

つぎは、二十三日の朝で、元士官候補生渋川。かねて「遣《や》るときは何時でも参加する」（渋川・公判調書）とつげていた相手、村中からの連絡だった。渋川は外部から支援にあたるが、二十八日以降、決起部隊に投じる。同二十三日午後が、野戦重砲兵第七連隊の田中中尉。知らせたのは磯部。「現下国内の情勢を憤慨し、国家革新の要あるを痛感して居」（田中・公判調書）た田中は、すぐに「快諾」（同上）。夕方には、さきにみた歩三の坂井。同じ夕方に、豊橋陸軍教導学校の対馬中尉がやってきた栗原に同意。すでに対馬は、十九日に磯部から「挙あるを聞き、敢然として之に参加」（対馬・公判調書）する気持ちでいた。

明けて二十四日の午後。歩一の林少尉へ栗原がつげる。林は、「決行の空気は一週間程前から察知して居」（林・公判調書）り、「直に同意」（同上）する。

以上の中橋、渋川、田中、坂井、対馬、林の参加表明は積極的である。かれらは、一九三四年（昭和九）ごろからの田中以外、ほぼ三一年の十月事件前後には国家革新運動に傾斜。主動組とは同志的親近感でむすばれていた。

豊橋陸軍教導学校の竹島中尉も、この快諾組に準じよう。三二年の五・一五事件を契機に、かれは「現世の世相からして決起せねばならんと思」（竹島・公判調書）う。そして二十一日夜、磯部から挙をつげられた対馬にさそわれ、「遣ろうと決心」（同上）。二十三日に、対馬と同席でその旨を栗原につたえる。

のち裁判で、渋川、対馬、竹島は謀議参与、中橋、田中、坂井、林は群衆指揮により、死刑。

自然受諾組　二十五日午後から夜。

この日の午後、陸軍砲工学校学生の安田少尉と中島少尉は同時に、村中よりつげられる。二人は、すでに二十三日に、村中から決起は「近く」（安田・公判調書）と聞いていた。その時点で、安田は「一身を賭しても決行に参加する」（同上）ことをあかす。中島は、二十五日の村中の慫慂の際、「独りでも決行する意思があったから別に深く考え」（中島・公判調書）ずに承諾する。

夕方、歩三の高橋少尉が快諾組の坂井から「始めて決行の日時を知」（高橋・公判調書）らされ、承諾。「何時にても一身を犠牲にする覚悟で居」（同上）た高橋はこれ以前すでに、挙をほのめかす坂井へ参加の「同意」（同上）をつたえてもいた。

かれら三人が国家革新運動への邁進を決意したのはおそい。安田の場合は相沢中佐事件、中島は真崎甚三郎教育総監更迭問題、高橋は相沢公判の発表・報告会からだった。前二者は三五年夏、後者は翌三六年の初めで二・二六事件の直前のことである。主動組はこうした状況を読み取り、決起の日時を前日まで秘したのか。快諾組にたいするほどの信頼はなかったといえる。

歩一の丹生中尉は、準自然受諾組とみられる。かれの国家革新への傾倒も、「殊に相沢中佐事件の公判」（丹生・憲兵尋問調書）からだった。丹生は「栗原や香田と昭和維新運動に付て同志として交わって」（丹生・公判調書）いた関係上、決起の「場合には決意しなければならぬ立場」（同上）にあった。二十五日の朝、栗原から「近くやる」（同上）といわれて「決心」（同上）するが、栗原が具体的に「決行」（同上）をつたえるのは同夜である。丹生にも、主動組の信頼度はつよくないようだ。

裁判で、丹生をふくめ、安田、中島、高橋の自然受諾組は全員、死刑だった。群衆指揮を問われたのである。

慎重組　二十四日午後から二十五日夕方。

二十四日の午後、歩三の常盤少尉が野中より決起の日時と役目をつげられた。「相沢事件の事態が此処《ここ》迄急迫して居るかと考え」（常盤・憲兵尋問調書）るようになってから、常盤は国家革新をはっきりこころざすようになった。

とはいえ、野中からつげられたとき、「其の行動に加わるとも加わらぬとも云わなかっ」（常盤・公判調書）た。「当然参加することを決意」（同上）しながらも、まだ迷いがあったようだ。その後かれは、「加わる」ことがはたして「正しい独断であるか如何《どう》か考え」決起をきめる。

歩一の池田少尉が、快諾組の親しい林から「愈々《いよいよ》昭和維新を断行するらしいと云われた」（池田・

公判調書）のは二十三日だった。池田の場合も、国家革新志向へのターニング・ポイントは相沢事件である。林の話で池田は煩悶する（前掲『生きている二・二六』）。二十五日の夕方、林が明朝の決起をつたえてくる。このとき、池田は「『よし、俺も行く』と答え」（同上）たものの、まだ揺れていた。そして、なんとか「迷いを断ち切った」（同上）その夜、同連隊の栗原に参加を申し出た。

ところが池田は、公判では、同夜、栗原に問われて参加したとのべている。これは、公判の直前に栗原が「『俺から呼ばれたと言え、外のことは言うな』と釘を」（池田「付記」「栗原安秀の部」池田俊彦編『二・二六事件裁判記録』）さしたからだという。常盤と池田には、参加の意思表示までにしばしの逡巡・黙考があった。この点で二人は快諾組および自然受諾組と異なる。判決が常盤、池田を自然受諾組と同じ群衆指揮に問いながらも、死刑でなく無期禁固とした一因はその点にもとめられるかもしれない。もっとも、池田の場合、主動組をのぞき、かれがただひとりの自発的な参加者だったことが明かされていれば、判決は異なっていた可能性もあろう。

引き込まれ組　二十五日午前から二十六日早朝。

二十五日の夕方、歩三の麦屋少尉が快諾組の坂井から決行をつげられた。前日か前々日、すでに坂井に示唆されていたが、麦屋はしばらく「横になって考え」「斯様《かよう》になっては已《や》むを得ずと参加を決意」（麦屋・公判調書）する。前日、暗黙の了解のうちに坂井に、斎藤実内大臣私邸への「地形偵察に伴われ、それが原因」（同上）での、「已むを得ず」の参加になったようだ。

麦屋は前年十二月中旬からの歩三勤務で、坂井と接し、国家革新思想に関心をもつ。だが、それから決起まで約二か月。かれにはまだ確固たる所信などなかったという。「進んで（略）決行する信念を抱懐するや否やは明《あきらか》なる所」というのが、かれの陳述であった（同上）。

さて、さかのぼって同日の午前。歩三の清原少尉が週番司令の安藤に参加を要請される。二日ほどまえには決起のほのめかしもあった。清原は、「平素信頼して居る」（清原・公判調書）安藤への「情誼《じょうぎ》もあり、且つ週番司令の命令であると云われ」（同上）て参加する。かれが「同志と云う言葉を用い」（同上）たくないと語るのは、そのせいか。

清原はまた、「直接行動に依って改造を為さんとする如き考えはありません」「昭和維新運動に付て下士官兵を啓蒙したことはありません」（同上）とものべている。

だが、はたしてそうか。清原と同中隊だった野村常吉伍長や宍倉《ししくら》正太郎伍長は予審廷で、清原に「国家改造、昭和維新の必要を説かれ」（同上）たといい、上等兵だった福田守次は、清原が「相沢事件の情報をもってきては『現状は三面記事を見て喜んでいる時ではない』といってよく私たちにハッパをかけた」（福田「合言葉を暗記して出動」埼玉県史編さん室編『二・二六事件と郷土兵』）と証言している。なお、清原の場合も、国家革新思想に関心をもった「直接的動機」（清原・憲兵訊問調書）は相沢事件の公判にあったらしい。

歩三の鈴木少尉は、二十二日に主動組の安藤に決起の「腹を決めて置け」（鈴木・公判調書）といわれる。そして、二十五日の夜。安藤から「同意せよとて握手を求められ」（同上）、くわわる。

鈴木が国家革新へ関心をもつきっかけは、やはり相沢事件だった。しかし、挙を「遣るに付ては未だ確な考えは持って居」（同上）なかった。ただ、安藤への「情誼から」「拒絶することが出来」（同上）なかったらしい。そして、かれは語る。「同志として本件に参加したのではありません」（同上）。

清原と鈴木にたいする安藤の参加の要請は、情誼を梃子《てこ》にした一方的なものと映る。快諾組の坂井へ決起をつたえたときも、「研究して置いてくれ」と一方的だった。強引なのである。また、週番士官だった清原、鈴木、坂井に、安藤が週番司令の立場を利用して動員目的の週番命令を出したことはのべた。清原によれば、右にみたとおり、かれへの参加要請も「週番司令の命令であ」った。

安藤は、強引さと立場の利用のほか、鈴木と清原には甘言も弄している。清原へは、挙は「鼻歌を歌って居ても出来ると」（清原・公判調書）つたえた。鈴木へも同様の文言を用いている（鈴木・公判調書）。腹をきめれば、安藤は直情径行で身勝手になるのだろうか。かれには、「誠実」「温情」（前掲『二・二六事件裁判の研究』）だけではとらえられない一面があるようだ。

引き込まれ組には、山本又予備役少尉もいる。かれが国家革新思想をいだくようになった動機は、三四年（昭和九）ごろからの磯部との親交である。

二十五日の夕方、その磯部から「昭和維新断行」（山本・公判調書）をつげられる。そしてその夜、さらに具体的な話があり、「頭ががんと」（同上）なる。逡巡したが、「引くに引かれぬ状況となり、参加」（同上）する。

二十六日となって間もなくのこと、近歩三の今泉少尉にも参加の要請があった。「午前三時十分頃」（今泉・公判調書）だった。かれの参加についてはすでにふれた。

麦屋から今泉まで、五人の引き込まれ組にたいする判決は他の組に比して軽かった。群衆指揮に問われた麦屋、鈴木、清原が無期禁固、諸般の職務従事とみなされた山本と今泉がそれぞれ十年と四年の有期禁固であった。

将校グループ中の主動組七名は他の各組の一八名に、時間をずらして参加をもとめた。なによりも秘密保持のためだっただろう。だが、ずらさねばならなかった事実は、そのまま、将校グループ結成上の歪《ひず》みの表れでもあった。主動組の組成においても、安藤の参加状況にみるような難渋さがあった。将校グループはけっして一枚岩ではなかった。

勢いのある初動時は、それでもいい。しかし、やがて難局に直面するようになると、かれらの結束にはたちまちほころびが生じてくる。後述のような奉勅命令をまえにしたときの混乱と狼狽はそのひとつの例となろう。

下士官兵には命令

准士官、見習医官、そして下士官へのよびかけはおよそ二十五日の夜からだった。栗原安秀中尉は兵ともども下士官を「陛下の為に奸賊《かんぞく》を討つという意味から同志と観《み》」(栗原・公判調書)ていた。免官されて民間人となっている村中孝次も「同志」(村中・公判調書)とみなし、同じ立場の磯部浅一も「同志的団結」(磯部・公判調書)と表現する。この三人が事件の首謀者だったことはのべた。

なるほど、たとえば歩兵第三連隊第二中隊から参加した六下士官中、長瀬一《はじめ》伍長以下四名の場合はそのようにも映る。命令ではなく、同連隊第一中隊の坂井直中尉のもとめに応じたのだった(判決書)。そのうえ下士官らは、伍長勤務上等兵以下一等兵まで、一二名の兵も連れ出している。

たしかに長瀬は、同連隊第六中隊長安藤輝三大尉にたいする「敬慕」(同上)の念からもわかるように、同志的側面をもっている。だが、かれら四名への要請は名指しで、坂井より「将校室に集合を命ぜられ、高橋太郎、麦屋清済、及安田優立会の上」（同上）、決起をつげられてのものだった。おそらく抗しがたい空気であったはずであり、そのなかでの要請である。実際は命令類似のものだったといえまいか。一方では、同志的参加の色合いものこる。別中隊の所属であるから、命令系統を異にし、坂井に長瀬らへの命令は出せないからである。

准士官以下で、長瀬のような同志色をもつ者は他にもいた。判決書から明確にそう読み取れるのは、准士官では、歩三の第七中隊桑原雄三郎特務曹長のみ。下士官では、歩兵第一連隊の歩兵砲隊尾島《おしま》健次郎曹長、第六中隊宇治野時参《うじのときみつ》軍曹、第一一中隊前田仲吉軍曹。そして歩三の長瀬と同じ第二中隊青木銀次軍曹、堀宗一曹長、田島粂次曹長、第一〇中隊伊高《いだか》花吉軍曹。さらに近衛師団司令部付大江昭雄曹長。兵では歩一の歩兵砲隊黒沢鶴一一等兵だけであった。

このように、准士官以下の同志的な参加者はすくない。おおくは、歩一機関銃隊の船山市朗見習医官のように「上官の命令に背く訳には行かないと思い」（船山・憲兵訊問調書）、参加している。

直接行動全参加者の七〇％は入営後まだ一か月余の初年兵約一〇〇〇名だった。かれらは命令で動員された。そのひとりで、船山と同隊の二等兵だった国森四郎吉は非常呼集ののちに実弾をわたされ、「教官が（略）訓辞をのべ」「上官の命令に従って冷静に行動せよ」と指示した、と回想している（国森「出動は万事命令のまま」埼玉県史編さん室編『続二・二六事件と郷土兵』）。

下士官以下は同志として起《た》った、と栗原らは主張する。しかし、同志云々はいいわけで、命令で出動させられたというのがおよその実態である。船山が「命令に背く訳には行かな」かったという「上官」、国森が「命令に従」えと「訓辞」をうけた教官とは、栗原であった。

安藤も、自分の歩三第六中隊の下士官をうごかすのに命令をもちいた。もっとも、かれは、その「命令も形式であり（略）実質は同志であ」（安藤・公判調書）ったという。しかし、当の下士官中の永田露曹長や堂込《どうごめ》喜市曹長はのちの予審廷で、「上官を信頼して命令に従って動いたのであるのに罪を負わされ」（同上）たとこぼしている。

安藤には、中隊をひきいる際、虚言も弄したふしがある。公判で、「出発するとき靖国神社参拝と云ったのではないか」（同上）と質されての答えは、「左様でありません。靖国神社に向って行くと云ったのでありま」（同上）す、であった。軍用車両をもちだした野戦重砲兵第七連隊第四中隊の田中勝中尉も、「靖国神社に参拝」（田中・公判調書）と偽って、運転兵一二名を連れ出している。

准士官、見習医官、下士官、兵の参加者数は順に二、三、八八、一三六〇（戒厳司令部戒厳警察部「叛乱軍参加人員一覧表」松本清張編『二・二六事件＝研究資料』I）。起訴者数は二、〇、七三、二〇（判決書）。有罪者数は二、〇、四二、四（同上）であり、死刑はなかった。

起訴された兵のうち、牧野伸顕襲撃のいわゆる湯河原班の黒沢を除く、兵班すなわち歩一機関銃隊の倉友音吉《くらともおときち》上等兵以下一九名については東京地検保管の「二・二六事件記録」がくわしい。兵班の「記録は閲覧が許されない」（前掲『二・二六事件裁判の研究』）という研究もあるが、起訴者分は閲覧できる。同研究が「わからない」（同上）とする倉友への求刑は懲役三年、同じく「判らない」（同上）とのべる兵班裁判の補充裁判官名は陸軍騎兵学校の吉橋健児大尉であることをこの記録は記している。

これまであいまいだった決起の全直接行動者数は将校以下一四八三名である（前掲「二・二六事件記

録」)。うち、民間人は、在郷軍人五名(将校グループ一、湯河原班四)、それ以外四名(将校グループ三、湯河原班二)の九名であった。

西園寺襲撃は仲間割れで中止

歩兵第一連隊の山口一太郎大尉、民間人の亀川哲也、西田税は、元老西園寺公望の襲撃を止めさせようと話し合ったという(判決書)。決起が確実に予想される二月二十日ごろ以降のこととされる。三人は主動者たちのシンパであった。

山口は岳父の侍従武官長本庄繁大将から、西園寺が「陛下の事を真に御心配申し上げ居る人」(同上)と聞かされていた。また、亀川は決起後の収拾工作に西園寺を「利用せざるべからず」(同上)というかんがえであった。

そして、亀川は、「二十二日、西田より老公は大丈夫だと云われ」(亀川・公判調書)たとする。しかし、西田は「左様申した記憶はなく、山口は西園寺公襲撃不可説が亀川、山口、私の三人の間で意見一致して居た様に云いますが、そんな事はありませぬ」「山口と亀川は其の意見であったろうと思いますが、私は立場が違います」と反論している(西田・公判調書)。

西田の「立場」は、青年将校らは「君側《くんそく》の奸《かん》を除くと云う意味において蹶起するのであるから、彼等の思う通りにやらせたらよい」(西田・予審訊問調書)、だったらしい。そして、かれは、「西園寺公は残して置いた方が宜いと云う事は、二月二十四日、亀川が私方に来た時、同人より始めて其の主張を聞」(西田・予審訊問調書)いたとものべている。

ともあれ、亀川は、二十六日午前三時ごろすなわち決起主力部隊の出動直前、同じくシンパの渋川善助から「西園寺公の襲撃は愈中止」（判決書）の連絡をうけ、すぐに善後策にかかる。まず軍事参議官の真崎甚三郎大将、ついで貴族院議員鵜沢総明《うざわふさあき》を訪問し、鵜沢と旧知の西園寺へ進言を乞う。その内容は「青年将校等の尊敬しある真崎大将、柳川〔平助〕中将等を中心とする軍部内閣に依り事態を収拾する」（判決書）ように、というものだった。この依頼をうけて、鵜沢は汽車で静岡県興津《おきつ》町の西園寺のところへむかう。着いたのは午前十一時ごろ。しかし西園寺は、警察のすすめで、すでに県警察部長官舎に避難してしまっていた。結局、留守をあずかる執事の熊谷八十三《くまがいやそぞう》に右の要望をつたえるだけ（熊谷・憲兵聴取書）におわった。

西園寺襲撃の中止は、シンパの策動によるものではない。首謀者のひとりである磯部浅一は、二十一日のこととしてこうのべている（前掲「行動記」）。「山口大《たい》イより西《さい》オン寺《じ》を襲撃することはやめたら如何《いかが》との話があったが、余は断呼《ママ》之に反対した」。

西園寺襲撃は、十八日夜の栗原安秀中尉宅での会合できまる。翌日、磯部が愛知県豊橋市へいき、その襲撃を豊橋陸軍教導学校の対馬勝雄中尉へ依頼。西園寺は「元老として重要の地位にあるのであるから国体真姿顕現《しんしけんげん》の為には是非遣《や》らねばならんと平素から考えて居り、又遣るとすれば東海方面の部隊のものが受持つことは我々同志の常識として考えて居た」（対馬・公判調書）対馬のことである。「豊橋の同志にて」（同上）やる、と即答した。

対馬はさっそく根回しにかかる。相手は、同じ教導学校の竹島継夫中尉、井上辰雄中尉、板垣徹中尉、歩兵第六連隊の鈴木五郎一等主計、独立歩兵第一連隊の塩田淑夫中尉の五名。

そして二十三日には、栗原が前二十二日夜の、やはり同じ栗原宅の会合で決定した出動日時ほかの事項をつたえにきた。栗原は「襲撃用として私《ひそ》かに準備しありたる小銃実包約二千発」（判決書）も『トランク』二個に入れ」（対馬・公判調書）て持参した。

栗原の去った二十四日の夜、対馬宅に対馬、竹島、井上、塩田の四名が集合。対馬の腹案により、西園寺襲撃計画をつめる。教導学校の「下士官兵約百二十名を二十五日午後十時頃夜間演習名義」（対馬・公判調書）で動員するというものだった。

ところが翌二十五日の朝になって、板垣が兵力の使用につよく反対し、襲撃は中止となってしまう。対馬はいう（同上）。「板垣を斬ってまで兵を使用せんと考えましたが、斯くすれば企図が暴露し、又我々のみにて兵を使用せんとすれば板垣から阻止せらるることとなり、さりとて兵力を使用せずしては西園寺公襲撃の目的を完全に達することが出来ぬと考え、茲《ここ》に已《や》むなく同公襲撃抛棄《ほうき》を決心しました」。

結局、対馬と竹島のみが上京し、決起に参加する。井上は後始末で、塩田は時間的に連絡できず、また、鈴木は兵站《へいたん》要員だったため、不参加（竹島・公判調書）。そして、板垣はぬけた。中止により、鈴木は手配していたガソリンを返却し、違約金をとられた。井上は五個一組・計一四〇包の大福餅をキャンセルしようとしたものの、断られた。

急で拙速な根回し、仲間割れによる中止、ふたりだけの東京部隊への合流……。この西園寺襲撃計画も、強引で安易な色彩が濃い。のち、対馬と竹島は反乱罪の謀議参与で死刑、反乱予備罪の鈴木は禁固六年、同井上と塩田は禁固四年、板垣は反乱幇助で取り調べをうけるが不起訴となる。

「特に痛恨憤止《や》む能《あた》わざるは板垣の豊橋部隊制チュウ［掣肘］なり。西園寺を討取らざりし為、如何に維新聖業の歪曲されたる事ぞ」とは、囚われの磯部の弁である（前掲「手記」）。竹島は、板垣は「蹶起に不賛成であったのではないか」（竹島・公判調書）とのべている。

かたちだけの「見当り次第斬殺すべきものの人名表」

決行二日まえ、二月二十四日の夜、栗原安秀中尉ら決起主動組の四名が歩兵第一連隊の週番司令室で会合。歩一、歩兵第三連隊以外からの将校グループの参加各人は、翌二十五日、午後七時までに歩一に集合するようにときめる。そして、その時刻のころ、歩一第一一中隊の将校室。同中隊の丹生誠忠中尉が、やってきた香田清貞大尉と明朝の決行準備に追われていた。ほどなく、村中孝次、磯部浅一、山本又予備役少尉もくる。二十六日午前二時ごろには、西園寺公望襲撃の中止で上京してきた対馬勝雄中尉と竹島継夫中尉も合流。

二十四日の夜の会合も二十五日の集合も、場所の提供については、このとき歩一の週番司令だったシンパの第七中隊長山口一太郎大尉の好意である。かれは、二十四日夜の会合時には、襲撃先の首相官邸ほか一帯の地図約二〇〇枚を用意し、提供している。二十五日夜の第一一中隊将校室は、決起前夜の司令部だった。「蹶起趣意書」が謄写印刷され、「陸軍大臣に対し要望すべき事項」もつくられた。

「見当り次第斬殺すべきものの人名表」（磯部・公判調書）と「陸相官邸表門通過を許すべきものの人名表」（同上）もまた、ここで作成された。ともに磯部が起案した。村中と香田の承認をえ、「磯部は之を複写紙［謄写印刷］にて何十枚か作り、同人が午後十一時頃、其［両］人名表を持って歩三に行き、之を各部隊の指揮者に交付して指令を与え、又、歩一の各部隊指揮者に対しても同様な指令を与え」（村中・公判調書）たという。だが、のちに当の香田は、両表に「如何なる人名が記載されて居るか判りません。（略）相談は受けたか知れませんが只今記憶にありません」（香田・公判調書）と答えている。

「見当り次第斬殺すべきものの人名表」であるが、これにはつぎの六名が載っている（前掲「二・二六事件記録」）。林銑十郎大将、渡辺錠太郎大将、石原莞爾《かんじ》大佐、根本博大佐、武藤章中佐、片倉衷《かたくらただし》少佐。

その理由は、村中によれば、「孰《いずれ》も統帥権干犯に関係ある」（村中・公判調書）ためだった。ただし石原の場合は、「夫等《それら》の人達と密接な関係があり、（略）『ファッショ』的傾向を有すること等」（同上）にもとづくからだという。

斬殺者表は、「陸相官邸表門通過を許すべきものの人名表」とともに、決起引き込まれ組の山本らほかには認識されていた（山本・公判調書）。だが、主動組の香田の場合、さきのように認識が曖昧だった。首謀者で主動組の栗原でも決起後に「陸相官邸に行った際、始めて承知した様な次第」（栗原・公判調書）で、杜撰《ずさん》ともいえる。「斬殺」も、陸軍省軍務局付の片倉が二十六日朝の陸相官邸で磯部に撃たれた以外、着手さえなかった。参謀本部第二（作戦）課長の石原も、「斬殺」目標のひとりだった。二十六日午前、かれは占拠された陸相官邸の広間におり、ここで磯部と出会ったが、「斬殺」されていない。

山本にいたってはこう語る（山本・公判調書）。陸相官邸の表門監視中、石原がやってきた。しかし、自分は「暴挙に出ることに付《つい》ては最初から不同意であり、（略）同大佐の身辺に危害なき様注意して居りました。同大佐が帰った後、其の事を村中に話しましたらそれはよかったと申され、丹生中尉も殺す気にはなれなかったと云うて居り」ました。石原は最終的には決起側武力鎮圧の急先鋒となった。自然受諾組の安田優は、のちに獄中で「天誅を加えんとす」「奸賊」（安田「宣言」河野司編『二・二六事件』）

と、石原をみなすようになる。

「陸相官邸表門通過を許すべきものの人名表」は、通過許可者を二十六日の午前七時までとその後にわけて二種がつくられた（前掲「二・二六事件記録」）。

「七時まで」が古荘幹郎《ふるしょうもとお》中将、斎藤瀏《さいとうりゅう》予備役少将、香椎浩平《かしいこうへい》中将、矢野機《やのはかる》少将、橋本虎之助中将、堀丈夫《ほりたけお》中将、小藤恵《こふじさとし》大佐、山口大尉、山下奉文少将。「その後」が本庄繁大将、荒木貞夫大将、真崎甚三郎大将、今井清中将、小畑敏四郎《おばたとしろう》少将、岡村寧次《おかむらやすじ》少将、村上啓作大佐、西村琢磨大佐、鈴木貞一大佐、満井佐吉《みついさきち》中佐である。

村中は「軍当局者及命令系統のあるものと、私共蹶起の趣意を諒解して呉れると思わるる人」（村中・公判調書）らだという。およそ、「七時まで」が前者、「その後」が後者にあたる。結局、「［支援］して呉れ」そうな皇道派、またはそうみえる軍人をあつめようとしたようだ。

斬殺者表ともども通過者表の周知・認識の不十分さについてはふれたが、通過許可の実際も杜撰だった。丹生は、指定はあったが「総て私の指示に依って通すことになって居」（丹生・公判調書）たとのべている。他方では、「出勤する職員が続々参りまして私共の入門阻止を肯《き》かず」（竹島・公判調書）云々といった状況さえも生じていた。

斬殺者表も通過者表も、陸相の「決意に依り速に事態を収拾して維新に邁進《まいしん》すること」（「陸軍大臣に対し要望すべき事項」）とむすびつく「上部工作を容易ならしむる為」（判決書）のものといえる。しかし、これらの二表は決起側自らの手でないがしろにされ、反故《ほご》同然となってしまったようだ。

3 『日本改造法案大綱』の影響

影響はあったか

北一輝は一九一九年（大正八）に『国家改造案原理大綱』を著す。そして、四年後の二三年には若干の修正をくわえて、これを『日本改造法案大綱』と改題する。

この『法案』では、治安警察法や新聞紙条例、また、華族制度や貴族院の廃止等々が説かれている。ずっとのち、これらが第二次大戦後の占領期の日本において、連合国軍最高司令官総司令部のもとで実現するのはおもしろい。

そのほか、私有財産の制限や朝鮮人への参政権付与などもうたわれている。こうした主張のすべては維新国家の樹立に収斂《しゆうれん》しよう。その樹立のため、『法案』は、クーデターを梃子《てこ》に「天皇大権の発動によりて三年間憲法を停止し両院を解散し全国に戒厳令を布《し》」（大正十五年二月版）き、「天皇を奉じて速かに国家改造の根基を完《まつと》う」（同上）することをめざす。ここからあきらかなように、またすでにのべたように、北にとっての天皇は国家革新の象徴である。かれの天皇観は機関説的であり、天皇よりも国家が優先される。

要するに『法案』は、機関説的天皇をかついでなす、クーデターによる戒厳下での「在郷軍人団」（同上）を主体とする維新体制建設のための国家改造プランにほかならない。北の最終陳述によれば、けっして「国体破壊と云う様な不埒《ふらち》極まるものでは」（北・公判調書）なかった。

青年将校運動の先駆者・西田税の天剣党が『法案』の影響下にあったことはのべた。では、決起した青年将校たちの場合はどうか。

陸軍省は、将校グループすなわち将校班の公判がはじまった三六年（昭和十一）四月、こう断ずる（同省「北一輝著『日本改造法案大綱』に就て」松本清張編『二・二六事件＝研究資料』Ｉ）。青年将校らは「国家改造の法案を盲信し、遂に直接行動を取るに至れる」と。

だからだろう、将校班全二三名中、竹島継夫、丹生誠忠、今泉義道以外の二〇名は全員、公判廷で『法案』について問われ、あるいは自ら語るはめになる（註）。竹島ら三名がなぜ免除されているのかはわからない。なお、陸軍省の右の断定は、北、ひいては西田の有罪の伏線をなすことになる。

［註］北一輝『日本改造法案大綱』について（各人・公判調書）

主動組　村中孝次…「全面的に同意」、しかし「国家改造の目標たる指針となることは認められますが実行方法の目標としたのでは」ない。磯部浅一…「読み（略）歓喜を覚え」た、しかし『法案』にそった建設実行は「考えません」。栗原安秀…「今回の決断も此の日本改造法案大綱に依るもの」、しかし「此の著書により（略）動いたと云わるるのは誤り」。安藤輝三…『法案』の「儘《まま》実施するが如き考えは」ない。香田清貞…『法案』中の「経済政策は制限するのではなく無制限に許すのでもない。この思想の下にやって行けば陛下の大御心《おおみこころ》に副《そ》い奉るものと思」う、しかし「維新と云うことは（略）日本改造法案大綱とか（略）の為になすべきものでは」ない。

快諾組　中橋基明…「大体の趣意は国家改造に付ては日本改造法案大綱に依ればよい」。渋川善助…『法案』の「研究は同志中、私が一番致して居」る、しかし『法案』により事を「決行したる如くあるも然《しか》らず」。田中勝…北や西田らの「思想に浸潤し、民主革命をなさんとしたものではありません。私は日本改造法案大綱を批判するの器ではありませんので其の内容の善悪は判」らない。坂井直…「一通り読んだことはありますが、別に研究も致しませんから批判も出来」ない、しかし決起は「日本改造法案大綱に則《のつと》り為したものでは」ない。対馬勝雄…『法案』は「一寸《ちよつと》見たのみで「決起は」北及西田税等と関係もなく、利用されたことは」ない。林八郎…「読みましたが（略）大体相被告村中孝次が申し上げたことに同感」、しかし「我々の国家革新若くは改造は日本改造法案大綱に依るものでは」ない。竹島は欠。

自然受諾組　安田優…「維新研究の一の参考書に過ぎない」、しかし『法案』に「則り本件を決行せりと云われたことは誠に遺憾」。中島莞爾…「前に貰って持って居りましたが余り読んで」いない。高橋太郎…「坂井中尉から借りて見たことはありますが、内容をよく通覧して」いない。丹生は欠。

慎重組　常盤稔…「学生時代に読んだことがありましたが、意味がよく判りませんでした」、しかし「私の蹶起するに至った原因は（略）日本改造法案大綱を実施するとか（略）というのでは」ない。池田俊彦…「読んだことは」ない。

引き込まれ組　麦屋清済…「読みたることはなく、北一輝、西田税を全然知りません」。鈴木金次郎…『法案』の「趣旨に則り社会民主革命を実現せんと企図したと云うことは私には夢想だにせなかった（略）。日本改造法案大綱なる書物は読んだことが」ない。清原康平…安藤がくれたが「まだ読みません」。山本又…「磯部からであったか其の本を貰って読んだことがあります。（略）良書とは思いません」。今泉は欠。

二〇名中、一瞥の程度をふくめて読んだ者が一六名、まったく読んでいない者四名である。前者は主動組五名中の村中、磯部、栗原、安藤、香田の全員、竹島を欠く快諾組六名中の中橋、渋川、田中、坂井、対馬、林の全員、丹生を欠く自然受諾組三名中の安田、中島、高橋の全員、慎重組二名中の常盤、今泉を欠く引き込まれ組四名中の山本。後者は慎重組の池田、引き込まれ組の麦屋、鈴木、清原。

ここからすれば、バイブルかクラシックかといった位置づけはともかく、『法案』が国家革新運動においてそれなりの意味をもっていたことは事実といえる。だが、陸軍省のいうように、決起した青年将校らが一律にその影響下にあったと断定するわけにはゆかない。

積極的に『法案』にちかづいた者といえば、主動組の全五名と快諾組の中橋、渋川、林の計八名くらいで、そのうち、『法案』を決起の準則とみたのは栗原と中橋だけ。そうみないまでも全面的に支持したのは村中と磯部のみ。つまり、『法案』のつよい影響下にあった者は合わせても四名にすぎない。とはいえ、この四名のなかに、主動組中の村中、磯部、栗原がはいっているのは目をひく。この三名は決起首謀者である。たしかに、かれらは、『法案』の「主旨に則りつつ軍上層部を推進して所謂《いわゆる》昭和維新を実現せしめんことを企図」（判決書）したといえなくない面をもつ。しかし、他の多くの青年将校らまで、かれらと同一視はできないのである。

運動から遊離の北一輝、敬遠された西田税

二・二六事件のころの北一輝には世事的な色彩がつよい。「西田を通して聞い」（北・予審訊問調書）た「青年将校の動向及軍部に関する情報を政党の領袖、財閥の巨頭等に提供し、以て多額の生活資金を獲得」（判決書）していた。『日本改造法案大綱』は政党や財閥を排撃するにもかかわらず、最大の資金源は三井財閥だった。実業家で政治家の久原房之助《くはらふさのすけ》や政治家の中野正剛《なかのせいごう》からも金が出ていた（北・憲兵聴取書）。

『法案』が『国家改造案原理大綱』として登場して以来、二・二六事件まで、一六年余。北自身は国家革新運動の実際から離れてしまっていた。ただ、『法案』については事件時につぎのように語り（北・公判調書）、国家主義者らしいところをみせている。現在は「書いた当時に比し、日本の客観的情勢が幾分異なって居り、且つ同法案の叙述に付《つき》不穏当な所があり、表現の方法に付訂正補足の必要を感じて居る部分もありますが、根本の指導原理に於ては変更する必要を認めて居りませぬ」。

運動から離れた北の日常の様子はどうか。北は「昭和元年頃より法華経に専念し、信仰生活に入浸り、世間と遠ざかり、従って青年将校等も殆ど私方に出入りしなくなって居りました」という（北・公判調書）。西田税もこれを、「北は既に世間より遠ざかって居って彼等［青年将校］の事情動向も判らぬ為、時々私に聞く事があります」と裏づける（西田・公判調書）。とはいえ、まったくの隠棲でなかったことは前述の通りである。

ともあれ、「世間より遠ざか」っていた北に、決起のうごきはとどかない。三人の首謀者はこうのべる。まず、村中孝次は北について「信仰生活に入って居《おり》まして、実際運動に付《つい》て北一輝と話したことは

ありません」（村中・公判調書）。つぎに、磯部浅一は「実際問題の指導的立場には居られません」（磯部・憲兵訊問調書）。そして、栗原安秀は「決行前、北氏の所に参ってなかったのは、同人に迷惑を懸けると思って行かなかったのであります」（栗原・公判調書）。というわけで、確定した決起を北につたえるのは、それを察知・確認した西田であった。

西田は、一九三二年（昭和七）の五・一五事件時に、首謀者の古賀清志《こがきよし》海軍中尉らの意をうけた民間人の川崎長光《ながみつ》に狙撃される。西田が陸軍青年将校の参加を阻止しようとしたためだった。北は献身的に看護し、以来、ふたりは「親子の如き密接」（判決書）になったという。

五・一五事件ののち、西田は「軍部関係を離れて民間方面のみの啓蒙運動」にはげむ。一方、青年将校は三一年の十月事件以降、実際運動面で脱西田・北化し、三四年の十一月事件は「[栗原]等をして決意前進せし」める。こうしたことについてはふれた。

そして、西田は語る（西田・憲兵聴取書）。栗原らに「決意前進せし」めた「十一月事件以来、私の宅には将校は寄りつかなくなり、今年［三六年］の正月にも一人［も］来ません」「但し、村中、磯部は浪人ですから私の宅へは時々出入致して居ります」。結局、「北と西田とは、或る僅かの一部の者が従来の関係で交渉して居た」（安藤輝三・公判調書）程度のようだった。

とはいえ、その「一部の者」、たとえば磯部にとっては、「北、西田両氏は革命日本の導師」（前掲「手記」）であった。すでにのべたが、青年将校らにあたえた思想面でのふたりの影響力はもちろんおおきい。西田は、「従来の関係上及《および》特に世間一般は私と此の人達［決起将校ら］との関係を一つである様に見、寧《むし》ろ私が主体で此の人達が私の指導下にある様に断定的に見て居ります」（西田・警察官聴取書）

といい切っている。

だが、西田は決起将校らと最終点で意見を異にする。国家改造の方法は「暴力に依る破壊活動のみではありませぬ」（西田・公判調書）。『法案』を「国家革新の手段とする根本思想に立脚して居」（同上）たことは事実であったのだが。

栗原は「北、西田等は直接行動には反対で、従来より我々が何かやろうとすれば必ず之を抑止する立場に居りまして、我々は北、西田等に関係なく計画を進めて居りました」（西田の予審における栗原・訊問調書）とのべる。それどころか、自然受諾組の安田優少尉のように、「軍人以外の者より使嗾《しそう》感化などさるる様なことは一大汚名と考えて居るから」「西田税の如きは全く成功の暁には斬らねばならない」（安田・憲兵訊問調書）と思う者までいた。

西田は村中や磯部らのうごきから、決起準備の進行を知り、栗原に確認する。二月十八日の夕方だった。西田は自制をもとめるものの、一蹴される。栗原は西田に「あなたに何とか彼とか云われるのが一番嫌《いや》だ」（西田・予審訊問調書）といい放ったのだ。

二十一日の午前中、西田は北に「最早《もはや》押える事も何《ど》うする事も出来ぬ状態に進んで居る事を」（同上）知らせ、二十五日の夕方、村中より明朝の決起を聞くことになった。「勝手にしろ」（同上）とは、このときの西田の思いである。

村中はそれから「床屋に行く」（同上）つもりだったらしい。一種の決意表明とも読めるが、決起と「床屋」という、非日常性と日常性の組み合わせはなかなか興味をひく。

西田税が北一輝に決起を知らせたのは、二月二十一日午前であった。西田はこのときの様子を、事態はもはや阻止できないところまで「進んで居る事を説明しました処、北は左様ならば我々とも致方《いたしかた》あるまいと云う様な返事でありました」（西田・予審訊問調書）とつたえている。

一方の北であるが、かれはこうのべる（北・公判調書）。「西田は悲壮な顔をして『もう今度は止めないで下さい。何も言ってくれるな』と申しましたので、私は胸を打たれ可哀そうな気持になり『そうか』とだけ言って他は申しませぬでした」。

西田の「悲壮な顔」は、決起にかかわらざるをえないだろう不本意さによるものだったのか。なんといっても、かれは陸軍における国家革新運動の草分けである。青年将校らが「決起すれば、関係の有無しに拘らず自分は一体と見られて、先ず唯《ただ》では済まぬ」（西田・予審訊問調書）という自覚があった。他方、かれには「事前に暴露告訴等の事は情誼上断じて出来ぬ」（同上）との思いもあった。かれにとって、道は、決起関与しかのこされていなかったともいえる。決起前日の「勝手にしろ」は、自分にたいするやり場のない叫びだったかもしれない。

西田が「今度は止めないで下さい」と訴え、北がそれに「胸を打たれ」たのには理由があるようだ。五・一五事件のとき、西田が川崎長光に狙撃されたことは記した。これは、北にいわせれば、かれが「西田に話し、同人をして仲間に入らず手を引かせた為（略）裏切者と思われ」（同上）たせいだった。そうして、以後、西田は「妙な立場となり、官憲及世間から色々に批評され、爾来長い間心苦しい生活をして来て居」（同上）たのだという。北が、西田の訴えに「胸を打たれ」わけは、その西田へのこのような理解にもとめられよう。

結局、西田は決起後すみやかに「事態を収拾し、彼等の目的を達成させてやる為に能《あた》う限りの努力を払うことが自分の情誼である」（同上）とかんがえる。そして、のちにみるような、上部工作をふくむ外部からの支援にたずさわる。

西田に、決起に直接参加する気持ちはなかった。決起将校たちと意見を異にしていたことはのべた。かれは、決起四日まえの二十二日ごろに村中孝次が「私に対し参加を求めましたが、私は拒絶しました」（同上）と語っている。

西田の訴えに「そうか」とだけ答えた北であるが、かれもまた一大決心をなす。「親子の如き密接な西田の苦境をみるにみかねたせいだろうか。「西田が青年将校に引かれて行くなら、自分は又、西田に引かれて行ってやろう。西田のする事は止めもせず、其の思う通りに働かせて遣《や》ろうと思いました。即ち私は西田に従って行くのみだと決心致しました」（北・公判調書）。つまり、「私の行動の前半は西田の保護を考えてやった事であり、後半は蹶起した彼等を助け様《よう》、罪が軽くなる様にと云う気持で努力したのであります」（同上）。

西田と北は、事件後、反乱罪の首魁とされ、死刑という高価なツケを払わされることになる。

四　雪の挙兵

1　襲撃

目標は「国体破壊の元凶」

襲撃目標は、二月二十二日夜の栗原安秀中尉宅と、翌二十三日夜の歩兵第三連隊週番司令室での会合できまった。村中孝次によれば、目標とされた各人の選定理由はつぎのようであった（村中・公判調書）。

元老西園寺公望（結果、襲撃中止。以下同）。「内閣首班に関する奏請当《とう》を得」ず、「倫敦《ロンドン》条約当時の統帥権干犯に関係ある」「斎藤《さいとう》［実《まこと》］、岡田［啓介］を共に首相に奏請した」。**牧野伸顕前内大臣**（失敗）。「倫敦条約当時に於ける統帥権干犯に直接関係を持ち、当時、伏見宮《ふしみのみや》［博恭《ひろやす》海軍軍令部長・元帥］殿下の奏上を阻止した」。**斎藤実内大臣**（殺害）。ロンドン条約賛成の「条約派の巨頭と見らること、又、真崎［甚三郎］大将教育総監更迭当時、林［銑十郎陸軍大臣］大将を鞭撻《べんたつ》して軍統帥に容喙《ようかい》、（略）牧野伸顕と結託して重臣ブロックの中心を為し」た。**鈴木貫太郎侍従長**（重傷）。「条約派の巨頭であって、君側に在りて聖明《せいめい》［天皇の明徳］を蔽い奉って居る」。岡田啓介内閣総理大臣（失敗）。「条約派の一人であり、（略）特に天皇機関説問題に関する国体明徴に於て其の処置の極めて不当なりし」ため。高橋是清大蔵大臣（殺害）。「政党の巨頭として参謀本部廃止論を唱え、皇軍親率《しんそつ》の基礎を危くし、（略）又、現下の経済機構を維持せんとして経済を危殆《きたい》に瀕せしめ」た。渡辺錠太郎教育総監（殺害）。「天皇機関説信奉者であって、教育総監たるに不適任なるに不拘《かかわらず》容易に引責辞職しなかった」。

つまり、西園寺以下は「国体破壊の元凶、統帥権干犯の不義」（村中・公判調書）であり、「現状を維持して自己の特権を享有せんとする」「君側の奸」（前掲「国家改造運動に参加せる事情」）なのである。そこで、青年将校らの「蹶起《けっき》趣意書」はこうのべる。「奸賊を誅滅《ちゅうめつ》して大義を正し、国体の擁護開顕に肝脳《かんのう》を竭《つく》」す。

この趣意書は決起の前夜、歩兵第一連隊の第一一中隊将校室で謄写印刷されたものである。北一輝が「至誠」（北・予審訊問調書）の「名文」（同上）と賛した野中四郎大尉の「蹶起に関する決意」文をもとに、村中が二十四日に北宅で起案。二十五日夜、右の将校室で香田清貞大尉と磯部浅一の承認をえて、かれが山本又予備役少尉に謄写を頼んだものである。

起案した村中、承認した磯部は事件の首謀者であった。だが、いまひとりの首謀者、栗原は「出発前、配付を受け」（栗原・公判調書）、自分の機関銃隊の下士官と見習医官に「蹶起趣意書を読聞《よみき》」（同上）かしただけだった。

右の三名と、香田、安藤輝三大尉の計五名が決起の主動組である。香田は、磯部と同様に謄写のまえに承認（村中・公判調書）。栗原と同じく出発まえに配付された安藤は、襲撃後、持ち場である「三宅坂三叉路に到着し其処で蹶起趣意書を下士官兵一同に伝達」（安藤・公判調書）する。

栗原も安藤も、趣意書の作成にはかかわっていないものの、主動組の一員をなすにいたるそれまでの経緯から、暗黙裏の不作為の作成関与者とみてよかろうか。なお、この組に本来はいるべき河野寿大尉と野中四郎大尉は事件直後に自決している。

この主動組にたいし、他の組の趣意書への対応は受け身で、ぞんざいの感すらある。快諾組の中橋基明中尉が同書をみるのは、襲撃任務をはたしてのち、「首相官邸に来て」（中橋・公判調書）から。にもかかわらず、決起の目的は「趣意書の通り」（同上）とのべている。自然受諾組の安田優少尉も、みたのは謄写後のようだが、「大体同感」（安田・公判調書）だという。慎重組の常盤稔少尉にいたっては、決起目的は趣意書の「通り」（常盤・公判調書）としながらも、同書は「見て居りません」（同上）、ということである。

引き込まれ組は主動組の能動性とおおむね対極をなす。麦屋清済少尉は「決起の目的というても別にな」いが、「蹶起の趣意書には同感」（麦屋・公判調書）とのべる。そして、鈴木金次郎少尉は、決行まえ、野中が下士官に読み上げる際に立ち会ったが、趣意書の「内容はよく判りません」（鈴木・公判調書）。清原康平少尉と今泉義道少尉は、確信犯性がよわいとみられたのか、公判廷で趣意書については問われていない。謄写を担当した山本は、起《た》った目的は「蹶起趣意書に合する」（山本・公判調書）とのみ語っている。

「蹶起趣意書」は、将校グループの共通認識たるべき前提であってもふしぎはない。ところが、主動組以外にはきちんと達せられていないのである。にもかかわらず、かなりの者は趣意書に同意するのだという。安易な、ともいえるなかでの主動組突出の所産、それが「国体破壊の元凶」への襲撃だったようだ。かれらの所期の殺害達成率は約四〇％であった。

二月二十六日、牧野伸顕前内大臣を襲う河野大尉隊の零時四十分ごろを皮切りに、各隊はさきにみた所定の襲撃目標にむかって出発する。襲撃後は、河野隊以外、これもきめられた場所に陣取る。すなわち、栗原安秀中尉隊、中橋基明中尉隊、田中勝中尉の輸送隊は首相官邸を、坂井直中尉隊、安藤輝三大尉隊は陸軍省付近を、野中四郎大尉隊は警視庁を、村中孝次や磯部浅一をふくむ丹生誠忠中尉隊は陸軍大臣官邸を占拠することになる。

幻の第二次襲撃

第二次襲撃に関する有力な証言は、磯部浅一の供述である。岡田啓介総理大臣ほかの第一次襲撃「目標以外に、倫敦条約の際に於ける統帥権干犯に関係あるもの及財政権を私《わたくし》せる財閥の巨頭、新官僚等約十名を選定して、（略）何《い》れ討《ず》取ろうと考えて居た」（磯部・公判調書）という。若槻礼次郎元首相、一木喜徳郎《いちききとくろう》枢密院議長、湯浅倉平《ゆあさくらへい》宮内大臣、後藤文夫内務大臣、池田成彬《いけだしげあき》三井合名会社常務理事らが、その目標だった（同上）。事実、一か所だけだとはいえ、後藤内相官邸が襲われている。

であれば、決起側の共通理解のもとに、第二次襲撃計画は予定されていたものとも映る。第一次に重ねての、決起後に有利な情勢づくりをめざす周到な準備ともみえる。上部工作をなすための、あるいは意にかなった後継内閣を樹立するための布石である、などと憶測したくもなる。

しかし、それは早計である。右の第二次襲撃は磯部の独断による画餅だったらしい。かれはこうつづける（同上）。その「襲撃目標に付ては誰にも話さず、私独《ひと》りの胸中に秘めて居たのであり、（略）其の実行は第一次の襲撃後に於て田中［勝中尉］が自動車を持って来て居るので、夫《そ》れを使用して多少の兵力を借りて襲撃する考えでありました」。もちろん、この襲撃はなかった。

もっとも磯部は、「如何にしてやるべきかの結論の定まらぬ内に出発した為、［第二次襲撃は］失敗した」（磯部・憲兵訊問調書）と、独断でなかったともとれる証言をのこしてはいる。しかし、「結論の定まらぬ内に出発した」くだりの主語は磯部であって、決起仲間ではないようだ。このことを、栗原安秀と安藤輝三の以下の証言があかす。

まずは、栗原（栗原・公判調書）。「第二次的には各人銘々に考えて居たものと思います。同志の会合では別に話合った事はありません。一木枢相《すうしょう》等も今回遣《や》ればやる考えでしたが、同枢相は本郷で遠方であるから遣りかねたのであります。（略）資本家財閥を遣らなかったのは余り手を拡げ度《た》くなかったからで、第二次的には考えないでもありませんが、高橋是清《たかはしこれきよ》蔵相を資本的財閥の代表者として倒したのであります」。

そして、安藤（安藤・予審訊問調書）。「決起した以上、事の成否は論外にして所謂《いわゆる》必勝的信念を以て昭和維新に邁進して居りましたから、第二次的の計画の如きものは全然考えて居りませぬでした。他の同志等に於ても同様な計画は何もなかった様に思います」。

では、後藤内相官邸が襲われた事実はどう解すればよいか。この事実は、第二次襲撃が磯部の独断的画餅ではなく、同志了解のもとでなされた計画行為だったことの証《あかし》といえないだろうか。

同官邸襲撃は歩兵第三連隊第一〇中隊の鈴木金次郎少尉がおこなった。決起日朝の警視庁占拠後、「野中［四郎］大尉より（略）内務大臣官邸の占領を命ぜられ、第十中隊の二ケ小隊を指揮し、（略）官邸を占領」（鈴木・憲兵訊問調書）した。野中大尉の指揮下で警視庁襲撃に参加した直後のことである。

だが、引用文もしめすように、襲撃のねらいは「内務大臣官邸の占領」にあった。後藤内相ではなかったのである。鈴木は、「私は其目的を聞きますと、同大尉は内相が居たら殺すのであるが、今居ないが、陸軍省に通ずる要路に当ってるから占拠するのだと云われました」（鈴木・公判調書）と明かしている。

「陸軍省に通ずる要路」を押さえるための「官邸の占領」。それが内相官邸の襲撃理由である。とすれば、襲ったものの大臣は不在でその目的を達せず、と内務省警保局が記す（『昭和十一年中に於ける社会運動の状況』）のは勇み足となる。また、襲撃は野中だけの判断によるもので、磯部のいう第二次襲撃とは無関係ということになる。

第二次襲撃は具体的に計画されたものではなかったようだ。鈴木にくわえて、栗原、安藤の証言、および磯部自身の「襲撃目標に付ては誰にも話さず、私独りの胸中に秘めて居たのであり」云々という陳述が、それをよく物語る。

朝日新聞社襲撃はきまっていたか

決起当日の二十六日午前、栗原安秀中尉のひきいる下士官兵約五〇名が東京朝日新聞社を襲撃する。一隊は田中勝中尉指揮下の乗用車一台、貨物自動車二台に分乗。栗原とともに総理大臣官邸に岡田啓介首相を襲ったばかりの池田俊彦少尉、大蔵大臣私邸で高橋是清を葬って間もない中橋基明中尉、中島莞爾少尉が栗原にしたがった。朝日は「常に自由主義的な主張を為し、非国民的な新聞で反軍的記事を掲載するので襲撃して其の反省を促した」(栗原・公判調書)のだという。

社前に展開する下士官兵ののこり、約二〇名をひきい、栗原は中橋といっしょに社内に侵入。ほどなく、中島もこれにつづく。「国賊朝日新聞社を膺懲《ようちょう》す、速《すみやか》に屋外に出《い》ずべしと脅迫し、約三百名の従業員に退却を命じ、次で二階活版工場内に侵入し、活字『ケース』全部を覆《くつがえ》」(判決書)す。そののち、東京日日新聞社、時事新報社、国民新聞社、電報通信社をまわり、「蹶起趣意書」を配った。

出発点の首相官邸に帰るのは、正午まえの十一時ごろ(池田・公判調書)。朝日新聞社襲撃の時間は、同社守衛の木村進によれば(木村・憲兵訊問調書)、「午前八時五十五分頃」から「九時二十五分頃」(同上)までだった。

さて、問題は朝日新聞社への襲撃が計画によるものかどうかである。指揮した栗原は計画性を否定する(栗原・予審訊問調書)。「これは予定計画にはなかったので、私は当時の状況上(略)独断の作業として」おこなった、と。かれにしたがった池田も、「前に聞いて居りませんから、当日、栗原中尉は独断で遣られたものと思われます」(池田・公判調書)とこれを補強する。同社襲撃は「突然」(同上)のものだったようだ。

ところが、判決書は、二十三日の歩兵第三連隊週番司令室での会合で「栗原の一隊は東京朝日新聞社を襲撃（略）することとなし」とし、襲撃の計画性を認めている。この齟齬をどうかんがえればよいか。

判決書の認定は村中孝次の予審訊問調書にもとづく。だが、同調書中のそれらしいくだりといえば、二十二日の栗原宅の会合におけるものくらいで、そこには「栗原部隊が首相官邸襲撃完了後より」「東京朝日新聞社を襲撃して膺懲すること」とある。

すなわち、「状況」次第で襲撃するというわけである。とすれば、襲撃は計画されていたとも、されていなかったともよめる。判決は前者に、栗原は後者に比重をおいたのではなかったか。計画にもとづく襲撃か否かは、「状況により」の解釈如何にかかろう。

とはいえ、判決書と同じく、計画的とみたくなる材料が他にものこる。襲撃隊の中尉と応対した朝日新聞社の緒方竹虎《おがたたけとら》主筆にかかわるものである。当の中尉は「前日に東朝［東京朝日新聞社］に見学に来て、屋上で記念写真をとっていた。緒方は事件後に写真を見て、その将校が中橋基明であったことがわかった」（五十嵐智友『歴史の瞬間とジャーナリストたち』）。であれば、中橋が下見にきていたともいえて、計画性を認めたくなる。

しかし、下見をしているのなら、中橋が初めから襲撃隊にくわわっていないのはおかしい。下見の意味がない。かれの参加は途中からである。かれは高橋蔵相を倒したのち、宮城の坂下門《さかしたもん》制圧におもむくが、失敗。野中四郎が押さえている警視庁を経て、村中らの占拠する陸軍大臣官邸へ常盤稔少尉とむかっているときに、栗原の一隊と出会う。そこでかれは、朝日新聞社襲撃をつげる栗原に「俺も行くと云って同道」（中橋・公判調書）することになる。「参謀本部付近から」（栗原・公判調書）だった。

もともと中橋は、まず高橋蔵相を討ち、そのつぎに坂下門を制圧するという二任務をもつ指揮官である。「同社の膺懲は以前より考えて居た」（中橋・公判調書）とはいえ、栗原に合流する余裕はなかろう。坂下門制圧に失敗したから栗原と出会い、参加できたのである。中橋が「〔決起〕前日に東朝」を「見学」していたというのはうなずきがたい。

また、緒方が応対したのも中橋でなく、栗原ではなかったか。「武装将校の面会強要を知ら」（前掲『歴史の瞬間とジャーナリストたち』）された緒方は、「『いよいよやってきたな』と思いながら、周囲に『おれが行く』といって立ち上がった」（同上）という。緒方は社の代表的立場で臨む。そして、以下は栗原の弁である（栗原・公判調書）。自分と中橋が「社内に入り、（略）代表者らしき者を呼出して蹶起趣意書を渡し、今回決行の趣意を告げ」云々。

栗原のいう「代表者らしき者」は、「『おれが行く』といって立ち上がった」緒方とみてよいだろう。そして、そのかれに「今回決行の趣意を告げ」るのは、襲撃隊の指揮官たる栗原だった可能性が高い。途中からくわわった中橋のなす役ではなかろう。

以上のように、中橋を梃子《てこ》にする緒方関連の材料も、朝日新聞社襲撃の計画性を認める根拠としてはよわい。襲撃計画は、前引した「状況により」程度のものだったのである。

石原大佐もうごけない

二十六日の午前五時ごろ、丹生誠忠中尉隊が陸軍大臣官邸を占拠する。陸軍上層部への工作を担当する村中孝次、磯部浅一、香田清貞大尉もいっしょだった。陸軍大臣川島義之大将に会い、「蹶起趣意書」と一体をなす「陸軍大臣に対し要望すべき事項」をつたえた。

数項目におよぶこの陸相要望事項は、前日夜の歩兵第一連隊第一一中隊将校室で、村中が香田と起案し、磯部の承認をうけて作成された（村中・公判調書）もので、二十二日の栗原安秀中尉宅の会合で「決定されたもの」（前掲『軍国太平記』）ではない。

主意はまず第一項の「陸軍大臣の断固たる決意に依り、速《すみやか》に事態を収拾して維新に邁進《まいしん》する」にあった。岡田啓介総理大臣らを襲う一方での「邁進」であれば、思惑は維新皇道派内閣の樹立にあったはずだが、村中は決起の目的について「事態の収拾に関し、真崎［甚三郎］大将、又は柳川［平助］中将が内閣の首班に列する事は元より適当の事と思いますが、私等は左様な内閣を樹立する目的を以て決起したのでは」ない、と巧みにのべている（村中・予審訊問調書）。

第一項以外は各論であった。たとえば、第四項には「根本博大佐、武藤章中佐、片倉衷大尉は（略）之を除くこと」、第五項には「荒木［貞夫］大将を関東軍司令官たらしむること」とある。前者は前述した斬奸者表《ざんかんしゃ》、後者は通過者表とも重なる。その実態はともかく、決起を成功させる計算はそれなりになされている。

このような意味をもつ陸相要望事項だが、これも、仲間へ決起まえに伝達がなされていなかった。知っていたのは主動組の右の村中ら三人と、書き写した山本又予備役少尉だけのようだ。主動組の栗原と安藤輝三大尉は知らなかった（各人・公判調書）。やはり、ずんざいである。

川島陸相との会見は、午前七時ごろ、大臣官邸の談話室ではじまった。香田が「蹶起趣意書」につづいて陸相要望事項を読み上げ、村中、磯部とともに、川島とむかい合っていた（判決書）。

会見中に、まず、斎藤瀏《さいとうりゅう》予備役少将が栗原よりの電話でやってきた。川島に「演説口調を以て（略）青年将校達の決行したる精神を活《い》かす様」（判決書）にと、シンパ的進言をなした。ついで、皇道派の歩兵第一連隊長小藤恵《こふじさとし》大佐がくる。歩一の決起部隊の出動を容易にした同連隊第七中隊長山口一太郎大尉をともなっていた。事情に「相当詳しい」（小藤・検察官聴取書）とみて、週番司令を他の将校と交替させたのである。のち、山口は小藤の副官となり、「其の職務を利用し、彼等蹶起の目的を貫徹せしめ」（判決書）ようとうごく。

それから、陸軍次官古荘幹郎《ふるしょうもとお》中将、軍事参議官真崎甚三郎大将が川島からの連絡もあって、参席。陸軍省軍事調査部長山下奉文《やましたともゆき》少将も、「何《な》んとかしなくてはならぬだろうなあ」（磯部・公判調書）といって官邸にはいる。古荘は別として、真崎と山下は皇道派である。

真崎の陸相官邸登場は、磯部への「御前達の心はヨオッわかっとる」（前掲「行動記」）という決起側を庇護する類いのことばで知られる。丹生もそう証言する（丹生・公判調書）。しかし、真崎はのち、

「其の時、磯部に会った記憶も全然ありませぬ。磯部の居ることは官邸を出る時に始めて知ったのであります」（真崎・公判調書）と逃げを打った。

参謀本部第二（作戦）課長の石原莞爾大佐も登場。内閣調査局調査官鈴木貞一大佐からの電話で決起を知ったという（山口の予審における石原・訊問調書）。

石原は、事件を「最初からハッキリ（略）叛乱と断じ」（前掲『三宅坂』）、終始、毅然としていたといわれることが多い。磯部の証言（前掲「行動記」）にもとづく官邸でのつぎのような描写（前掲『二・二六事件 増補改版』）はその一例である。石原が「『広間の椅子に傲然《ごうぜん》と座している』。栗原と問答の末、栗原は『ドウしましょうか』と言って磯部らをふりむいて拳銃を石原につきつける」。「斎藤少将が何か言った。石原は『言うことききかねば軍旗をもってきて討つ』と断言する」。

だが、この場面に関する石原自身の供述を読む限りでは、「傲然」さはない。栗原との問答では、「判らぬ」「何とも考えて」（山口の予審における石原・訊問調書）いないと歯切れがわるい。斎藤とのくだりは何かの誤まりであり、石原の相手は歩兵第三連隊長の渋谷三郎大佐で、かれとの間で出た石原のことばは「討伐して了《しま》ったらよい」（判決書）である。語感からしても「断言」というのははなじまない。また、山口は官邸で出会ったときの石原につき、「玄関に『しょんぼり』立って」（山口・憲兵訊問調書）いたとのべている。石原が「ハッキリ」と討伐の線を打ち出すのは、二十八日である。これについてはのちにふれる。

村中らと会見した川島陸相は、実情上奏のため、九時半ごろに宮中に参内する（小松光彦「二・二六事件日誌」『歴史と人物』一九八一年二月号）。陸相要望事項には、その「大部分は上奏して大命を仰がねばならぬ」（村中・公判調書）と確答せず、決起側から離れる。以後、川島は官邸に帰らない。軍政の最高責任者で、「維新に邁進する」ためにその「断固たる決意に依」ろうとしていた陸相を、決起側は逸してしまうことになる。

あまい上部工作

香田清貞は予審廷で「上部工作と云うのは」と問われ、「決行の趣意を陸相を通して天聴《てんちょう》に達せしめること」（香田・訊問調書）と答えている。そして「決行の趣意」は「蹶起趣意書」にあり、維新内閣の樹立がその最終到達点ということになろう。「天聴に達せしめる」ルートは陸軍大臣経由をあわせて、おおきく四つにわけられる。

二月二十日ごろから、歩兵第一連隊第七中隊長の山口一太郎大尉、民間人の亀川哲也と西田税が「随時各所」（判決書）で会合する。ここで、①侍従武官長本庄繁《ほんじょうしげる》大将ルートがきまる。本庄の女婿ゆえに決起に「加わり得ない」（村中・憲兵訊問調書）山口が担当。本庄は皇道派でもあり、決起サイドで天皇に臨むが、最後まで歯が立たない。たとえば、事件二日目の二十七日（本庄繁『本庄日記』）。決起将校の「精神に至りては、君国を思うに出でたるものにして、必ずしも咎《とが》むべきにあらずと申述ぶる」本庄にたいし、天皇はあくまで「朕《ちん》が股肱《ここう》の老臣を殺戮《さくりつ》す、此の如き凶暴の将校等、其の精神に於ても何の恕《ゆる》すべきものありやと仰せられ」、天皇には達したものの、決起側に利するところはなかった。

同じ会合で、②軍令部総長の伏見宮博恭王元帥ルートもきまる。担当は西田と亀川。西田は枢密顧問官の小笠原長生《おがさわらながなり》予備役海軍中将および皇道派とつうずる艦隊派の総帥加藤寛治《かとうひろはる》後備役海軍大将をとおし、亀川は軍事参議官真崎甚三郎大将を介するほか、同山本英輔《やまもとえいすけ》海軍大将をとおして伏見宮に依頼しようというものである。かくして、二十六日朝、伏見宮は「速かに内閣を組織せしめらるること」（木戸幸一『木戸幸一日記』上）ほかを天皇に奉上。しかし、天皇は「自分の意見は宮内大臣に話し置けり」（同上）と取り合わず、このルートも閉ざされてしまう。なお、亀川の依頼で貴族院議員の弁護士鵜沢総明《うざわふさあき》が元老西園寺公望を訪ねるのも、同会合でかんがえたルートであった。だが、すでにみたように面会できず、失敗に帰する。

③陸相川島義之大将ルートもあった。香田大尉、村中孝次、磯部浅一が担当したもので、二月二十二日夜の栗原安秀中尉宅の会合で決定した決起側唯一の表ルートである。また、川島へのはたらきかけを、二十日ごろには磯部が山口大尉へ、そして二十二日には栗原が斎藤瀏予備役少将へ依頼することもきめている（判決書）。

だが、二十六日に陸相官邸を出て参内した川島は、天皇におおむね「単に情況（青年将校蹶起趣意書を附け加え朗読申上げたり）を申述べ」（前掲『本庄日記』）るにとどまる。「銃火を交えずして事態を収拾したき旨言上す」（山口の予審における川島・訊問調書）るのが精一杯だったらしい。この川島にたいして天皇は、「今回のことは精神の如何を問わず甚だ不本意なり。国体の精華を傷《きずつ》くるものと認む」（前掲『木戸幸一日記』上）と一蹴。このルートも功を奏さないでおわる。

後継内閣の首班に真崎大将を、と磯部と話し合った森伝がうごいた（前掲「行動記」）のが④元総理大臣清浦奎吾《きようらけいご》ルートである。森は清浦の秘書役だった。

清浦は二十六日午後に参内。「軍内より首班を選び処理せしむべく、又斯《か》くなりしは朕が不徳の致すところとの御沙汰を発せらるることを言上」（前掲『真崎日記』2）するが、天皇は「御機嫌麗しからざりし」（同上）だったという。天機伺《てんきうかがい》すなわち御機嫌伺の域を出なかったともいわれ（前掲『木戸幸一日記』上）、このルートも失敗した。清浦は参内できなかったと磯部が証言しているが（前掲「行動記」）、それは誤解である。

結局、四ルートとも、青年将校らの「決行の趣意」を「天聴に達せしめる」にいたらない。決起の命運をかけたともいえる上部工作はあえなくついえ去る。工作の検討開始は早いルートでも二十日ごろで、実際のはたらきかけは二十六日の決起直後からである。これでは、「天聴に達せしめる」に足る根回しの時間も、したがって読みも不十分というしかなかろう。

北一輝は西田の口から、決起当日の夜、この決起が、シンパの陸軍大学校教官満井佐吉《みついさきち》中佐や真崎など陸軍の中堅・上層と「全然立体的の了解連絡の無」（北・警察官聴取書）いものだと聞き、「心の中に『仕舞《しま》った』と云う心配」（同上）をいだいたようだ。

天皇は初めから毅然としていたか

「蹶起を叛乱とし、それに最も強く憤りいち早く討伐を主張したのは、ほかならぬ昭和天皇であった」（戸部良一『日本の近代』9）といった叙述がある。たしかに天皇は、どの上部工作もうけつけず、決起側へつよい拒否を発しつづけた。ただ、「いち早く」だったかどうかは別である。

天皇が事件を知るのは、二十六日の午前五時四十分。そのすこしまえ、歩兵第一連隊週番司令の山口一太郎大尉は同連隊からの決起部隊の出動を黙認する。そして、五時ごろ、この出動を岳父の侍従武官長本庄繁大将へ通報。本庄は宿直中の侍従武官中島鉄蔵少将に電話し、中島が甘露寺《かんろじ》受長《おさなが》侍従へつたえる。かくして、甘露寺が天皇に第一報をいれるのである。本庄は憲兵司令官岩佐《いわさ》禄郎《ろくろう》中将へも電話連絡している。

本庄は六時ごろに参内。同じころ、木戸《きど》幸一《こういち》内大臣秘書官長も参朝する。木戸は、襲われた内大臣斎藤実私邸の書生の電話で、事件を五時二十分ごろに知る。参朝まえに小栗《おぐり》一雄《かずお》警視総監、元老西園寺公望の原田熊雄秘書、近衛《このえ》文麿《ふみまろ》貴族院議長へ電話し、六時四十分ごろには西園寺にもつたえている。小栗以外は事件の発生をまだ知らなかった(前掲『木戸幸一日記』上)。

事件を聞いたときの天皇の様子はどうだったか。第一報をいれた甘露寺はいう(甘露寺『背広の天皇』)。「『とうとうやったか——』と、おっしゃった。(略)『まったくわたしの不徳のいたすところだ——』と、一言、お口の中でおっしゃった。そして、しばらくはお言葉もなく、お立ちになっていらっしゃった」。困惑、呆然といえようか。

ほどなく、本庄が謁見したときもほとんど異ならない。天皇は「早く事件を終熄せしめ、禍《わざわい》を転じて福となせ」(前掲『本庄日記』)とのべるものの、「非常に御深憂」(同上)のうちにあったらしい。本庄は、天皇に「参内早々御政務室にて拝謁」(同上)している。

このような状態の天皇であるから、「いち早く討伐を主張した」とはいいがたい。当時、天皇は三十四歳。大事件の勃発に圧されたとしてもふしぎはない。

では、木戸は参内ののち、どうしたか。かれは「直に常侍官室《じょうじかんしつ》に」(前掲『木戸幸一日記』上)いき、すでに到着していた湯浅倉平宮内大臣、広幡忠隆《ひろはたただたか》侍従次長と対策を協議する。本来なら、天皇の政治顧問役的な内大臣と皇室の事務局長的な宮内大臣が中心となるはずだが、斎藤内大臣の襲われたいま、内府には秘書官長の木戸が代わるかたちになった。これに、広幡がくわわった。広幡の上司、侍従長の鈴木貫太郎も襲われていた。

協議は強硬策をとる線でまとまる。すなわち、「実質的に反乱軍の成功に帰すること」（木戸日記研究会編『木戸幸一関係文書』）となる後継内閣つまりは維新内閣は成立させない、「全力を反乱軍の鎮圧に集中する」（同上）、という方針である。ついで、これを「宮内大臣より陛下に」（同上）奏上した。以後、天皇はこの路線を、それもその最右翼をすすむことになる。つまり、天皇が「討伐を主張」するのは、「いち早く」でなく、宮中グループの献策を受け容れてのちである。

この献策が決起をつぶす主因となった。「蹶起趣意書」をかかげ、岡田啓介総理大臣ほかを葬り、後継の維新内閣に国家革新の実現を期す決起側は、この時点で敗北へと歩み出す。葬られたはずの岡田も、事件二日目の二十七日の午後には奇跡的に救出され、翌日に参内。ただし、生存の発表は事件鎮定後の二十九日夕方であった。殺害の失敗ということで決起側を刺激しないよう、配慮したためだろう。

決起は宮中グループに阻まれた。もちろん、決起側が同グループにたいしてノーマークだったわけではない。前述の通過者表による通過制限のねらいに関し、村中孝次は決起後に「陸軍の方針を迅速に決定しないと、宮中にある一木［喜徳郎］枢府［枢密院］議長とか湯浅宮相とか其他閣僚等現状維持派が策動し、軍の意向を左右する様なことがあってはならぬと思」っていた、といっている（村中・公判調書）。そして、実際、一木と湯浅は磯部浅一が個人的に考える第二次襲撃の目標にもはいっていた。

だが、第二次襲撃は個人的な考えの域を出なかったし、一木と湯浅は第一次襲撃の目標でもなかった。

木戸も広幡も、同様である。西園寺への襲撃も中止せざるをえなかった。なお、宮中グループは、前述した斬殺者表にも載らず、通過者表の通過容認者からも外れている。なぜか、両表には軍人しか載っていないが、これが決起側の手ぬかりかどうかはわからない。

ともあれ、決起側が宮中グループへの対策を誤ったことだけはたしかだろう。その結果、同グループに先手をうたれる。天皇をうばわれ、「軍の意向」は「左右」されてしまうはめになる。裁判の最終陳述で栗原安秀は、のちにみる奉勅命令に関して、こう吐露している（栗原・公判調書）。「一木、湯浅より撃退せられたものと確信して居ります」。

3　場当たり的な「陸軍大臣告示」

「陸軍大臣より」と「陸軍大臣告示」

事件初日の二月二十六日午後二時ごろ、宮中で「前後処理に関し会談」（前掲「二・二六事件日誌」）があった。非公式の軍事参議官会議といわれている「会談」である。陸軍大臣川島義之大将、軍事参議官荒木貞夫大将、同真崎甚三郎大将、同阿部信行大将、陸軍省軍事調査部長山下奉文少将らが協議した。

ここで、荒木が決起側の「説得に努力すべきこと」（山口一太郎の予審における川島義之・訊問調書）を提案。真崎もこれを支持し、異存なしということで、まず「荒木大将の意図する説得案を山下少将が筆記」（同上）する。この案文が阿部等の「意見に依り、二、三修正せられ」（同上）、軍事参議官による説得文はできる。これはむろん、鎮圧目的ではない。なお、この起案者については陸軍省軍務局軍事課長村上啓作《むらかみけいさく》大佐ほかによるという説もある（阿部・憲兵聴取書）。

表題は「陸軍大臣より」とされた。「陸軍大臣よりの書類」（山口一太郎の予審における川島義之・訊問調書）としてはどうかという阿部の意見に、川島が同意したのである。軍事参議官名義では、同官の出席者中に皇族の朝香宮鳩彦王《あさかのみややすひこ》と東久邇宮稔彦王《ひがしくにのみやなるひこ》の両中将がいるため、皇室に累をおよぼしかねない、とのおそれからだった（同上）。

こうした配慮にもとづく「陸軍大臣より」であったものの、天皇の意思には背くことになる。天皇はすでに鎮圧を意図した強硬姿勢をとっている。「速かに事件を鎮定すべく」と川島が厳命されたのは「会談」まえの上奏時だった（前掲『本庄日記』）。

説得文「陸軍大臣より」は、天皇の意思を無視してまでの、荒木や真崎ら皇道派ペースによるものであった。なぜ、これが異議なしとしてとおったのかはわからない。兵威となった決起将校が同じ皇道派だったせいもあろうか。ともあれ、鎮圧ではなく説得であって、決起側容認のエールとも映る。

成文となった「陸軍大臣より」は、東京警備司令官香椎浩平《かしいこうへい》中将がその場で「手帳に控え、大臣の依頼に基き、［少将安井藤治《やすいとうじ》東京警備］参謀長に電話伝達」（戒厳司令部参謀部「二・二六事件機密作戦日誌」香椎研一編『秘録二・二六事件』）する。同じく「大臣よりの依頼」（安井藤治「二・二六事件に関する戒厳参謀長の手記」松本清張編『二・二六事件＝研究資料』Ⅰ）で、警備司令部から決起部隊すなわち「出動部隊に伝うる」（同上）ためだった。これが外部に出た最初の「陸軍大臣より」である。

ところが、目下の研究史上では、この説得文は「陸軍大臣告示」とよばれる。誤解されがちだが、説得文の別として「陸軍大臣より」と「陸軍大臣告示」の二種があるのではない。

「陸軍大臣告示」とはもともと広義の命令形式をいい、固有の表題ではない。この形式は陸相の公式の告知を意味し、その記載内容は公の認知事項となる。だから、後でふれる「陸軍大臣告示」という説得文は決起部隊に正統性・官軍性をあたえることになり、のちに問題をのこすのである。

これにたいし、「陸軍大臣より」は命令形式でなく、一つの説得文に付された表題にすぎない。さきの経緯からすれば、陸相名を冠した軍事参議官の申し合わせであって、告示のもつ効力はもたない。

では、いつ、「陸軍大臣より」が、「陸軍大臣告示」にすり替わったのか。川島は香椎の僭上《せんしょう》によるものだとする（山口一太郎の予審における川島・訊問調書）。すなわち、香椎が警備参謀長に「電話伝達」したとき、「『陸軍大臣告示』と云う標題を付けたそうで」ある。

ちなみに、右で川島が「陸軍大臣告示」を「標題」とのべているのは川島の誤解によるものだろう。香椎の電話をうけた参謀長側の記録には、「警備司令官は『尚陸軍大臣及軍事参議官』と謀議中『陸軍大臣』が、大臣よりの告示（略）を行動部隊に伝達方依頼せるを以て」（前掲『二・二六事件機密作戦日誌』、傍点筆者）云々とある。つまり、「陸軍大臣より」は表題、「陸軍大臣告示」は命令形式として正しくつたわっているのである。

「陸軍大臣告示」が香椎の僭上であったにせよ、ほどなく、それは追認されることになる。荒木はこう回想する（荒木「『陸軍大臣告示』のできたいきさつ」河野司編『二・二六事件』）。香椎の「電話伝達」ののち、別に山下に命じて決起側へ説得文をつたえさせた際、「権限がない軍事参議官がやってはおかしいではないか、という意見が出た。もっともな正論なので、同席の川島陸軍大臣の賛同を得て『陸軍大臣告示』でやろうということになった」（傍点筆者）、と。

「陸軍大臣告示」が命令形式として捉えられていることがわかるだろう。山下のこの伝達は、香椎の「電話伝達」についで、二番目に、説得文を外部へ出すものとなる。そして、このとき初めて、「陸軍大臣より」は「陸軍大臣告示」としての地位をあたえられたのであった。

嘘ではなかった「行動」

東京警備司令官の香椎浩平中将が同警備司令部の警備参謀長安井藤治少将に「電話伝達」した説得文

を引いてみよう。のちに二・二六事件を裁いた東京陸軍軍法会議の検察官匂坂春平《さきさかしゅんぺい》陸軍法務官が調べたものである（香椎分「捜査報告」添付「意見書」東京地検保管「二・二六事件記録」）。匂坂によれば、香椎が送達したときの「手帳に控え」ていた分は事件直後から不明になっている（匂坂「大臣告示の種々」原秀男・澤地久枝ほか編『匂坂資料』8）。

大臣より

一、蹶起の趣旨に就ては　天聴に達せられあり
二、諸子の行動は国体顕現の至情に基くものと認む（傍点筆者）
三、国体の真姿顕現（弊風をも含む）に就ては恐懼《きょうく》に堪えず
四、各軍事参議官も一致して右の趣旨に依り邁進することを申合せたり
五、之れ以外は一に　大御心に待つ

受領した東京警備司令部側がとどめたもの（前掲「二・二六事件に関する戒厳参謀長の手記」）は、標題の「大臣より」を「陸軍大臣より」、一の「達せられあり」を「達せられたり」、三の「弊風をも」を「弊風を」、五の「待つ」を「俟《ま》つ」とするほかは、匂坂検察官調べ分と同文である。この警備司令部記録分は、安井がうけ、そのそばで警備参謀福島久作少佐が安井の「復唱するのを筆記」（福島・検察官聴取書）したものである。

受領するとすぐ、「午後三時十五分、之を警備参謀長は各参謀に対し印刷交付の準備を命」（前掲

「二・二六事件機密作戦日誌」）ずる。決起部隊につたえるためである。午後五時ごろには印刷を完了する（同上）。つたえようとしたのは、陸軍大臣川島義之大将が香椎へ「行動部隊に伝達方依頼せる」ゆえである。もっとも川島によれば「印刷して渡す事等は考えられて居らず」（山口一太郎の予審における川島・訊問調書）、であった。

「印刷交付の準備」の一方で、筆記した福島参謀はその説得文をただちに第一師団と近衛師団へ送付した。「参謀長の命に依り、（略）電話で伝達致しました。受領者は第一師団は村田［昌夫少佐］参謀で、近衛は村岡［弘大尉］参謀であります。（略）午後三時四十五分通知ずみと記録してあります」（福島・検察官聴取書）。両師団は、警備事項に関し、東京市とその近辺を警備区域にもつ警備司令部の指揮下にあった。

近衛師団の村岡参謀もその受領を認める（匂坂「村岡少佐《ママ》の言」原秀男・澤地久枝ほか編『匂坂資料8』）。しかし、第一師団の村田参謀は福島参謀から「電話で受けた事に付て記憶ありませぬ。寺田［忠雄］少佐から受けた」（村田・検察官聴取書）と語る。寺田は警備司令部に詰めていた同師団の連絡将校であり、当の寺田もこれを裏づける（寺田・検察官聴取書）。福島参謀の指示で「書記に貰っ」た印刷文の内容を「村田参謀に電話しました」という。

ともあれ、福島参謀によって、説得文は警備司令部から両師団へつたわった。記録にのこる第一師団のもの（第一師団司令部「二月二十六日事件詳報」東京地検保管「二・二六事件記録」）と近衛師団のもの（近衛師団長「被告事件に関する書類提出の件回答」東京地検保管「二・二六事件記録」）は同一である。

ただ、前示した匂坂検察官調べ＝香椎警備司令官送付分に比し、以下の五点を異にする。標題の「大臣より」は「陸軍大臣告示」、三の「真姿顕現」は「真姿顕現の現況」に、五の「之れ」が「之」、「一」が「一つ」、「待つ」が「俟つ」に変わっている。だが、これは内容の限定化や正確さが期された結果といえて、改竄《かいざん》の類いではなかろう。主要箇所に変容はない。手をくわえたのは、電話で送る段階での警備司令部と推測される。でなければ、両師団のものが標題から内容の文言まで同じはずはない。

この段階以後、標題「陸軍大臣より」に代わるかたちで命令形式名「陸軍大臣告示」が登場する。この二十六日の夕方ごろ、第一師団下の歩兵第一連隊長小藤恵大佐が同師団司令部よりもらったのは「大臣告示」(歩兵第一連隊「二・二六事件経過要綱」東京地検保管「二・二六事件記録」)だった。

ただし、同じ二十六日に第一師団の村田参謀から、これも東京警備司令部の指揮下にある東京湾要塞司令部へ告げられ、翌日、同司令部で受け付けされた分の標題は「陸軍大臣より」である(毛塚五郎所蔵・東京湾要塞司令部「二・二六事件戦時警備日誌　附葉山赴援隊(警備隊)記事」)。匂坂検察官調べ＝香椎警備司令官送付分とは、この標題以外に、標題の下に「二月二十六日午後三時二十分　東京警備司令部」とあるほか、相違点はわずかに三の「弊風をも」を「弊風を」、四の「申合せ」を「申合わせ」とするだけ。送付側、受領側のどちらの手がはいったものかは不詳である。

事件に関し、警備司令部は要塞司令部を軽くみていたのかもしれない。第一・近衛の二師団と異なり、東京から離れた横須賀市にあり、軍隊ではなく官衙《かんが》で、決起参加者も出していない。だから、二師団あての分のように本文を厳密にすることもなく、匂坂検察官調べ＝香椎警備司令官送付分をそのままつたえたのだといえなくもない。

ここでの香椎に発するルートの説得文では、第二項に「行動」の文言がはいっていることに留意したい。陸軍当局が決起側の「行動」すなわち決起を認めたものともよめる。

「真意」も事実

陸軍省軍事調査部長山下奉文少将は説得文を決起側へつたえにいく。この文が、いわゆる非公式の軍事参議官会議から二番目に外部へ出た「陸軍大臣より」という「陸軍大臣告示」であることはのべた。

陸軍大臣秘書官小松光彦少佐が記すその説得文はつぎのとおり（前掲「二、二六事件日誌」）で、かれによれば（同上）、「午後三時三十分《ママ》」に決定され、「山下少将携行の上、叛軍将校に指示せしめられ」たものである。これは東京湾要塞司令部へ送られた分と同文のものに修正をくわえた分（「陸軍大臣より」原秀男・澤地久枝ほか編『匂坂資料』8）とほとんど異ならない。

諸子決起の趣旨は　天聴に達しあり
諸子の真意は国体真姿顕現の至情より出《いで》たるものと認む（傍点筆者）
国体の真姿顕現に就ては我々も亦恐懼に堪えざるものあり
参議官一同は国体顕現の上に一層匪躬《ひきゅう》の誠を致すべく
其以上は一に　大御心を体すべきものなり
以上は宮中に於て軍事参議官一同相会し陸軍の長老の意見として確立したるものにして閣僚も亦一致協力益々国体の真姿顕現に努力すべく申合せたり

山下の伝達に、内閣調査局調査官鈴木貞一大佐らとともに立ち会った陸軍次官古荘幹郎中将は、「午後四時半頃、山下少将が大臣告示を持って［陸軍大臣］官邸に来り、香田［清貞］大尉、野中［四郎］大尉、安藤［輝三］大尉、村中孝次、磯部浅一を呼び、大臣告示を敷衍《ふえん》して伝達」した、とのべる（山口一太郎の予審における古荘・訊問調書）。

この証言によれば、山下は「敷衍して伝達」、つまりかみくだいて説明していることになる。この点、従来、かれの狡猾さの表われかのように、山下は説得文をただ「三回くりかえして読んだだけ」（松本清張『昭和史発掘』12）とされてきた。磯部が「山下少将は口答《ママ》の確答をさけて質問に対し三度告示を朗読して答えに代える」（前掲「行動記」）と証言をのこしたせいだろうか。

しかし、実際は山下は話していた。右の磯部も、公判廷で「説明がありました」（磯部・公判調書）とのべているし、安藤も、説得文の二番目の項に関して「［山下が］陛下も御同意にあらせられると云った事は事実か」（安藤・公判調書）と問われ、「左様であります」と、山下が「敷衍」したことを証言している（同上）。なお、山下がそう語ったとすれば、たとえ方便にせよ、「同意」とは正反対の強硬派である天皇を弄することとなり、問題がのこる。

山下ルートの説得文では二項目の「真意」ということばがポイントである。村中や磯部も「真意」と伝えられたと語っている（各・公判調書）。「行動」とみる（秦郁彦『軍ファシズム運動史』）のは誤りである。

この「真意」ということばは、決起側是認につながる香椎ルート「大臣より」の「行動」ということばに比し、トーンダウンである。「真」の気持ちだけは認めるが、決起「行動」は容認しない、ともよめる。とはいえ、色合いが決起側容認のものであることは否めない。

全体的にみても、決起側にあまく、及び腰で、なんとか無難に説得しようという場当たり的な文面である点は、「行動」と記す香椎ルートの説得文と変わらない。村中は、「私共決起の趣意を認めたものでしたが、抽象的で、私共の陸相に対する要望事項（略）は一つも認められて居ない」（村中・公判調書）ものだと評している。

ところで、香椎のときの説得文の「行動」が、山下になってなぜ「真意」となるのか。いっぱんに香椎もしくは山下の作為説ないし過失説で論じられてきた。しかし、そうではなかった。

電話送達を終えてきたとき、香椎は説得文が「書き直されあることを目撃したるも、文意に相違なきを以て（註＝「行動」の二字が「真意」に訂正されありし由）其儘とせり」、そして、翌二十七日に陸軍省軍務局軍事課長の村上啓作大佐から是正の要求があったものの、「要望に応ぜず」と警備司令部が書きのこしているのだ（前掲「二・二六事件機密作戦日誌」）。ちなみに、ここからは、「真意」を正文にしたいという陸軍省当局の姿勢がうかがえる。

その村上も、「香椎中将が電話にて伝達したる後、若干の箇処を修正したるを以て、実際山下少将が説得の為携行したる案文は香椎中将の伝達したる内容と若干相違あり」（村上「所謂『陸軍大臣より』の告諭経緯〔写〕」原秀男・澤地久枝ほか編『匂坂資料』8）と語る。山下もまた、相違は、説得文が「未だ完全に決定せざる際、［香椎］戒厳《ママ》司令官が［少将安井藤治］戒厳《ママ》参謀長に電話して伝達したる為」（山下・検察官聴取書）だとのべている。

そして、非公式の軍事参議会議に出ていた荒木貞夫大将は証言する（真崎甚三郎の予審における荒木・

訊問調書)。「議論が出て修正した様な記憶があります。夫れは、行動と云う文字がよくないと云うので真意と云うのであったかに修正した様に思います」。「行動」と「真意」。これは、いずれも事実であった。香椎あるいは山下の伝達ミスあるいは改竄の責めに帰すべき性質の問題ではなかった。

ありえない将軍たちの陰謀

香椎ルートの説得文が、東京警備司令部へ電話で届くのは二十六日の午後三時過ぎ。東京陸軍軍法会議検察官の匂坂春平法務官も「[同]三時十五分頃」に電話送達されていたと認定する(前掲、香椎分「捜査報告」添付「意見書」)。陸軍大臣秘書官小松光彦少佐もまた、「電話口達」(前掲「二、二六事件日誌」)はそのころだったと記す。

そして、それは同司令部経由で第一・近衛の両師団へつたわる。ともに、「陸軍大臣告示」とする同文のものだった。第一師団は「午后三時前後に於て」(前掲「二月二十六日事件詳報」)受領。だが近衛師団は、それは「午前十時五十分」(前掲「被告事件に関する書類提出の件回答」)だったと記録する。

ここにおいて、その近衛師団への時間を梃子《てこ》に、軍事参議官真崎甚三郎大将、同荒木貞夫大将、東京警備司令官香椎浩平中将ら皇道派将軍による二・二六事件陰謀説が登場することになる(澤地久枝「在天の男たちへ」『別冊文藝春秋』一八三号、原秀男「二・二六事件　葬られた疑惑」『文藝春秋』一九九三年四月号)。その補強材料として、東京憲兵隊長坂本俊馬《としめ》大佐の「軍上層部内の叛軍一味徒党検挙計画案」(同上)もつかわれる。

東京警備司令部による説得文の送達は午後である。ところが、近衛師団へはすでに「午前十時五十分」にとどいているとすれば、その文は非公式軍事参議官会議までの「事前に用意されていたわけ」（前掲「在天の男たちへ」）になる。つまり、事件は仕組まれた「将軍たちの陰謀」（同上）と、陰謀説は主張するのだ。

だが、近衛師団で送達をうけた参謀村岡弘大尉に関する記録は「午前十時五十分」を否定し、「三時半頃ならん。村岡は大臣告示を受く」（前掲「村岡少佐《ママ》の言」）とする。前述したように、送った側の警備司令部参謀福島久作少佐の証言も「午後三時四十五分通知ずみ」だった。匂坂検察官も、近衛師団への送達の前提になる警備司令部あての電話伝達を「三時十五分頃」と認定していた。であれば、同師団へ「午前十時五十分」に送達されようはずがない。

匂坂の右の認定は、一九三六年（昭和十一）十二月二十一日に下されるのだが（前掲、香椎分「捜査報告」添付「意見書」）、さきの、近衛師団の「午前十時五十分」という同年三月十三日の記録や翌四月二十五日の坂本憲兵大佐の「軍上層部内の叛軍一味徒党検挙計画案」等々を検討して積み上げた結果としてなされた認定である。陰謀説はこの事実への視点を欠く。なお、坂本の検挙計画案は真崎ら皇道派将軍が説得文を「事前に用意」していたとみて反乱幇助で捕らえ、その陰謀を暴こうというものであるが、あくまで憲兵の疑いにもとづく「案」であり、認定された事実ではない。

近衛師団の村岡参謀はまた、こうものべている（大谷敬二郎憲兵大尉聴取・田々宮英太郎『検索！　二・二六事件』）。「電話にて受領し、筆記し置きたる紙に十時五十分と書いてあったので、或は午前十時五十分でないかとも考えましたが、其後私が種々当時の状況を考えて見て午前ではなくて、午後の三時頃であったと見るのが一番正しいのではないかと思って居ります」。

「紙に十時五十分と書いてあった」ことについては、福島の供述が参考になる(福島・検察官聴取書)。

「近衛師団の方で午前十時五十分に受けたる旨記載ありますなら、其れは後になって時間を誤記したものと思います。当日、午前十時半頃に伝達したものがあります。其れは(略)部隊の相撃を避くる事に関し極力戒慎す可《べ》しであって、其れと誤ったものではないかと思います」。

このように「午前十時五十分」の送達を否定する証言ばかりである。それを「組織的な偽証」(澤地久枝『雪はよごれていた』)と、証拠もなく一蹴するにはそうとうの勇気がいる。香椎ルート・山下ルートの説得文の作成・送付経緯からしても、午前の送達はかんがえられない。

やはり午前に根拠する「将軍たちの陰謀」説は勇み足であって、送達は午後であったろう。百歩譲って、午前の送達を認めたとしても、「将軍たちの陰謀」説を認めるのはむずかしい。決起にいたる青年将校のうごきをとくに想起したい。「将軍たち」はかれらをうごかしもせず、かれらもまた、「将軍たち」に指図や意見をもとめなかった。決起を見越して「将軍たち」が独自に陰謀を策した痕跡もない。事件は皇道派青年将校らの単独行為なのである。

なるほど事件後、香椎は辱職《じょくしょく》罪と反乱者を利す罪の容疑で取り調べをうけ、真崎は反乱者を利す罪だけで訴追された。だが、首謀や首魁であったかと問われているわけではない。「将軍たち」を「陰謀」者とみるのは強引すぎる。前出、坂本憲兵大佐の「軍上層部内の叛軍一味徒党検挙計画案」が提言したのも、将軍たちを反乱帮助に問うたにすぎない。

事件がおきると、軍事参議官、省部の上層部や幕僚、あるいは地方の師団長らまでも、事件後を視野にいれたそれぞれの思惑でうごいた。しかし、だからといって、事件を陰謀によるものとか、あるいは陸軍権力の所産といった範疇で捉えるにはかなりの慎重さが必要だろう。

五　鎮　圧

1　戒厳部隊となる

決起部隊を統帥系統へ

事件の発生で陸軍中央はゆれる。二十六日の午前九時ごろから、陸軍省の軍務局長今井清中将や参謀本部の参謀次長杉山元《すぎやまはじめ》中将ら、陸軍省と参謀本部の省部の幹部が憲兵司令部で対策を協議する。このとき、陸軍大臣川島義之大将や陸軍次官古荘幹郎中将は陸相官邸で決起側と対応中だった。話し合いは天皇の姿勢と同じ強硬鎮圧の方向へとかたむく。だが、踏み切るにはまだ遠かった。知られるように、事件後すぐ、鎮圧態勢をととのえた海軍とは異なる。

そんななかで、午後三時、東京警備司令官香椎浩平中将は、決起部隊の占拠地域もふくまれる第一師団の管区内に戦時警備を下令する（東警作命第三号）。結果的に、決起側は第一師団長堀丈夫《ほりたけお》中将の隷下となり、他の警備部隊とともに治安維持の任につくことになった。決起側は、同四時には第一師団歩兵第三連隊長渋谷三郎大佐の、同七時二十分には同第一連隊長小藤恵《こふじさとし》大佐の指揮下（一師戦警第一・二号）となる。決起部隊は正規の統帥系統にはいったわけである。つまり、官軍である。かれらを認めたともいえる「陸軍大臣告示」もすでに出ている。

それなのに、のちに香椎は、統帥系統にいれたのは「命令に由《よ》り穏かに原隊に復帰せしむる」「最も妙なる謀略」（前掲『秘録二・二六事件』）だったとする。だから、決起部隊を「警備司令官の隷下に入れよう」（同上）という、結局は警備部隊編入につながる川島の発案に「大《おお》いに喜ん」（同上）で同調したのだとも記す。「陸軍大臣告示」と同じく、事件沈静化のための場当たり的な方便ともいえる。

警備部隊化は、決起側には、事態の有利な展開と映っただろうから、かれらが矛《ほこ》をおさめるはずはない。だが、天皇や宮中グループ、海軍は依然として強硬だった。こうしたこともあって、省部の強硬方向へのかたむきも本格的なものとなりはじめる。「陸軍大臣に対し要望すべき事項」のような決起側の要求はとおりそうもなくなる。

そこで、午後九時ごろ、皇族を除く、荒木貞夫大将ほか「陸軍大臣告示」を案出した軍事参議官一同はかれらを平穏に撤退させるため、陸相官邸で村中孝次や栗原安秀中尉ら五名と会談する。決起側不利の情勢を背景に、荒木は、「やった心持は同情するも、斯《か》かる意表の事をしたことは宜しくない。お前達は早く引揚げて、後は我々に委せ」（阿部信行・憲兵聴取書）ろと説く。もはや「陸軍大臣告示」作成のころほどの同情色はない。はたして、事態の悪化防止のためか、あるいは保身のためだったのか。

決起側は、栗原によれば、陸相要望事項の要《かなめ》でもある「軍部中心の強力内閣を樹立し、昭和維新」（栗原・公判調書）へ邁進することを主張したものの、結局、会談は不首尾におわる。なお、席上、荒木は、自身の強硬姿勢かと思わせるような大権私議不可を説いたとされるが、村中は「大権私議云々とは云われません」（村中・公判調書）と否定している。

　この日には、早くから戒厳の布告も取り沙汰されていた。午前、事件の「拡大性は全く予想し得ず、諸隊をして警備に就《つ》か」（前掲「二・二六事件に関する戒厳参謀長の手記」）せるため、警備参謀長安井《やすい》藤《とう》治《じ》少将が、また軍務局軍事課長村上啓作《むらかみけいさく》大佐も（匂坂春平「村上大佐取調要項」原秀男・澤地久枝ほか編『匂坂資料』8）、戒厳を提唱。参謀本部第二（作戦）課長石原莞爾大佐も同じくそれを主張する（前掲『木戸幸一日記』上）。ただ石原の場合、その目的が当初から「討伐態勢を整え」（大谷敬二郎『二・二六事件』）ることにあったとみるのは早計であり、後述するように、かれの討伐の決意確定は二十八日以降になる。

　こうしたうごきをふまえ、杉山は戦時警備下令だけでは不十分であり、「警察、通信、集会その他、行政権を掌握するという便利があ」（前掲『軍国太平記』）るからとして川島に戒厳を進言する。そして、やがて閣議決定、枢密院の可決、天皇の裁可をへて、翌二十七日の午前二時五十分、東京市に戒厳令の一部を適用する緊急勅令が公布される。行政戒厳である。

　このとき、戒厳司令部がおかれ、香椎が戒厳司令官を兼補し、同時に警備司令官の東京市内での職務は停止となる。誤解されがちだが、警備司令部が戒厳司令部に、警備司令官が戒厳司令官に変わるのではない。停止されているものの、警備司令官としての職務はなくならないのである。

　緊急勅令の裁可と同時だった戒厳司令部編制の裁可の際、天皇は杉山に「徹底的に始末せよ、戒厳令を悪用すること勿《なか》れ」（同上）と、ここでも強硬姿勢をみせる。こうなっては省部の強硬鎮圧色もいっそう濃くならざるをえなかった。

だからか、香椎は、午後七時に決起部隊が小藤の指揮下で戒厳部隊の麴町地区警備隊（戒作命第七号）となった事実につき、これも「鎮定の方便」（前掲『秘録二・二六事件』）だったとのちに開示している。だが、戒厳布告とそれにともなう戒厳部隊化は、決起側にはさらなるエール、官軍認知と映った。裁判時に栗原は、「我々の至情が認められ」（栗原・公判調書）たものと強調する一方、そうした開示は事件後に、「至情」を認めていたにもかかわらず鎮圧に傾いたという「結果より作られたと疑われる」（同上）、とするどい読みをしている。

帝国ホテルからのエール

二十七日の午前一時すぎ、帝国ホテル。皇道派の陸軍大学校教官満井佐吉《みついさきち》中佐、静岡県三島の野戦重砲兵第二連隊長で清軍派の橋本欣五郎大佐、参謀本部第二（作戦）課長の石原莞爾大佐が会合する。橋本は、十月事件以降、離れていた青年将校らを「支持をする」（村中孝次・公判調書）ために上京してきたもので、石原は、戒厳布告後、戒厳司令部の参謀部第二（宣伝課報）課長を兼務し、戒厳参謀となる。のちに自決する参謀本部付の田中彌《わたる》大尉らもいた。

決起側を活かす収拾策が協議された。結果的には、これが決起側への最後のまとまったエールとなる。すでに前夜、陸軍大臣官邸で軍事参議官真崎甚三郎大将から、満井に、「『彼等をなだめて貰いたい』と云う意味の」（満井・憲兵聴取書）発言が出ていた。もはや真崎は、前日の朝、事件直後の同官邸で、「諸君の精神は能《よ》く判って居る。自分は之より其の善後処置に出掛る」（判決書）と告げた真崎ではなかった。栗原安秀中尉ら、「真崎大将の様な維新断行に理解ある人を首班とする」「軍部中心の強力内閣を樹立し昭和維新」（栗原・公判調書）をめざす決起側は不利になりつつあった。

橋本は、この協議に先立ち、臨時の陸軍省・参謀本部がおかれた憲兵司令部で石原との間にこんな場面があったと述懐する（橋本「口述筆記」田々宮英太郎『二・二六叛乱』）。橋本が、「陛下に直接奏上して反乱軍将兵の大赦をおねがいし、その条件のもとに反乱軍を降参せしめ、その上で軍の力で適当な革新政府を樹立して時局を収拾する」と提案すると、石原はこれを受け容れ、ただちに参謀次長杉山元中将の「了解をうけ」たという。

ホテルでの三人の協議もこの線でできまる。「革新政府」の首班には満井の提起で軍事参議官山本英輔《やまもとえいすけ》海軍大将を想定（満井・予審訊問調書）。真崎首班案は「参謀本部で承認しないから駄目」（山口一太郎の予審における石原・訊問調書）と、石原が一蹴した。ちなみに、天皇は「暫定内閣は御認めな」（前掲『木戸幸一日記』上）い。岡田啓介総理大臣の殺害を理由に、二十六日の午後、筆頭閣僚の後藤文夫内務大臣は首相臨時代理を拝命し、翌朝に全閣僚の辞表を天皇へ捧呈したが、このとき、天皇は預かっただけであった。後藤の拝命時、迫水久常《さこみずひさつね》首相秘書官らには岡田の生存はわかっていた。だから、あくまで臨時代理である。なお、死亡時は臨時首相兼任である。

大赦・降参（撤退）・革新内閣（山本内閣）の結論をもって、石原は杉山のいる憲兵司令部へ帰る。そのころ、満井に帝国ホテルへよばれた国家主義者亀川哲也によると、杉山からは「折を見て上聞《じょうぶん》に達する、と云う返事があったとの事」（亀川・憲兵聴取書）であった。これは「首尾を見に行ったものと思」（満井・予審訊問調書）われる橋本の情報だったかもしれない。

満井は、それから、陸相官邸にいる決起側の村中孝次をホテルによぶ。状況の悪化を背景に右の結論を話し、麻布の「歩兵第一連隊まで引揚げて呉《く》れ」（村中・公判調書）と説得すると、村中は了解し、「其の様に骨折って見様《みよう》と云って」（同上）陸相官邸へもどっていった。

午前五時すぎ、満井は憲兵司令部へいき、石原にこうのべている（満井・予審訊問調書）。決起側は歩一に「引上げるそうである。小藤［恵］大佐の指揮なら動けるらしいから小藤部隊として歩一に引上げさせ戒厳司令官の隷下に入れてやっては如何ですか。尚《なお》維新内閣が急に実現せぬならば御勅語の御煥《ママ》発を輔弼《ほひつ》申上」げてはいかがか。石原は同意し、杉山に具申したところ、杉山は「不可なり」（杉山元「杉山参謀次長の手記」高宮太平『軍国太平記』）と拒絶する。ただ、勅語の渙発はともかく、ちょうどこのころ、すでにみたように決起部隊は戒厳部隊に組み入れられている。

従来はおよそ、杉山のこの拒絶で提案や具申は頓挫したとみなされてきた。だが、満井によれば（満井・予審訊問調書）、石原は満井の「意見を基礎にして起案し、［杉山］参謀次長以下参謀本部の首脳部と協議し（略）［陸軍省人事局長］後宮《うしろく》［淳《じゅん》］少将が参内」することになったのだ、という。石原も「［同］少将が宮中に行き、右の趣旨を陸相［川島義之大将］に伝えた筈」（山口一太郎の予審における石原・訊問調書）と裏づけている。

ところが、決起側は歩一までの撤退を拒否。占拠地縮小つまり陸軍省や参謀本部ほかからの退去はきめるものの、首相官邸、新国会議事堂を中心に陣取りつづけることになる。午前八時ごろ、村中がこのことを戒厳司令官香椎浩平中将につたえた。対決を辞さない姿勢である。

かくして、帝国ホテルからのエールは無に帰し、杉山は強硬策の決断を余儀なくされることになる。午後二時ごろには「幕僚の硬化」（前掲『真崎日記』2）という証言があるものの、石原に関しては、

「硬化」するにはまだ間がある。前述のとおり、かれはいわれるような当初からの一貫した強硬論者ではないからだ。

午前八時二十分には、杉山の上奏で決起部隊の原隊復帰命令＝強硬策をうたう奉勅命令の允裁《いんさい》（聴きとどける）があった。背けば、討たれる。允裁のとき、天皇は「至極御満足」（前掲「杉山参謀次長の手記」）だったようだ。

村中はその後、警視庁占拠部隊に議事堂集結をつたえ、首相官邸へむかい、北一輝から電話のあったことを午前十時ごろに聞く。決起側は真崎に一任せよ、との霊告が北に出たのだという。村中は北に電話し、一任を「事態収拾」（村中・公判調書）の意味だと確認して、栗原安秀中尉らと協議し、事態の収拾化に同意する。やがて真崎ほか三軍事参議官との会談のはこびとなるのである。だから、占拠地縮小は北の霊告を機になされたもの（松沢哲成・鈴木正節『二・二六と青年将校』）とはいえない。

つかの間の安堵

二十七日の午後四時ごろ、陸軍大臣官邸で決起側は真崎甚三郎大将、阿部信行大将、西義一《にしよしかず》大将の三軍事参議官と会談した。事態の収拾を真崎に一任せよ、との北一輝の霊告にもとづく決起側からの要求だった。当初、会談は真崎とだけの予定だったが、「要求がましき事があると一人では困る」（阿部・憲兵聴取書）という真崎の希望で、阿部と西がくわわった。歩兵第一連隊長小藤恵大佐、内閣調査官鈴木貞一大佐らも同席した。

決起側は主動組の村中孝次、磯部浅一、香田清貞大尉、野中四郎大尉のほか一二名。主動組ののこりで実動部隊の中心の安藤輝三大尉は指揮下の隊に自分の「外《ほか》、将校が居」（安藤・公判調書）ないからと、栗原安秀中尉はせっかく「占拠した首相官邸は離れ」（阿部・憲兵聴取書）られないと欠席した。河野寿《こうのひさし》大尉は受傷し、熱海陸軍衛戍病院にいた。

真崎が口を開いた（村中・公判調書）。頼られるのは「有難いが、蹶起部隊が現位置を撤去して連隊に帰って呉れなければ不可」。さらには、「錦の御旗に反抗しては不可。若し其の様なことがあれば自分が先頭に立って戦闘する」（同上）とまでいった。

形勢を不利とみはじめていた真崎の変心である。しかし、決起側は真崎にたよる。村中によれば（同上）、かれらは「同大将が上から撤退せよとの命令により退《さが》れと云われれば其の通り動」くとし、回答は「満足なものでありませんでしたが、結局、真崎大将に一任する」ことになる。「善処」（同上）を要望しながらも、歩兵第一連隊への撤退拒否を撤回する方向で結論は出る。

真崎は「大《おおい》に喜び、安心して偕行社《かいこうしや》に帰り、夕食」（前掲『真崎日記』2）をとり、決起側は「予の訓戒の如く、爾后《じご》、小藤大佐の命令の如く動くことを約」（同上）したと日記に書く。小藤も、会談後に「代表者が是から小藤大佐の指揮下に入りますと言明」（小藤・憲兵聴取書）したと裏づける。この日の早朝、決起側はすでに戒厳部隊の麴町地区警備隊となり、かたちのうえでは小藤の指揮下にあった。

戒厳司令官香椎浩平中将は、「真崎大将との会見模様其他より推察して平和裡に解決の徴《きざし》あるを見て」（前掲「二・二六事件機密作戦日誌」）、午後八時二十分ごろに参内し、「［翌］二十八日午前早き時期に、平和の裡に鎮定の見込で御座居ます。（略）少くも二十八日中には解決を致す覚悟で御座います」（同上）と上奏する。

不満足のうちにも決起側が真崎一任・撤退ときめたのは、真崎内閣の実現に期待してのことだったようだ。ちょうど香椎の参内のころ、「任務も終った」（村中・公判調書）という思いで村中は北を訪ね、「真崎内閣になる事がはっきりきまってから、現位置を撤退しようと思う」（北・予審訊問調書）とのべている。だが、この時点ではすでにその見込みはなかった。なによりも真崎の変心がその証左である。参謀本部も同内閣を「承知しない」ことは、戒厳参謀石原莞爾大佐のさきのことばでわかっていた。

村中が「任務も終った」と思ったのはなぜか。午後二時前後から打診のあった決起部隊への配宿命令が同五時ごろ（村中・公判調書）に小藤より出たことによろう。また、決起側にたいして重複をいとわず、戒厳部隊の麴町地区警備隊として小藤指揮下にはいれとの命令（戒作命第七号）が午後七時にあったことにもよろう。もっとも、この命令の主意は、野戦重砲兵第七連隊、陸軍砲工学校、豊橋陸軍教導学校からの決起将校を明確に小藤の指揮下へおくことにあった。野重七の田中勝中尉、砲工校の中島莞爾と安田優両少尉、豊教校の対馬勝雄と竹島継夫両中尉は、系統的に、歩一の小藤の指揮とはなじまないのである。

ともあれ、右のような理由をもとにしてだろう、村中は、決起は「陸軍首脳部の認むるところとなって、（略）戒厳部隊となったので、私は安心しました」（村中・公判調書）とのべている。同夜、安藤も「問題は解決したものと認め」（安藤・公判調書）たという。竹島継夫中尉も、「安心して手紙などを書き、寝た」（竹島・公判調書）と語っている。

「陸軍首脳部」はそうした措置をとる一方で、武力鎮圧の準備を整えつつあった。参謀次長杉山元中将は、すでに、この二十七日の午前八時二十分の拝謁時に、決起部隊を強制撤退させうる奉勅命令の允裁をえていた。同日夜半には、翌二十八日の午前五時にそれを実行するという合意が戒厳司令部と参謀本部との間でなされた（前掲「二・二六事件機密作戦日誌」）。

二十七日夜までに、陸軍は以下の部隊を動員する。近衛師団下の輜重《しちよう》兵大隊、歩兵第一・二連隊。第一師団下の工兵第一大隊、決起将兵を出した歩兵第一・三連隊といった在京部隊。同じく第一師団下の歩兵第四九（甲府）・五七（佐倉）連隊。宇都宮の第一四師団からの招致部隊など。海軍も、横須賀鎮守府の警備戦隊と防備隊、横須賀海軍砲術学校で臨時編成した特別陸戦隊などに戦闘配備を下命する。翌二十八日には、連合艦隊下の第一艦隊の主力が芝浦沖から東京市街へ砲門をむけることになる。

2　奉勅命令

抗しても逆賊ではない

二月二十八日の午前五時八分、決起部隊を所属原隊に撤退させよという奉勅命令が下達された。この命令は、天皇の幕僚機関である陸・海軍の統帥部が立案・上奏し、天皇の允裁をえて、当該の統帥部が天皇直接の命令すなわち「勅」として「奉」じて出す統帥命令にほかならない。天皇の「勅」に発する点で特異性をもつが、師団命令などと同じく軍隊を律するための統帥命令である。

よく誤解されるが、二・二六事件時の奉勅命令のうち、下令されたのは一件ではなく、四件ある。ここでのものは第三号。陸軍統帥部すなわち参謀本部の長である参謀総長が、決起側を原隊にもどせという天皇の「勅」を「奉」じ、戒厳司令官に下達した統帥命令（臨変参第三号）である。同命令中、決起側は「三宅坂付近」の「占拠」部隊とよばれている。

奉勅命令であるこの統帥命令の下達をうけて、戒厳司令官以下の各級指揮官は順次にそれぞれ権限内の統帥命令を出す。

まず、午前五時半。奉勅命令の名宛人である戒厳司令官香椎浩平中将は、第一師団長堀丈夫中将にたいし、小藤恵大佐をして決起側つまり「三宅坂付近」の「占拠」部隊を撤収させるようにと発令（戒作命第八号）する。決起側が戒厳部隊に編入されて、第一師団下の小藤大佐の指揮する麹町地区警備隊となっていたからである。

つぎに、堀第一師団長は右の発令にもとづき、同六時半、小藤大佐へ指揮下の警備隊すなわち決起部隊の撤去命令（一師戒命第三号）を出す。同時に、同令で小藤より奉勅命令を伝達するように命じた。かくして小藤は、決起部隊へ撤去命令を出す義務と、奉勅命令をつたえる義務を負う。

このような奉勅命令以下のながれは、すべて、統帥命令の系譜である。したがって、決起側が撤退しなかったとしても、軍事法規上、それは統帥命令違反であって、「陸軍刑法」の抗命罪の問題である。だからよくいわれる「勅命に抗した逆賊」（前掲『二・二六事件　増補改版』）というわけではなく、大逆とは無縁である。陸・海軍刑法にも、「勅命に抗した」罪つまりは「叛」にあたる罪の規定はない。事件の判決書も、叛乱罪とせず、反乱罪と明記する。

ちなみに、陸軍当局は、武力鎮圧に明確に踏み切った二十九日午前九時（前掲「二・二六事件機密作戦日誌」）以降は「叛」をつかう。「勅命に抗」するイメージを強調するためか。同九時五十五分の戒厳司令部当局談では「叛徒」、また戒厳司令部発表第一三号も「叛乱軍」、戒作命第一四号の一〇も「叛乱部隊」である。

そして事件後も、三月一日の陸軍次官通諜・陸普第九八〇号をもって「叛乱軍（者）と称」される。さらには、十一日の同次官通諜・陸密第一九三号「叛乱に関する件通諜」において「叛乱せる部隊が当該兵営を出発せる時機より之を『叛乱』と認むることに定められ」る。

しかし、事件発生の二十六日から二十九日の午前九時にいたるまでは、以下のように表現はまちまちである。陸軍当局の混乱と事態認識の推移がうかがえる。おおむね「叛」は用いられていない。

二十六日…警備司令部「軍隊に対する告示」・「本朝来行動しある諸部隊」、陸軍省発表（公式発表の初号）「一部青年将校等」。

二十七日…戒作命第三号・「占拠部隊」。

二十八日…奉勅命令が出た日で、時間とともに「叛」にちかづく。戒厳司令部発表第三号・「騒擾部隊」、戒作命第八号・「占拠部隊」、戒作命第一〇号の一・「反抗部隊」、戒作命第一一号・「反乱部隊」、午後十一時の戒作命第一四号になってついに「叛乱部隊」。

二十九日（午前九時以前）…戒作命第一四号の八・「反抗部隊」、戒厳司令部発表第四号・「決起部隊」。

下達の動機は不詳

参謀次長杉山元中将は、戒厳司令官香椎浩平中将への奉勅命令の下達時期は参謀総長に一任ということで允裁をうけた。ところが、すぐに交付されてしまったため、これは「手違い」であり、「内示」（前掲「杉山参謀次長の手記」）であったとして処理されてしまった。

奉勅命令で撤退させる案は早くからあった。戒厳司令部参謀部はいう（前掲「二・二六事件機密作戦日誌」）。「二十六日戒厳下令前、在憲兵司令部、参謀本部関係者間に於て強行解決に先立ち、大命を拝するの措置に出《い》ずるを可とするの議あり。乃《すなわ》ち、予《あらかじ》め之が事務を準備するところあり」。そして二十七日「夜、戒厳司令部は、参謀本部と協議の上、之が実行の時機を二十八日午前五時と予定」（同上）。五時八分の奉勅命令下達の決定である。

この決定の動機を、戒厳司令部は決起側の不穏な動向にもとめている（同上）。「夜来、占拠部隊の警戒は厳重を極め（略）重機［関銃］を有する警戒兵を配備し」「栗原部隊は四谷某鉄砲火薬販売店に（略）拳銃弾三百発を注文」したため、「最後的手段たる奉勅命令によることを決意す」というのである。

しかし、異論もある。当時、戒厳司令部の少佐参謀だった松村秀逸《まつむらしゅういつ》は、「廿七日の夜半、叛乱軍の将校が泊っていた陸相官邸に、奉勅命令が下ったことが伝わった。彼等は機関銃を配置するなど、急に警戒を厳重にして来た」（前掲『三宅坂』）とのべる。決起側のうごきは下達の決定に反応したもの、というわけである。

下達を決定した動機ははっきりしない。ともあれ、戒厳司令部は「二十八日は愈々《いよいよ》奉勅命令に依り順逆を説き、尚応ぜざるに於ては断乎武力行使に出るに決」（前掲「二・二六事件に関する戒厳参謀長の手記」）める。これをうけて、首相官邸などの配宿先で休む決起部隊を対象に、たとえば二十七日の午後七時四十分に近衛師団は、隷下の「各隊に警戒を至厳にし、現態勢を以て夜を徹すべきを命」（「近衛師団行動詳報」松本清張・藤井康栄編『二・二六事件＝研究資料』Ⅲ）ずる。

こうした情勢は決起部隊にもつたわる。対馬勝雄中尉は、「［同二十七日］夜半に至って首相官邸に居る部隊を攻撃するとの電話があり、安藤［輝三大尉］部隊に対し敵対行為に出たという様な情報がありました」（対馬・公判調書）と語る。そして、すでに配宿命令をうけていたゆえか、「甚だ奇怪に思い、我々も油断出来ぬと思い、警戒を厳重にしました」（同上）と。

いずれにせよ、奉勅命令の下達はきまった。決起側シンパの山口一太郎大尉は、これを、「二十八日午前零時過頃、陸軍大臣官邸」（判決書）で柴有時《しばありとき》大尉から知らされる。柴は香椎直属の連絡将校だった。山口は下達すなわち実施の延期を、午前三時ごろ、戒厳司令官室で香椎に進言する（同上）。戒厳参謀長安井藤治少将以下、戒厳参謀石原莞爾大佐ら各幕僚も同席していた。柴、そして決起部隊を指揮下におく小藤恵大佐、内閣調査局調査官鈴木貞一大佐も山口とほぼ同趣旨を直言した（前掲「二・二六事件機密作戦日誌」）が、延期の進言は受け容れられなかった。

この様子をみていた松村は記している（前掲『三宅坂』）。四人の申し立てののち、石原は「直ちに攻撃。命令受領者集れ」といって討伐を下令。「軍は、本廿八日正午を期して総攻撃を開始」云々。そして、「奉勅命令は下ったのですぞ。（略）降参すればよし、然《しか》らざれば、殲滅《せんめつ》する旨を、ハッキリと御伝え下さい」とのべ、いっしょにいたという陸軍大学校教官満井佐吉中佐と小藤の「首スジをつかまえて、階段の降り口の方え《ママ》、押しやった」。

このくだりは、石原の毅然さの例証として、ときに引用される（大谷敬二郎『昭和憲兵史』）。しかし、これははなはだ疑問である。基本的に命令は参謀の石原には出せないものであるし、かれの腹もこのとき、武力鎮圧の方向で固まっていたとはいいきれない。後述のように、石原は奉勅命令の出た後にいたっても、武力行使にはためらいをみせている。また、「首スジをつかまえて」も誇張だろう。たとえば、小藤は同じ大佐でも石原の先任であり、陸軍士官学校の一期上なのである。

ところで、そのころ決起側は、以上のような攻防を知らず、「油断出来ぬと思い、警戒を厳重にし」ていたとはいえ、休んでいた。坂井直《さかいなおし》中尉は、配宿先の料亭幸楽《こうらく》で、二十八日午前「二時過寝に就き翌朝《ママ》七時頃起床」（坂井・公判調書）した。

午前六時半、第一師団長堀丈夫中将が小藤に決起部隊の撤退と奉勅命令の伝達を命ずる一師戒命第三号を出したことはのべた。八時すぎ、同師団参謀平田正判《ひらたまさちか》中佐が陸軍大臣官邸にいた小藤のところへ、その第三号と奉勅命令の原本をたずさえてくる。小藤は、一読後、それを秘書官室の書棚の上に置いた（小藤・検察官聴取書）。

そして小藤は、同第三号を実行するため、歩兵第三連隊付の田中正直少佐に決起将校らを集めさせようとした（同上）。もしくは、そのために自ら出向こうとした（小藤・憲兵聴取書）。そこへ、決起側の香田清貞大尉や村中孝次らが現れる。「血相を変えて何か言い交《かわ》しながら、陸相官邸に」（同上）やってきたのである。

踏み切った石原大佐

二十八日午前四時ごろ、決起側シンパの陸軍大学校教官満井佐吉中佐は、撤退するよう決起側を説得してほしい、と戒厳司令部にたのまれている（満井・憲兵聴取書）。奉勅命令の下達決定をふまえてのことだった。かれは決起部隊のいる陸軍大臣官邸へおもむく。

戒厳司令部に帰ってきた満井は、同九時ごろ、「情報を呈すと称しながら、昭和維新断行の必要」（前掲『秘録二・二六事件』）性を進言する。維新の詔勅の渙発《かんぱつ》と強力内閣の奏請も、求めた（判決書）。村中孝次ら決起側の意をうけてのものだった。村中は満井に、「決起部隊を長く現位置に留め置くことが維新に入る前提であって、これに依り全国に維新の気運を作ることになるのであるから、この意見を上司に通じて呉れ」（村中・公判調書）とたのんだらしい。これにたいし、満井は「骨折って見る」（同上）と答えたという。

満井が進言した場には、陸軍大臣川島義之大将、参謀次長杉山元中将、戒厳司令官香椎浩平中将のほか、陸軍省軍務局長今井清中将、参謀本部総務部長飯田《いいだ》貞固《さだかた》少将、戒厳参謀長安井藤治少将、戒厳参謀石原莞爾大佐などがいた。いわば陸軍首脳の集合である。参謀総長の閑院宮《かんいんのみや》載仁《ことひと》親王元帥は病気静養中のために欠席。軍事参議官の荒木貞夫・林銑十郎両大将もいたが、権限のない軍事参議官の関与をきらう石原が退場させた。皇道派の荒木はしかし、退場のまえに「兵力使用の回避」（前掲「杉山参謀次長の手記」）をいいおいている。

　香椎が天皇への上奏案をしめした。そして、無血収拾のために昭和維新断行の聖断をあおぎたい、とのべた。奉勅命令交付ずみというながれのなかでの、皇道派香椎があえてなすシンパ的発言である。

　上奏案は石原の起案による。この朝、石原は香椎に武力攻撃ではなく「昭和維新の聖勅を拝しては如何」（前掲『秘録二・二六事件』）と具申していた。「国体明徴の徹底」「兵力増強」「国民生活の安定」がその骨子だった。これは昭和維新を可能にする強力内閣樹立の具申でもあった。また、満井のさきの進言にも、さらには帝国ホテルの会合前後における満井と石原の姿勢にもつながるものであった。

　とはいえ、石原は満井と立場を異にする。斬殺者表にあがっていたことからもわかるように、石原はもともと決起側のシンパではない。「聖勅」によるかれの昭和維新は、持論である世界最終戦争に備えた、強力内閣による高度国防国家の建設をめざすものだったといえまいか。また、そのための好機として事件を捉えていたのではなかったか。

　香椎の発言にたいし、以前から、かれが決起側に「好意を有する態度を懸念しありたる」（前掲「杉山参謀次長の手記」）杉山は、「この機《ママ》に及んで昭和維新断行の勅語を賜《たま》うべくお願いするは恐懼《きょうく》に堪《た》えず」（同上）と反対、武力鎮圧を主張した。

午前十時十分ごろになっていた。奉勅命令はすでに小藤の手で伝達ずみのはずである。しかし、まだ決起側撤退の報告はない。川島も香椎に同意せず、補佐役の安井の助言もあって、ついに香椎は決起側への武力行使に同意する。

この状勢に、石原は変わり身をみせる。もはや香椎の上奏案を起案したかれではない。武力行使に踏み切れなかったかれでもない。「直に攻撃開始を命ぜん」（前掲「二・二六事件に関する戒厳参謀長の手記」）とする。しかし、これは「奉勅命令徹底後に於てするを至当と考え」（同上）た安井に止められる。だが以後、石原は武力討伐へのイニシアチブを積極的にとってゆく。

はっきりしたその積極性は、決起側につうずるかのごときだった胡散《うさん》臭い石原をかすませる。そして、万一の武力行使に備えてみせてきた戒厳参謀としての力量ある石原をより鮮明に浮き彫りにしたようだ。少佐で戒厳参謀だった松村秀逸は、「叛乱軍の降伏」は石原が「躊《ため》ろうことなく、実力をもって解決しようとした決意と実行力とに負う所が多いと思う」と断言する（前掲『三宅坂』）。

石原が態度を決めるのは、帝国ホテルの会談直後とする説（須崎慎一「軍中枢を巻き込んだ権力犯罪」『THIS IS 読売』一九九三年十二月号）もあるにはあるが、二様《によう》の石原が討伐一本となるのは、右の時点とみなしたい。

あせる青年将校

二十八日の午前六時か七時ごろ、決起将校の中橋基明中尉のところへ、近衛歩兵第三連隊長園山光蔵大佐の命令が電話でとどく。中橋は同連隊第七中隊長代理で、首相官邸に宿泊していた。「戒厳司令官は勅命を奉じて占拠部隊をして速《すみや》かに歩兵第一連隊兵営付近に集結せしめらるるに依り、中橋中尉は其の指揮にある部隊を率い」（中橋・公判調書）云々。

これが、奉勅命令の発令情報を決起側が知った最初だろうか。この電話による情報はすぐに栗原安秀中尉、香田清貞大尉、村中孝次へつたわる。同じころ、「発令されたらしい」（村中・公判調書）と野中四郎大尉も村中へ連絡してきた。すこしおくれて安藤輝三大尉、磯部浅一も知る。神奈川県湯河原で受傷し、熱海陸軍衛戍病院で加療していた河野寿大尉もこの日に察知する（河野司「湯河原襲撃と河野大尉の自刃」『日本週報　ダイジェスト版』6）。以上が、決起の主動組である。

将校グループの他の大半にも、この二十八日のうちにつたわった。といっても、個人ルート、もしくはだれからともなくであった。そして、快諾組の坂井直中尉、慎重組の常盤稔少尉、引き込まれ組の鈴木金次郎、清原康平、麦屋清済の各少尉、負傷して入院中だった自然受諾組の安田優《やすだゆたか》少尉らは翌二十九日となる。それも、麦屋は「左様に感じ」（麦屋・公判調書）とったのであり、かれ以外の者はラジオ放送が情報源だった。

奉勅命令の発令は決起の命運を左右する。にもかかわらず、その情報の連絡状況はこんなありさまであった。決起将校たちのうごきは、このときにかぎらず、系統性・統一性を欠く場合が多かった。歩兵第一連隊長小藤恵大佐は、「確然たる統率者無く（略）其の編成は区々《ママ》とし《くく》」「其の行動に就ても、局部に於ては軍隊らしい観がないのではなかったが、総体的に見る時は全く軍隊に非ず」（小藤・憲兵聴取書）と評している。

中橋経由の発令情報をえて、さきにみたように、村中と香田が陸軍大臣官邸にいる小藤のところへ駆け込む。いま、決起側は麴町地区警備隊として、かれの指揮下にあった。

ふたりは、中橋への命令は「何かの間違であろうから、近衛歩兵第三連隊長に之を取消す様に連絡して呉れと云って、其の措置の不当を難じ」（村中・公判調書）た。そして、いったんそこを辞し、ふたたび、陸相官邸の小藤のところへやってくる。こんどは、竹島継夫と対馬勝雄の両中尉もいっしょだった。シンパの山口一太郎大尉らもきていた。

戒厳司令部で奉勅命令の下達阻止・延期措置に失敗した山口は、官邸への途中、偕行社《かいこうしゃ》によっている。ここで、軍事参議官と面会したのは最後の望みをかけてだろうか、「奉勅命令は部隊を混乱に導くもののみだ」（山口・憲兵訊問調書）と主張している。だが、同参議官の真崎甚三郎大将、荒木貞夫大将に「仕方がない」（同上）とつきはなされてしまった。皇道派の首領はすでに大勢にのっていた。

ともあれ、小藤は、「激昂して（略）難ぜる」（判決書）村中ら決起側を「制し、自分は急用で「第一」師団まで一寸行って来ると云い」（小藤・検察官聴取書）、その場を離れる。「鎮静せしむることが必要」（同上）とかんがえたゆえだという。すでに第一師団からとどいている奉勅命令については、「今は之が伝達を敢行すべき時期に非ずとして之を保留」（判決書）することにした。小藤は同師団司令部へいき、師団長堀丈夫中将に会う。

すこしおくれて、村中、香田、竹島、対馬も、「奉勅命令の下令なき様斡旋方を陳情し」（判決書）に同司令部へいく。午前十時ごろだった。

第一師団参謀長舞伝男《まいでんお》大佐は、村中たちに、「奉勅命令は未だ発せられない。従前通り、現位置にあって警備に就て居ればよい」（香田・公判調書）と隠した。堀も「未だ下って居ない」（村中・公判調書）

と偽った。

じつは村中らと会う直前、堀にたいして、小藤から、「先《ま》ず彼等を沈静させる必要あり、且《かつ》彼等の面目を立てさせてやる為に上司に於て何等かの方法を講じて戴く様、御尽力を願いたい」（小藤・憲兵聴取書）という進言があった。同席していた山口の「師団長も今一度努力せられ度い」（山中平三カ「陸軍罫紙鉛筆書きメモ」松本清張・藤井康栄編『二・二六事件＝研究資料』Ⅱ）との具申もあった。

堀、そして舞の虚言は、堀が「説得を継続することに決意」（堀・受命裁判官の訊問調書）していたための方便だったろうか。もっとも、のち、堀は「奉勅命令が下りあらず云々と述べしや否やは記憶にありません」（同上）とのべている。

村中や香田らは、堀、舞の糊塗を知らず、それでも「幾分安心して陸相官邸に帰」（村中・公判調書）った。

このころ、磯部浅一は戒厳司令部に司令官香椎浩平中将と陸軍大臣川島義之大将をたずねていた。決起側が「不利になっていることを考え（略）面接して赤心《せきしん》を吐露してみようと決心した」（前掲「行動記」）のである。だが、会えなかった。このうごきは村中らとの連係プレーではない。これも、決起側における系統性・統一性の欠如の一例である。

延期のわけ

二十八日の午前十時十分、武力鎮圧＝奉勅命令実施の方針はきまった。だが、戒厳参謀長の安井藤治少将は「奉勅命令徹底後に於てするを至当と考え」（前掲「二・二六事件に関する戒厳参謀長の手記」）て、ストップをかける。そして、麴町地区警備隊たる決起側を指揮下におく「小藤〔恵〕大佐の伝達及其後の状況を知」（同上）ろうとする。

同十時四十分ごろ、小藤の上官である第一師団長堀丈夫中将が戒厳司令部へよばれた（同上）。ただし、堀によれば、決起側の「申し分にも一理屈あり、直に奉勅命令を以て処理するは過早なり」（堀・受命裁判官の訊問調書）として、小藤とともに同司令部へ出向いたようだ。堀は、伝達するには「先ず彼等を沈静させる必要」があるという前述の小藤の見解に「同意」（小藤・憲兵聴取書）をしてもいた。ふたりは、さきほどまで、奉勅命令の下達を阻止しようとする香田清貞大尉や村中孝次らと第一師団司令部でいっしょだった。

戒厳司令官香椎浩平中将は、堀の申し出を、「それでは貴官も最後の努力をせよ」（堀・受命裁判官の訊問調書）と了承する。小藤も、「師団長の御話では戒厳司令官も諒解されて、尽力しようとの御話があったことを聞きました」（小藤・憲兵聴取書）とつたえている。

武力鎮圧につながる奉勅命令の実施は延びた。「各位の最後の御奮闘を願い、血を見ずして治まる様且彼等の希望の一端にても実現を見る様善処せられ度《た》し」（堀・受命裁判官の訊問調書）という堀の具申が、皇道派の香椎をうごかしたのか。

同席していた安井は、その際に堀は、決起軍に「攻撃を行うことは困難」だとものべたという（前掲「二・二六事件に関する戒厳参謀長の手記」）。戒厳参謀の石原莞爾大佐も、のちに武力制圧の延びた理由につき、「軍隊の実情は実施し得べからざる状態にあった」（山口一太郎の予審における石原・訊問調書）からだと説明する。ここからは、延期の原因は討伐力不足に帰するようにもみえる。

はたしてそうだろうか。兵力不足ならば、陸軍首脳部も武力鎮圧の方針＝奉勅命令の実施をきめられなかったのではないか。また、石原も、たとえフェイントであれ、「軍は、本廿八日正午を期して総攻撃を開始」といいえなかったはずである。

二十七日夜までの、陸海軍のととのえた鎮圧用の兵備についてはふれた。麴町警察署も、二十七日「午後四時頃は已《すで》に、戒厳部隊に於ては永田町付近に屯《たむろ》せる叛乱部隊を包囲せる状態に在りて、要路には鉄条網を布設し、土嚢《どのう》を以て掩護《えんご》作業を施し、要所に機関銃を据え、益々警備厳重を極めありたり」（北博昭編『二・二六事件　警察秘録』）と記す。

堀が攻撃困難とのべた理由であるが、これは、安井が推測するように、「情誼上か」（前掲「二・二六事件に関する戒厳参謀長の手記」）とみなせないだろうか。堀が「彼等の希望の一端にても実現を見る様善処せられ度し」と主張していたことを想起したいのである。

香椎から武力鎮圧＝奉勅命令実施の延期をみとめられた堀は、決起側の拠点ともいうべき陸軍大臣官邸へむかう。むろん、撤退するようにと「説得の為」（堀・受命裁判官の訊問調書）であった。かれは、「先ず小藤大佐を陸相官邸に先行せしめ」（堀・受命裁判官の訊問調書）る。安井の記録には、「午前十時五十分、第一師団長は戒厳司令部を辞去、第一線に至る」（前掲「二・二六事件に関する戒厳参謀長の手記」）とある。

ところが香椎は、自分は、堀師団長に実施延期をみとめなかったとし、こう明言している（前掲『秘録二・二六事件』）。「断乎決行を命ず」、「師団長は（略）黙想稍《やや》久しくして『やります』と、致方なさそうな溜息と共に答えて去れり」。

しかし、これは香椎の弁明ではなかろうか。この二十八日の午前十時すぎに武力鎮圧＝奉勅命令実施を決定したときの香椎の態度は、しぶり、そして「数分に亘り沈思黙考の末、決心変更、討伐を断行せん」（前掲「杉山参謀次長の手記」）であった。くわえて、参謀次長杉山元中将は、香椎が「討伐に決したるを見届け安心して、午前十一時参内、［大将本庄繁］侍従武官長に対し、『愈々《いよいよ》兵力を使うことになりました』と伝え、宸襟《しんきん》を安んぜんと」（同上）してもいた。

それなのに、香椎は、「決心変更」から一時間もたたない十一時まえに、これをくつがえす。堀に、武力鎮圧＝奉勅命令実施の延期をみとめるのである。すなわち、再度の「決心変更」とあっては香椎の立場がなくなる。だから、実施の猶予はあたえなかったと取り繕ったのではないか、というわけである。

一転して抗戦に

奉勅命令の実施はのびた。だが、取り止めではない。決起側にはいくつかの道がのこされていた。たとえば、同命令の伝達をうけて小藤恵大佐の指揮下で撤退＝原隊復帰する。または、昭和維新の完遂をめざし、不撤退、占拠地を死守。前者には縄目《なわめ》の恥辱につづく断罪の可能性が、後者には敗北必須であろう戦いがまつ。であれば、もしくは自決。

二十八日、正午前後の陸軍大臣官邸に、陸軍省軍事調査部長山下奉文《やましたともゆき》少将が現われた。栗原安秀中尉、村中孝次、磯部浅一ら主動組ほかと面談。第一師団長堀丈夫中将に先行を命じられた小藤もいた。シンパの山口一太郎大尉もいた。

栗原によれば、山下は「奉勅命令が出るのは最早時間の問題であるとて陸軍の為、責任を引受ける様因果を含め説得」（西田の予審における栗原・訊問調書）した。自決のすすめである。ただし山下は、「撤退を勧告した」（山下・検察官聴取書）だけだとのちに異見を呈している。午後零時半ごろにやってきた堀も、決起側を説得した（堀・受命裁判官の訊問調書）。「種々進言せるも微力到底汝等《なんじら》の期待する結果をもたらし難し。（略）善処を希望す」。

結論が出る。小藤はつぎのように語る（小藤・憲兵聴取書）。「代表として栗原中尉が（略）『将校は自刃し、下士官兵は兵営に帰します。（略）可成《なるべく》生前に勅使を賜りたい』と申し出ました」。決起将校の一人、池田俊彦元少尉は、自決と帰営つまり帰順は決定事項、勅使のことは自決に際しての「あく迄希望条項」（池田書簡、一九九九年一月）、つまりは「可成《なるべく》」の「希望条項」だったと回想する。

山下は、自決をすすめたという手前か、同じ皇道派の思いやりか、勅使差遣《さけん》のためにうごく。陸軍大臣川島義之大将とともに午後一時に宮中へいき、侍従武官長の本庄繁大将に差遣の伝奏を依頼した。本庄も皇道派の一人であった。だが天皇は、「自殺するならば勝手に為すべく」（前掲『本庄日記』）と一蹴してしまう。なお、このうごきに関しても山下の供述は異なる（山下・検察官聴取書）。本庄のところへいったのは将校の自決と下士官兵の帰営の「報告」のためで、決起側がのぞむ勅使の差遣は「大御心《おおみこころ》に関することであるから」として栗原らを「説示」し撤回させた、という意味のものである。山下も逃げをうった、とみるのは言いすぎだろうか。

自決と下士官兵の帰営という帰順の決定は、料亭幸楽《こうらく》に陣取る主動組の安藤輝三大尉にもとどく。陸相官邸にいた清原康平少尉が即座にその場を抜け出し、いち早く知らせたからだ。安藤は「軍上層部が私共を自決させ夫《そ》れを踏み台にして行こうと考え居るものと思い憤慨」し（安藤・公判調書）、また、

「攻撃して来ると云う」(同上)包囲軍に怒ってもいた。歩兵第三連隊第六中隊・安藤隊はいまにも「突出しそうな状態」(村中・公判調書)だった。清原による報告を知らずに、村中が連絡にくるのはそのさなかだったが、安藤隊の様子に恐れをなしてか、かれは決定事項を「伝えることも出来ず」(同上)、陸相官邸に取って返す。

安藤ならびに同隊のはげしい気迫が主因となり、決起側は自決と帰営すなわち帰順の決定をくつがえす。翻意した村中に磯部、栗原が、野中四郎大尉も香田清貞大尉も同調していく。熱海で入院中の河野寿大尉をのぞく、主動組全員である。決起側はここで徹底抗戦へと転ずるわけである。安藤は後になって強硬姿勢をとった理由のひとつに、自分が「興奮して狂的な状態に在ったと云うこと」(前掲「蹶行前後の事情並立場心境等につき陳述の補足」)をあげている。

この逆転劇につき、判決書は「北輝次郎、西田税等の電話激励」によるところがあるとする。しかし、安藤隊より帰ってきた「其の時、北より電話が掛《かか》り(略)、私は其の時、最早《もはや》討死の外《ほか》なしと覚悟して居りましたので別に意見は述べず」と、村中はこれを否定(西田の予審における村中・訊問調書)している。北の電話はみなの自決をやめさせようとするものだった。

事態の一転を、午後一時半ごろ、まず小藤が陸相官邸で気づいた(小藤・検察官聴取書)。そして、堀も戒厳司令官香椎浩平中将も知るところとなる。午後四時、戒厳司令部は武力鎮圧を表明し、準備を下令(戒作命第一〇号の一)。参謀次長杉山元中将、川島ら陸軍首脳部は武力行使の方向で腹をくくる。六時、決起部隊にたいする小藤の指揮権を解除(同第一一号)し、十一時、翌二十九日午前五時以後には「攻撃を開始し得るの準備」をなすよう、司令部は包囲軍に下令する(同第一四号)。

かくして、重機関銃約二〇を最大武器とする一五〇〇名弱の決起部隊は、重機はもとより戦車二二のほか装甲車や野砲などをもち、化学戦まで用意した約二万名の陸軍部隊に重囲されることになる。海軍もすでに攻撃態勢にはいっていた。

こんななかで、夕方、赤坂見附付近に警備配備中の歩兵第三連隊第一〇中隊が、独断で靖国神社へ移動するハプニングがおきた。陸軍当局は連動かとあわてた。指揮官は中隊長代理の新井勲《あらいいさお》中尉であった。予想される包囲軍と決起部隊の「皇軍相撃」（判決書）への抗議行動だったというが、疑問は多い。

決起部隊は、おもに、首相官邸や新国会議事堂、陸軍省の周辺に展開。安藤隊も料亭の幸楽から山王《さんのう》ホテルに移り、非常配備についた。だが一方では、文部大臣官邸にいた常盤稔少尉のように、そうした緊迫事態を知らされないまま、「楽しい話などして」（常盤・公判調書）すごす者もいた。決起側の系統性・統一性の欠如がここでも指摘される。小藤が「確然たる統率者無く、（略）総体的に見る時は全く軍隊に非ず」と評したことは、さきにみたとおりである。

伝達はなかった

二十八日の午後零時半すぎに、といえようが、栗原安秀中尉が将校の自決と下士官兵の帰営を申し出たことはすでにのべた。すなわち、小藤恵大佐の隷下の麴町地区警備隊となっていた決起側は、ほどなく翻意するとはいえ、帰順をきめた。指揮権をもつ小藤には、このときが奉勅命令を伝達する好機と映ったようだ。まっていた「沈静」期の到来である。決起側への奉勅命令の伝達はのびており、小藤のところでストップしていたのだ。かれは、その伝達と、同命令をふまえて戒厳司令官より第一師団長、そして自分へと下りてきた命令にもとづく撤退命令を出そうとした。場所は前述の陸軍大臣官邸である。

決起将校たちはしかし、「命令受領の為一同集合すべしとの小藤恵の指示に服するに至らない。この不服従により、小藤はかれらが帰順をひるがえし、徹底抗戦に転じたことに気づく。午後一時半ごろだった。小藤は「驚愕措《お》く所を知」(判決書)らなかった。

小藤は説得のために積極的にうごきだす。「私は〔二十八日〕午後二時頃、代表者は駄目だから、道路上に居る将校を説得せんと思いて、独逸《ドイツ》大使館前、鉄相〔鉄道大臣〕官邸前の道路、幸楽、山王ホテルなどを巡視し、私は名前も良く知らぬが、将校を見付け次第に彼等に、『奉勅命令は下ったのである。兎《と》に角《かく》此所に現在するもの丈《だけ》は私に続行せよ』と云って歩きました」(小藤・憲兵聴取書)。

新国会議事堂付近にいた決起側の山本又予備役少尉は、これを裏づける(同上)。

後、「小藤大佐が山口〔一太郎〕大尉を伴《ともな》われて来られ、磯部〔浅一〕に対し部隊を新議事堂前に整列せしめて後退せよと云って居られました」と。

翌二十九日の午前六時まえにも、なお、かれの無益な努力はうかがえる。だが、小藤の努力は実をむすばない。しかも、小藤は前日の午後六時に指揮権を解除されているから、このときじつはすでに決起側への命令権はなかったのである。山王ホテルで配備についていた香田清貞大尉はいう(香田・公判調書)。「小藤大佐が来まして悲痛な顔付で香田、歩一の下士官兵を集めて俺に随《つ》いて来る様に、と云われました」。

結局、奉勅命令の伝達はできず、撤退命令もなかった。小藤はこうのべている(山口の予審における小藤・訊問調書)。「蹶起将校等を全部集合して形式的に之を朗読して伝達したことはありませぬが、実質的には伝達したも同様な状態でありました」。伝達を欠くからこそ、「実質的には伝達したも同様な状態」なのである。

なぜ小藤は、「蹶起将校等を全部集合」させないまでも、適宜、「形式的に之を朗読して伝達」し、また、下令できなかったのか。

陸軍におけるこれらの行為は、つねに「軍隊内務書」（一九四三年以降、「軍隊内務令」）中の命令規定にもとづくよう定められている。したがって、指揮・命令系統をつうじ、「形式的に之を朗読」するというのが、伝達や下令の主要件である。指揮権をもつ小藤が「形式」にのっとってなさなければ、それは無意味な言動にひとしくなる。二十八日午後六時まではかれに指揮権のあったことはのべたが、伝達したければ、それまでに形式にしたがってなせばよかったのである。

小藤の指揮権解除後、決起側は戒厳部隊中の麴町地区警備隊ではなくなる。官軍性をうしない、軍の指揮・命令系統外の一集団、統帥命令を下しうる指揮官のいない集団と化す。奉勅命令の伝達や小藤の撤退命令はもはや問題にならない。正規軍ではないからである。

なお、指揮権の解除も、決起側にはつたえられていない。中尉で野戦重砲兵第七連隊から参加した田中勝は、小藤の「指揮が我々を離れたことは知りませんでした。之は、尤《もっと》も明瞭にすべき点と思います」（田中・公判調書）と語っている。

しかし、情としてはともかく、当局側に落ち度はない。小藤の指揮権解除の根拠は戒厳司令官発・第一師団長あての統帥命令（戒作命第一一号）にある。この命令が発効すると同時に、決起側は正規軍の埒外となる。だからつたえなければならない筋合いはない。つたえなかったのは、官軍性の剝奪にともない、予想される決起側の激昂をおそれたためだろうか。

ともあれ、官軍性がなくなった後も、二十九日早朝の小藤の場合のように、当局側の説得への努力はつづいていた。たとえば、第一師団参謀の桜井徳太郎少佐は二十八日の午後一〇時をすぎた山王ホテルで、居合わせた山本に、「君に伝達すると云うて奉勅命令を（略）一見」（山本・公判調書）させた。翌二十九日朝には、ラジオで「奉勅命令に依り下士官兵は原隊に復帰せよという様な意味の放送」（林八郎・公判調書）をながした。「戦車により『ビラ』を配付し、説得に努」（前掲「二・二六事件機密作戦日誌」）めた、等々である。

ちなみに、戒厳司令部はこれらをふまえ、「［決起］将校が奉勅命令下令の事実を知らざるの理なし」（同上）とも難じている。しかし、決起側が問題としたのは、知る知らないではない。「伝達」のなかった点である。奉勅命令の出た事実ならば知っていた。だからこそ、その事実への服従を余儀なくされる伝達という事態を阻止しようと、さまざまにうごいたのである。

最後のとき

二十九日未明、いまは〝叛乱軍〟となった決起側はせまる包囲軍にそなえた。栗原安秀中尉は首相官邸、野中四郎大尉は新議事堂、安藤輝三大尉や丹生誠忠中尉は山王ホテル、といったふうに布陣した。

戒厳司令部は攻撃開始を二十九日の午前九時と決定。同日午前零時に、その旨、参謀長の安井藤治少将が下達した（前掲「二・二六事件に関する戒厳参謀長の手記」）。戦闘の予想される永田町から虎ノ門、有楽町付近一帯の住民には、同五時半を期しての退避命令が出された（戒治第一九号）。「午前九時前後」（前掲「二・二六事件に関する戒厳参謀長の手記」）、戦車を先頭に攻撃前進がはじまった。

八時ごろから、三機の飛行機が「威嚇飛行」（戒作命第一四号の八）し、「兵士説得の」「謄写版刷りの『ビラ』を散布」（前掲『二・二六事件　警察秘録』）する。まかれたビラは四種。「今からでも遅くないから原隊へ帰れ」という文面の「下士官兵に告ぐ」は名高い。「謄写版刷り」のほか、皮肉にも、襲われた東京朝日新聞社が陸軍省新聞班大久保弘一少佐の依頼で印刷したものもあった。ビラ作成の中心は大久保だった。帝国飛行会館ビルの屋上には「勅命下る軍旗に手向《てむか》うな」のアドバルーンもあがっていた。

八時五十分より、「勅命が発せられたのである」ではじまる、これも有名な放送、「兵に告ぐ」が数回ながされる。大久保がペン書きした放送原文を、東京中央放送局の中村茂アナウンサーが読んだ。戒厳司令部内の放送室からだった。

原文どおりの放送には、つぎのくだりがあった。「抵抗をやめて軍旗の下に復帰する様にせよ　そうしたら今迄の罪も許されるのである」。後日、将校だけでなく下士官や兵もが訴追の対象になったこともあり、軍の指揮・命令上、この文言が問題となる。そこで、戒厳司令部はこう偽った（前掲「二・二六事件機密作戦日誌」）。そのくだりは、「説得の効を完《まつた》からしめんが為の謀略的文句と解すべきもの」である。それも、「放送者が感極《かんきわま》りて付言せるもの」だった、と。しかし、アナウンサーの中村は、数日後に「あの時の真剣な気持は私の十二年のアナ生活に初めて味わいました」（読売新聞、一九三六年三月二日付）と語っているほどであり、「感極」ってことばが走ったとは考えがたい。

撒布ビラ、ラジオ放送、アドバルーン。くわえて、安藤輝三大尉への歩兵第三連隊第二大隊長伊集院兼信少佐の例にみるような当局側の説得。そして、せまる包囲軍。

決起部隊は動揺し、急速にくずれてゆく。「確然たる統率者無く」即製部隊だったせいもあろう。すでに午前一時ごろから、首相官邸の中橋基明中尉隊すなわち近衛歩兵第三連隊第七中隊では下士官兵のほとんどが無断帰営しはじめていた（茂木福重「蹶起部隊から鎮圧軍へ」埼玉県史編さん室編『二・二六事件と郷土兵』）。三宅坂の清原康平少尉も、第四九連隊の大隊長に「早く帰れと云われ」（清原・憲兵訊問調書）、歩三第三中隊をつれて独断撤退。ところが、午前十時ごろの歩三の営門で「憲兵曹長が来り、将校は陸相官邸に集合せよと云われ」（同上）、ひとり引き返すはめになる。しかし、中橋にあっては帰営は自分の指示、清原も引き返したのは自らの判断だったと語っている（中橋および清原・各公判調書）。

さらにたとえば、鉄道大臣官邸にいた磯部浅一は首相官邸へいき、栗原安秀中尉に「斯様《このよう》になったら我々は全責任を追《マヽ》って引くがよい」（栗原・公判調書）と主張したところ、栗原も同調する。最後まで強硬だった山王ホテルの安藤輝三大尉も、村中孝次や磯部、栗原らの説伏で抗戦を断念。その直後の午後一時ごろ、安藤は部下の歩三第六中隊に帰営を命じてのち、拳銃自殺を図る。かれは、「自決と云うことは蹶起を決意したときすでに覚悟」（前掲「蹶行前後の事情並立場心境等につき陳述の補足」）していたのだった。

午後二時ごろ、決起将校らは全員、陸軍大臣官邸にあつまる。受傷し、入院していた安田優少尉もきた。同じく受傷の河野寿大尉は熱海陸軍衛戍病院に入院中で欠席。自殺未遂で病院へ送られた安藤と、山本又予備役少尉もいない。山本は身延山詣《みのぶさん》でということで脱走していたが、ほどなく、東京憲兵隊へ出頭。下士官兵もすべて同二時前後までに原隊へ帰っている。

将校たちは、その陸相官邸で、陸軍省軍事調査部長山下奉文少将らから暗に自決をすすめられる（前掲『兵に告ぐ』）。しかし、そのつもりだった坂井直中尉ほかも、磯部や栗原らの説得で翻意、結局、全員が自決を拒み、法廷闘争に賭けることになる。野中四郎大尉だけが自決した。野中は旧知の参謀本部第四部第八（演習）課長井出宣時《いでのぶとき》大佐に「ムリヤリに自殺させられ」た、と磯部はみている（前掲「行動記」）。

かれらは武装解除させられ、憲兵によって拘束されて、午後六時ごろ、陸軍の東京衛戍刑務所に送られた。こうして、一発の銃弾も飛び交《か》うことなく、ながかった四日間はおわる。夕方、東京朝日新聞社の社屋には電光ニュースが輝いていた。「全《マッタ》ク　チンテイ　シタ」。

安藤ほかの全現役将校は、特別志願将校の麦屋清済をふくめ、午後零時五十分と同九時二十分の二回にわけて免官になった。今泉義道少尉は引き込まれ度を多大にでも酌量されたのか七月五日の有罪確定により、また、予備役少尉の山本は逃走中の三月二日に、官を剝奪された。

秩父宮の「令旨《りょうじ》」

安藤輝三大尉は、一九二四年（大正十三）四月に陸軍士官学校予科をおえ、士官候補生として歩兵第三連隊に配属される。ここで、連隊付の少尉だった秩父宮雍仁《ちちぶのみややすひと》親王と出会う。

宮は天皇の次弟で、二二年以降の陸士本科在校中より、国家の革新に関心をもつようになっていた（前掲「戦雲を麾く」）。維新をめざす同期生、西田税との接触・影響からである。三一年の十月事件前後には、天皇にたいし、「御親政の必要を説かれ、要すれば憲法の停止も亦止《またや》むを得《え》ずと激」（前掲『本庄日記』）してもいる。「御親政」は革新をめざす青年将校の切願であり、「憲法の停止」は北一輝『日本改造法案大綱』の根幹でもある。

この宮と、「陸士予科時代からの革新思想の持主」（河野司『天皇と二・二六事件』）の安藤の間には、国家の現状などについても親しく話し合えるほどの関係がそだってゆく（同上）。

二・二六事件のときの宮は、少佐で、青森の第八師団歩兵第三一連隊の第三大隊長。事件を知ると、「御見舞」（前掲『木戸幸一日記』上）のため、弟の海軍少佐高松宮宣仁親王《たかまつのみやのぶひと》や宮内省と連絡をとり、上京している。のち、これに関し、「ああいうとき、じっとしていられないのは当り前ではないか。師団長［下元熊弥《しももとくまや》中将］の許しもあったことだし」（尾崎竹四郎「二・二六事件と秩父宮」週刊文春編『私の昭和史』）と、語っている。しかし、当時は、「宮を奉戴《ほうたい》して蹶起部隊が錦旗《きんき》革命とか昭和維新とかをやるんだろうとのデマまでが」（松本重治『上海時代』中）あった。

上京した宮は、二十八日の午後三時、旧知の歩三第五中隊長の森田利八大尉を自邸へよぶ。状況の聴取である。宮はすでに天皇とは会ってきていた。宮からは、「首謀者は自決せねばならぬ」（安井藤治「備忘録」松本清張編『二・二六事件＝研究資料』Ⅰ）等々の意見がのべられた。森田はそれらをメモし、歩三連隊長渋谷三郎大佐へ報告する。渋谷は森田をともない、上級機関の第一師団司令部へおもむく。

ちょうど、決起側が徹底抗戦に転じたころである。陸軍当局は焦慮のさなかにあった。師団長堀丈夫中将、師団参謀長舞伝男大佐、陸軍省軍事調査部長山下奉文少将らがまっていた。森田にいわせる（松本清張『昭和史発掘』11）と、メモされた秩父宮の私見は、その場で、森田の反対を押し切り、堀や山下によって令旨《りようじ》として決起側へつたえられることにきまる。「偉い人も策が無かったから、とびついた。一挙に帰順させるため」（同上）であった。

まず、午後七時ごろ、森田と山下、渋谷ほかが野中四郎大尉らのいる鉄道大臣官邸に「令旨」をたずさえていった。しかし、説得は失敗。つぎに、森田は渋谷とともに、まだ料亭幸楽に陣取っていた安藤のところへいく。だが、安藤も、「楠公《なんこう》の心境だと自分のことを語り、『いかに森田さんがいってくれても、後へは引かん』と」（同上）拒絶。決起側の逆転劇の主因がかれの抗戦意思にあったことはのべた。「楠公の心境だ」は、宮にしたがえない安藤の断腸の思いを物語っていようか。「令旨」をつくりあげ、皇室の権威を借りた焦慮の帰順工作は、かくして水泡に帰した。

似たようなことを、陸軍省軍務局軍事課長の村上啓作大佐もなしている。同二十八日の午後二時ごろ、徹底抗戦にそなえる安藤をおとずれ、「そんなに激昂するな。維新の大詔が渙発《かんぱつ》せられる一歩前まで来て居るのだと云って、大詔の案を見せ」（安藤・公判調書）るのである。大詔とは維新をなすという天皇の号令である。昭和維新をうたう決起側の意思と符合する案をもっての説得である。しかし、これも無におわっている。

もともとその案文は、まだ決起側が優勢だった二十六日の正午ごろ、大詔渙発を予想した村上が軍事課員の岩畔豪雄《いわくろひでお》、河村参郎《かわむらさぶろう》の両少佐に起案を命じたもので（岩畔「『維新大詔』について」河野司編『二・二六事件』）、正式なものではない。事態の推移のなかでそのままになっていたものを、説得の方便としてもち出したようだ。二十七日午前五時ごろ、帝国ホテルでの会談後、陸軍大学校教官満井佐吉中佐も維新大詔の渙発へむけたうごきをみせている（満井・予審訊問調書、村中孝次「続丹心録」河野司編『二・二六事件』）。

革新思想をそれなりに理解していただろう秩父宮が、安藤ら決起将校にたいし、「自決せねばならぬ」ときびしくのぞんだ理由はわからない。事件の「首謀者」ゆえに泣いて斬り捨てたのか。国家の安《あん》寧《ねい》の優先か。あるいは革新色の払拭か。

ともあれ、宮は、早い時点から、決起側にきびしく臨んでいたようだ。事件を知った直後、大隊長室で部下の及川恒雄少尉らにこうのべたという（保阪正康「秩父宮雍仁親王」（後編）『史』一〇一）。「今朝、将校たちが陛下の命に背き、兵を動かして過激な行動に出た。おまえたちは決して同調してはならない。軽挙盲動は慎むように」。

二十八日の午後、秩父宮の姿は「宮城堤上」（前掲『本庄日記』）にあった。高松宮ら数人の皇族もいっしょだった。「［決起］部隊占拠の状況を視察」（同上）していたのである。はたして宮の胸中を去来するのはいかなるものだっただろうか。

3　成算はあったか

漠然とした建設色

皇道派青年将校たちの決起の目的と理由は「蹶起趣意書」にうかがえる。「元老、重臣、軍閥、財閥、官僚、政党等」を「誅滅《ちゆうめつ》」する。これらこそ、天皇と国民の間にあって「国体の擁護開顕《かいけん》」をさまたげる「元凶」だとみていたからである。

では、「誅滅」のあと、どうするのか。「国体の擁護開顕」・天皇親政を旨とする国家建設の青写真はあったのだろうか。以下は、決起の主動組中の、栗原安秀、磯部浅一、村中孝次という首謀者三人（村中・公判調書）の公判廷での供述である（各人・公判調書）。

栗原、「同志一同が決定したる建設計画はありません」。

磯部、建設の事は「考えません。只《ただ》、私共は不臣の徒を討取《うちと》る丈《だ》けでありました」。

村中、「当初より或る構図を画き、其の実行を図ったものではありません」。

そして、首謀者とはいえないが主動組の安藤輝三も、公判において、「不義を討つことに重点を置き、全く建設計画を考慮せず、と云うのは自分の腑に落ちぬ」（安藤・公判調書）ところだったと、それを裏づける。

国家建設のプランニングは天皇の権限である。とすると、青写真の提示は天皇大権の私議になる。

「国体の擁護開顕」・天皇親政をうたうかれらに、これはタブーであった。だから、いきおい、右のように精神主義的にならざるをえなかったのだろう。しかし一方では、天皇の軍隊を勝手に動員するという大権私議を侵しているのである。

だが、ほんとうに建設計画はなかったか。栗原は前引のくだりにさきだって、「同志共、建設計画の大原則は日本改造法案大綱にあるが如きものを予想して居」（栗原・公判調書）た、とのべる。「同志共」はオーバーだが、じつは栗原にはそれなりの青写真があったようだ。具体的には、皇道派の領袖たる「『軍事参議官真崎甚三郎』大将を中心とする」「軍部中心の強力内閣を樹立して昭和維新の御詔勅を受けること」（栗原・予審訊問調書）である。しかも、「決行すれば軍首脳部は動く」（同上）と読んでのことだった。実際、「陸軍大臣告示」にみるように、決起当初はその方向への兆しもあった。

ただし、栗原は、真崎内閣を一時的な仮政権とかんがえていたらしい。歩兵第一連隊から決起した池田俊彦は、のち、栗原が二月二十七日の朝にこう語ったと回想する（池田「栗原安秀中尉」『史』一〇〇）。「真崎大将が新内閣を作ると思うが、これは所謂《いわゆる》ケレンスキー内閣で、我々はこれを倒して新しい真の維新内閣を作らねばならぬ」。もっとも、そうではなく、栗原は真崎政権を、台湾軍司令官柳川平助中将のような皇道派将軍を首班にもつ「ケレンスキー内閣」後の「真の維新内閣」とみていた、と解しうる証言もある（和田日出吉「雪の叛乱司令部一番乗り」『文藝春秋臨時増刊』三三巻一一号）。

真崎内閣がロシア二月革命の「ケレンスキー内閣」ならば、「真の維新内閣」とはなにか。すくなくとも、栗原においては、「青年将校政権」「革命政権」と答える（前掲『昭和期日本の構造』）のがもっとも妥当だろう。

じつは、磯部も、真崎内閣を「ケレンスキー内閣」視していたふしがある（真崎の憲兵聴取書における磯部・引用陳述）。「維新内閣の成立を見る迄、過渡的内閣として真崎内閣を適当と考えたに過ぎません」。しかし他方では、「新政府樹立の如き企図を私共が持って居りましたらならば、行動対象も全然私共のしたものと異なって来ねばならぬ筈であります」（磯部・予審訊問調書）とのべてもいる。

そして村中にも、真崎内閣について微妙ないい回しがみえる（村中・予審訊問調書）。「事態の収拾に関し、真崎大将又は柳川中将等が内閣の首班に列する事は元より妥当の事と思いますが、私等は左様な内閣を樹立する目的を以て蹶起したのではありませせぬ」。

ちなみに、二・二六事件を裁いた軍法会議の検察官匂坂春平《さきさかしゅんぺい》の残したいわゆる匂坂資料が一九八八年に話題になったとき、そこに収録された「首相　真崎」などと記す仮政府閣僚プラン（「所謂仮政府に関する情報の一例」）も脚光をあびたことがある。しかし、これは、それより一一年もまえに筒井清忠「北一輝と二・二六事件──『日本的クーデター』の政治社会学的考察」『人と思想・北一輝』（のち前掲『昭和期日本の構造』に所収）によって紹介されており、別段新発見とはいえないものである。

つまるところ、建設計画はあったともなかったともいえる。空漠さと一体をなす抽象レベルにおいてはあった、実効性・具体性という意味からすればなかった、といっていい。計画実現の手段でもあったはずの上部工作が功を奏するようなものでなかった事実は、「なかった」というほうの証左となろう。

クーデターの実効性

事件のクーデター性については、精緻な筒井清忠の論考がある（前掲『昭和期日本の構造』）。そこでは、政治的変革を期す決起側の「思考」と方法の有効性が、「暗殺、上部工作、占拠地域、部隊配置」などを手がかりに検証されている。

これに寄せ、かつ、前項の真崎甚三郎内閣云々のくだりを念頭において記せば、決起側は成功のために最小限つぎの順路をたどる必要があったといえる。①国体破壊の「元凶」の「誅滅」、②政治上の中枢地域の排他的確保、③暫定内閣の樹立。そして、このあとの段階としては、事態の収拾があげられよう。

決起側は成功をめざし、この順路を追った。①が岡田啓介総理大臣ら「元凶」への襲撃と、「見当り次第斬殺すべきものの人名表」による参謀本部第一（作戦）部第二（作戦）課長石原莞爾大佐ほかの殺害、②が首相官邸など永田町一帯の占拠、③が侍従武官長本庄繁大将ルート以下の四経路の上部工作、である。

ここからすると、決起側は見通しをもち、建設計画も有していた、と解されなくもない。しかし、もはや明らかなように、②はともかく①と③にあって、そう解するには必要な周到な準備と詰めのある計算がなかった。

磯部浅一は次のように悔やんでいる（前掲「手記」）。「暴動は技術なり。指導者は技術的な脳頭《ママ》を要す（惜し《ママ》哉《かな》　吾等の同志は義士にして策士にあらざりき）。　イ　湯浅《ゆあさ》［倉平《くらへい》］宮相［宮内大臣］を討つ為めの兵力使用計画、　ロ　一木《いちき》［喜徳郎《きとくろう》］枢相［枢密院議長］を討つ為めの兵力使用計画、　ハ　牧野《まきの》［伸顕《のぶあき》前内大臣］襲撃の為めの兵力使用計画、　ニ　［元老］西園寺［公望］襲撃の副計画、　ホ　陸軍省参謀本部在勤将校の集結処置並び之が襲撃計画、　ヘ　市中暴動化の計画、　ト　正義派要人に対する工作計画、等《とう》技術的方面に於て研究不充分の点多かりし為、尊王討奸《ママ》の目的を果すこと能《あた》わざりき」。

たしかに、湯浅ら宮中グループへ目配りした〝頭脳〟がさらにあったなら、事態は決起側有利のうちに展開していたともいえよう。決起側の望む後継内閣の樹立が阻止されたのも、事件の第一報に「困惑、呆然」状態だった天皇が強硬鎮圧路線に走るのも、宮中グループによるところがおおきい。

ところが、決起側の実際はあまかった。決起後すぐ、青年将校たちは「蹶起趣意書」をかかげ、陸軍首脳に「陸軍大臣に対して要望すべき事項」をつきつけた。そして、回答待ち・譲歩待ちの守勢にはいった。そこまではよい。しかし、クーデターの「待ち」にあっての定石、すなわち、「待ち」に時間をかけず、状況次第でただちにつぎの殲滅《せんめつ》戦に転ずることをしなかったのである。

首謀者のひとり、栗原安秀中尉にしても、「話合を待つという考え」(栗原・公判調書)でいた。占拠直後の首相官邸で、再攻撃の有無を問う中外商業新報記者の和田日出吉に「いや、一段落です。済みました」(前掲「雪の叛乱司令部一番乗り」)と答えている。決起側は、右の定石を知ってか知らずか、守勢をつづける。

そうこうするうちに、天皇をはじめ当局側は当初の驚愕と動揺から立ち直り、態勢をととのえてしまう。その結果、決起側は重包囲に陥り、もろくも鎮圧されるはめになる。

ただ、その守勢は標榜した「国体の擁護開顕」・天皇親政からすれば、必然だったともいえる。「待ち」から出て、つぎの殲滅戦に転じ、標榜するところを自らの手でかなえれば天皇の権限を侵す大権私議となる。余儀なくされた守勢に、二・二六のクーデターとしての限界がうかがえる。

事件後、村中孝次はこう吐露したようだ（塚本定吉「軍獄秘録」『日本週報　私の見た日本の秘密』2）。「勝つ方法としては上部工作などの面倒を避け、襲撃直後すかさず血刀を提げて宮中に参内し（略）あの蹶起趣意書を天覧に供え目的達成を奏願する。（略）この方法は前から考えていたことだが、いよいよとなると良心が許さない。気でも狂ったら別だが、至尊《しそん》［天皇］強要の言葉が恐ろしい」。

確たる指揮官を欠いたことも、クーデターの定石外である。村中はのべている（村中・予審訊問調書）。「指揮関係に付ては予め何にも決定して居りませぬ」が、二十七日に出た配宿命令以前は「香田［清貞大尉］、磯部、私が」、以後は、「重要な事は野中［四郎大尉］、香田、磯部、栗原等で協議の上、各方面に指令を出す様にして居たのであります」と。

とはいえ、この集団指揮さえ、その一員にあげられる栗原が公判時にこう語る程度のものでしかなかった（栗原・公判調書）。「軍首脳者等との折衝の経過に付て（略）始めて知ることが多い」。磯部のさきにみた悔いにも指揮官不在は落ちている。

この不在も、クーデターとしての二・二六事件のおおきな「技術的」欠陥である。決起したのが、主動組ほか四組にわけられる将校グループと、ほとんどは命令で動員された下士官兵からなる即製部隊であってみれば、なおさらそういえよう。

宮城占拠計画はあったのか

事件初日、二十六日の早朝、大蔵大臣高橋是清は殺害される。襲ったのは近衛歩兵第三連隊第七中隊の将兵で指揮官は中隊長代理の中橋基明中尉だった。それから中橋は、襲撃隊より外していた今泉義道少尉指揮下の六二名をひきい、「非常事件起りたるに付（略）控兵来れる旨を詐《いつわ》り告げて」（判決書）宮城の坂下門（宮内省正門）にはいった。「控兵」すなわち守衛隊控兵は、緊急時における宮城警衛赴援《ふえん》の近衛兵である。中橋はしかし、すぐに守衛隊司令官門間《かどま》健太郎《けんたろう》少佐にあやしまれ、単独でそこを離脱。こんどは、朝日新聞社の襲撃にくわわる。

中橋によれば、坂下門確保の目的は、皇道派の「[侍従武官長本庄繁大将]以外は、（略）特に奸臣は絶対に通過せしめない」（中橋・予審訊問調書）ことにあった。通過は本庄のみ、とするところをみると、さきにみた本庄ルートによる上部工作のためだったろうか。陸軍大臣川島義之大将ルートの確保目的を思わせる見解もある（前掲『昭和期日本の構造』）。

だが、坂下門だけを押さえても、「奸臣」を「絶対に通過せしめない様」にはできないはずだ。同門は平河門や乾《いぬい》門（宮城通用門）などとならぶ一門にすぎない。現にこの日、迫水久常首相秘書官は平河門、小原直《おはらなおし》司法大臣は桔梗《ききょう》門からはいっている。判決書によると、この通過阻止については、決起側は「絶対」としていたのではなく「為し得れば」程度であったと捉えている。

坂下門をねらった理由は、このようにはっきりしていない。そんななかで、宮城を制圧するためだったとする説がある（松本清張『昭和史発掘』10）。引き込まれ組の決起将校だった清原（のち湯川）康平も、同趣旨のつぎのような回想をする（湯川「二・二六事件と西園寺公」『文藝春秋』一九六七年六月号）。

まず、①中橋隊が坂下門を押さえる。つぎに、②中橋隊から警視庁占拠の野中四郎大尉隊に信号を送る。清原少尉が「点滅」によるその信号を同庁屋上でうける。③「信号があり次第、安藤［輝三］大尉が兵を率いて宮城に入」る、という手筈であった。坂下門の確保は宮城占拠＝昭和維新成就の前提だったというわけである。

そして、①は偽計によって一時的に成功、②は着手未遂に帰する。ここまでは事実である。検察側が裁判にかけるために提出した将校グループの公訴状はつぎのように記している。「中橋基明は（略）詐《さ》言《げん》を弄し（略）同門を扼《やく》し予《かね》て申合せたる警視庁占拠の叛徒と通信せんが為、正門南側の土塁に上り、信号せんとしたるも怪まれて目的を達せず、同［二十六日］午前八時頃私《ひそか》に宮城正門を脱出」。

とはいえ、①の、中橋による坂下門の確保はもともと無理といえる。「詐言」も、すぐに「疑惑を［門間］司令官が抱」（中橋・公判調書）く程度のものだった。また、武力で制圧しようにも、ひきいた控兵六二名では約三〇〇名の守衛隊にかなうまい。乾門のすぐちかくの兵営には近歩第一・二連隊もいた。それに、決起用に準備された弾薬を中橋は控兵に渡していないのである（中橋および今泉・公判調書）。要するに、本気なのかと疑えるような、坂下門確保の実行行為であった。

②の信号による通信については、公判時の清原は「知りません」（清原・公判調書）と全面否定である。これは、実際とも、かれのさきの回想とも異なる。栗原安秀によれば、信号の手段は手旗であり、清原の回想にある「点滅」ではない。栗原は予審廷で「野中部隊が警視庁屋上から中橋中尉は宮中の号砲台の上から、手旗信号を送ることになって居」（栗原・予審訊問調書）たと明言する。しかし、だからといって、手旗通信を宮城占拠隊誘導のためのものとはみなせない。いまのところ証拠資料がどこにもないのである。早計はさけたい。

清原は警視庁占拠隊の野中四郎大尉の配下にあった。清原に警視庁屋上の占拠を命じたのも野中（清原・公判調書）だった。とすると、宮城突入隊を③のように安藤隊とするのは不自然である。しかも同隊は三宅坂一帯に展開中だった。あえて突入隊をいうならば、野中隊のほうだろうか。

実際、野中隊を宮城突入隊とみる説もある（前掲『昭和史発掘』10）。同隊が約五〇〇名の多数だったことから、警視庁占拠のみにしては過大だというわけである。しかし、当時の警視庁は、一般警察官のほか、いまの機動隊に似たおよそ三〇〇名の特別警備隊いわゆる新選組を擁する実動組織だった。とすれば、五〇〇名の兵員を投じてもふしぎはない。野中隊＝突入隊説は、さしあたって、推測の域にとどまろう。

宮城占拠計画をみとめるにはかなりの勇気がいる。栗原は、案としてはあったが、「宮中に向けて彼《かれ》是《これ》するのはよくないというので遣《や》らぬことになった」（栗原・予審訊問調書）とのべている。

たしかに宮城占拠は、青年将校らの期する維新・改革のためには上策だろう。天皇を手中におさめることで、国家改造をおこなう究極の戦術となる。だが、これも大権私議であり、天皇を奉ずるかれらには禁じ手である。青年将校たちは、ほんとうに、実効的な宮城の占拠を考えていたのだろうか。

六　軍法会議の開催

1　東京陸軍軍法会議

軍法会議は戒厳と無関係

戒厳は「戦時若《も》くは事変に際し兵備を以て全国若くは一地方を警戒する」（「戒厳令」第一条）必要のあるとき、宣告される。当該地での立法・行政・司法各事務の全部もしくは一部が軍の権力に委ねられ、そのかぎりで国民の権利の保障はストップする。

戒厳は「大日本帝国憲法」第一四条に根拠する「戒厳令」にもとづく。この憲法上の戒厳は合囲《ごうい》地境《ちきょう》戒厳と臨戦地境戒厳にわかれる。前者は敵の合囲や攻撃などの急迫した危険下、後者は前者よりも急迫度の劣る危険下の区域に布かれる。しかし、そうした事態にいたらないとき、換言すれば「戦時若くは事変」でない場合でも、警察力だけでは不安なとき、「兵備」による治安対策の目的で特定の地域に「戒厳令」の一部を施行するという方便が用いられる。

その方便の採否と適用条項や対象地域の選択は、行政府（政府）がおこなう。だから、この方便によるものを行政戒厳とよぶ。また、緊急勅令によることから緊急勅令戒厳ないしは勅令戒厳、もしくは「戦時若くは事変」下でないことから平時戒厳とも称する。これは、厳密には「戒厳ということは出来ぬ」（鵜飼信成『戒厳令概説』）ものである。

二・二六事件で布かれたのがこの行政戒厳である。事件二日目の二月二十七日に、緊急勅令・昭和十一年勅令第一八号「一定の地域に戒厳令中必要の規定を適用するの件」が、東京全市に公布・施行された。枢密院の本会議での平沼騏一郎《ひらぬまきいちろう》同院副議長によれば、「事態の推移如何に依りては、今日の警察力にては到底之《これ》が取締を為すこと能《あた》わざるに至らん」（枢密院「一定の地域に戒厳令中必要の規定を適用するの件会議筆記」）がためだった。

適用されたのは「戒厳令」の第九条と第一四条である。他方、同年勅令第二〇号「戒厳司令部令」をもって戒厳司令部が設置された。司令官は東京警備司令官の香椎浩平《かしいこうへい》中将が兼補した。戒厳司令官は軍隊のほか、第九条により、地方行政・司法各事務の一部を権限内におき、警視総監や東京府知事、東京刑事地方裁判所長等々の地方官憲を指揮することになる。集会結社や銃砲弾薬の所持などの自由を制限する第一四条も、最終的には全号が執行された。

戒厳の解止は約五か月のちの一九三六年（昭和十一）七月十八日である。解止の理由を、陸軍大臣寺内寿一《てらうちひさいち》大将は枢密院本会議でつぎのようにのべた（枢密院「昭和十一年勅令第十八号一定の地域に戒厳令中必要の規定を適用するの件廃止の件会議筆記」）。「現在に於ては戒厳令適用条項も極めて少く、而《しか》も其の大部分は治安警察の作用に依りて充分に其の目的を達し得べきものなるのみならず、警備兵力も殆ど変動なきに由り」云々。

さて、戒厳下の軍法会議である。これは、戦時もしくは事変下で、しかも敵の合囲や攻撃などの急迫した危険のあるときに布かれる合囲地境戒厳のときにしか設けられない。この軍法会議を合囲地軍法会議という。しかし、日本では合囲地境戒厳は一度も布かれたことはなく、したがって合囲地軍法会議の設置もなかった。臨戦地境戒厳、そして二・二六事件時のような行政戒厳では、戒厳による軍法会議は開設できない。

二・二六ではたしかに、事件を裁くためだけの軍法会議である東京陸軍軍法会議が設けられた。しかも、行政戒厳とはいえ、時期は戒厳下である。ここから、この軍法会議は戒厳に付随したものという誤解がこれまでも生じてきた。もっともおおきな原因は、事件時の戒厳が行政戒厳だったという認識の欠如、もしくは行政戒厳と合囲地境戒厳の混同だろう。

このことは、すでに九二年（平成四）に指摘した（北博昭「戒厳と東京陸軍軍法会議」『史』七八）。しかし、その後も誤りはみられる。事件では、「『戒厳令』（第十三条の『合囲地（戒厳令《ママ》が布告された地域）内に於ける軍衙裁判に対しては控訴上告を為すことを得ず』）の軍法会議を設けることに決定した」（高橋正衛「補遺」池田俊彦編『二・二六事件裁判記録』）、といったふうな叙述である。

事件の軍法会議すなわち東京陸軍軍法会議に関しては、法曹関係者の誤解もある。事件関与の民間人の捜査・取り調べを担当した木《き》内《うち》曾益《つねのり》はいわば当事者ではあるが、つぎのように回想している（対談「二・二六事件軍法会議」『経済往来』一九六八年二月号）。「戒厳令《ママ》が布かれれば当然裁判権は戒厳司令官の隷下に入るわけです」。当時の木内は東京刑事地方裁判所検事であったが、事件時の司法大臣だった小《お》原直《はらなおし》も戒厳令下の裁判について同じ誤解をしている（小原『小原直回顧録』）。ふたりの誤解については、すでに九三年に指摘している（北博昭稿無題・伊藤隆主宰『近代日本研究通信』19）。

二・二六事件での戒厳は行政戒厳であった。この戒厳に依拠する軍法会議というものはありえない。だから、戒厳が布かれても「裁判権は戒厳司令官の隷下に入」ることはない。事件を裁いた東京陸軍軍法会議は「『戒厳令』（略）の軍法会議」ではなく、戒厳とは無関係である。

なお、合囲地境戒厳下の合囲地軍法会議つまり戒厳にともなう軍法会議は、戒厳解止の宣告により、同時に廃止となる。ところが、二・二六事件の場合、軍法会議の廃止は戒厳解止二年後の三八年（昭和十三）の四月九日である。ここからも、二・二六事件の軍法会議が戒厳と無縁だったことがわかろう。

特設軍法会議ではない特設軍法会議

事件三日目の二月二十八日、陸軍省は翌日付けの「事件処理要綱」を作成する。そのなかで、「東京陸軍軍法会議（緊急勅令）に於て厳罰主義に依り速《すみやか》に処断す」がきめられた。決起側に致命的な奉勅命令の下された日だった。要綱作成の主なメンバーは同省軍務局軍事課の高級課員武藤章《むとうあきら》中佐以下、同課の吉田喜八郎・高嶋辰彦・田村義富の各少佐である。

そして、ただちに、その緊急勅令案の本格的な起案がはじまった。武藤、同省軍務局兵務課長西村琢《にしむらたく》磨《ま》大佐、同省大山文雄《おおやまあやお》法務局長が大綱を検討した。それをふまえ、同日夜から、大山がリードして法務局でおもに上席局員匂坂春平《さきさかしゅんぺい》陸軍法務官、局員で陸軍書記官を兼任する日高巳雄《ひだかみのお》陸軍法務官が協議をなす。内閣法制局とも連絡がとられた（前掲「東京陸軍軍法会議の設置と陸軍省法務局」）。

ほどなく、緊急勅令案「東京陸軍軍法会議に関する件」全六条ができあがり、三月一日、閣議に提出、翌日の枢密院審査委員会、四日の同院本会議を経て、原案どおりに可決した。そして、その四日、全六条は同名の緊急勅令・昭和十一年勅令第二一号となり、公布・施行された。二・二六事件だけを管轄する東京陸軍軍法会議なる特設軍法会議の登場である。

ねらいは「厳罰主義に依り速に処断す」にあった。大山は「陸軍省には普通の裁判をしたくないという意向があった」（前掲『昭和史発掘』12）と述懐する。厳罰かつ迅速な処分の要請と「普通の裁判」の拒否、である。これに対応できるのは特設軍法会議しかない。この軍法会議が、軍の利益を極度まで優先するうえに、非弁護・非公開・一審終審制という峻厳な性格をもつからである。

ところが、法定の特設軍法会議、すなわち合囲地軍法会議や動員による編成部隊に必要におうじて設けられる臨時軍法会議など六種では、二・二六事件に対応できない。事件は合囲地境戒厳下のものではなかったし、あるいは、特設軍法会議の設置は戦時事変下を要件とするのに、同事件が平時の事案だったからである。また、容疑者が所属先を異にする多数だったこともあり、どの特設軍法会議を設ければよいかといった身分や場所の管轄権などの問題もあった。

このままでは、陸軍の軍法会議の設置根拠たる「陸軍軍法会議法」により、軍人は常設軍法会議、民間人は普通裁判所の管轄となってしまう。いずれも、弁護人つき・公開・複審制で、特設軍法会議ほど軍優先とはゆかない。これでは、右の意向にあわなくなる。

これを解決するには、容疑者の所属や身分、そして設置における戦時事変の如何などを問わず、事件のすべてを管轄する「峻厳な」特設軍法会議をあらたに設けるしかない。「陸軍軍法会議法」上の右の特設軍法会議のほかに、である。こんなわけで、さきの手順と可決を経て東京陸軍軍法会議はうまれた。

勅令第二一号の第六条には「陸軍軍法会議法の適用に付いては之を特設軍法会議と看做《みな》す」とある。つまり、この軍法会議は「看做《みな》す特設軍法会議」（北博昭「二・二六事件と陸軍省法務局長大山文雄」『軍事史学』六〇）であった。

ところで、軍法会議の設置はすべて法律によらなければならない。「大日本帝国憲法」第六〇条による。したがって、東京陸軍軍法会議の開設にも、「陸軍軍法会議法」の改正もしくは新法律の制定が必要となる。それには帝国議会の協賛もいる。だが、このとき、議会は閉会中だった。しかし、陸軍当局は「厳罰主義に依」る「処断」を急いでいた。

そこで、「大日本帝国憲法」第八条にいう「法律に代るべき」緊急勅令の形式が採用されたのである。同条の採用要件は、「公共の不安なからしむる為め極めて敏速なるを要」（枢密院「東京陸軍軍法会議に関する件会議筆記」）する等々として、乗り越えた。これは枢密院本会議における荒井賢太郎審査委員長の説明であった。

東京陸軍軍法会議は、法律上のいわば正規の特設軍法会議ではない。その性格を借り、しかも「異常の変に処する為の権道《けんどう》」（美濃部達吉『逐条憲法精義』）たる緊急勅令による「看做す特設軍法会議」だった。だから、たとえば管轄権が全被疑者におよんでも「特設軍法会議本来の趣旨に反するもの」（大江志乃夫『戒厳令』）とは断じがたいのである。

たしかに強引な「看做す特設軍法会議」である。荒井も同じ本会議で、「万一被告人に同情する者あらば此の裁判手続に不満を抱き再び憂うべき事態を発生すること無しと謂《い》」（前掲「東京陸軍軍法会議に関する件会議筆記」）えない、とのべている。東京陸軍軍法会議の「権道」的な設置は、事件の徹底的な処断、ひいては皇道派一掃のための統制派主導によるカウンター・クーデターの先陣だったともいえる。実際、裁かれた村中孝次はつぎのように記している（村中「同志に告ぐ」河野司編『二・二六事件』）。「現陸軍は特設軍法会議なる妙案を考案し、この秘密裁判の下に凡ゆる暗黒政治を敢行し、反対派の清算、維新勢力の弾圧を続行せり」（傍点筆者）。

東京陸軍軍法会議は一九三八年（昭和十三）四月九日に廃止された。だが、裁判が終了したのは、真崎甚三郎予備役大将へ判決のあった前年九月二十五日である。このズレにつき、当時の陸軍省法務局員で陸軍法務官沖源三郎《おきげんざぶろう》のち陸軍法務大佐は、「残務整理」・関与した民間人対策・「共鳴事犯発生への警戒」のためであった、と説明している（沖書簡、一九九〇年十月）。

暗黒裁判か

一九三六年（昭和十一）四月二十八日に、村中孝次ら二三名の将校グループにたいする第一回公判が開かれた。東京陸軍軍法会議の二・二六事件裁判のはじまりである。以後、裁判は、真崎甚三郎予備役大将への判決日までおよそ一年半つづく。決起の直接行動者は一四八三名。うち、一一二三名が起訴され、七六名が有罪、無罪は四七名。非直接行動者の数は定かでないが、起訴者数は四二名。そのうち、有罪二五名、無罪一六名。自決による公訴棄却一名であった（前掲「二・二六事件記録」から算出）。

この裁判につき、反乱者を利す罪で禁固五年に処された斎藤瀏《さいとうりゅう》元予備役少将はこう酷評する（前掲『二・二六』）。「弁護人もつけず、公開はせず、而《しか》も一審で裁いて了《しま》う構成である。私が闇裁判という所以である」。つまりは暗黒裁判だ、というのである。

しかし、「看做す特設軍法会議」とはいえ、東京陸軍軍法会議はそれでも特設軍法会議であった。とすると、右の「弁護人もつけず」以下の非弁護・非公開・一審終審制はいわば〝あたりまえ〟のものである。したがって、これらをもって、そこでの裁判を「闇」とか暗黒とかと評するわけにはゆかない。

とはいえ、村中もまた、「暗黒裁判の数例を挙げ」（前掲「同志に告ぐ」）ている。その筆頭は、「公判に於て、吾人蹶起《けつき》の真精神に就《つ》いては口を封じて云わしめず、行動のみを審理せり　最後に蹶起事情を問いしも十分に意を尽さざらしむ」である。かれには、なにをしたかよりも、なぜしたかのほうに比重があったらしい。政治的変革を動機とするゆえの政治犯、つまりは確信犯と主張したかったのだろうか。

確信犯では、原因や動機のほうが行為事実より重要なポイントとなる。主動組の他のメンバーである磯部浅一、栗原安秀、安藤輝三、香田清貞も最終陳述で確信犯的な主張をなしている（各人・公判調書）。国内の「亡状に憂心転《うた》た禁ずる能《あた》わず」「国体の擁護開顕」（「蹶起趣意書」）のため、身を挺して起《た》ったかれらにしてみれば、「云わしめず」「尽さざらしむ」の思いはたしかにあっただろう。

しかし、裁判は「看做す特設軍法会議」を設けてまでの強硬なものだった。確信犯性の検討の余地なぞ、およそなかったはずである。だから、審理の重点は行為事実におかれ、原因や動機については二の次になるのはとうぜんだったとも解せよう。

じつは、当局側も暗黒裁判の評を気にしていたようだ。真崎の裁判ほかの裁判官だった、当時の陸軍法務官小《お》川《がわ》関《せき》治《じ》郎《ろう》はこう語っている（小川「二・二六事件秘史」高橋正衛編『現代史資料』23）。「予審のみならず公判までも刑務所構内で開くときは全く暗黒裁判なりとの非難を受くることなきを保し難い」。予審廷は、第一師団軍法会議のものをつかえばよかったのだが、護送・警備上の配慮から将校グループなどを拘禁する東京衛戍刑務所内にバラック建てされた。ところが、公判廷は近接する代々木練兵場の一角に仮設されている。小川の弁は、同練兵場に仮設したわけをのべたものである。

ちなみに、仮設の公判廷は四月中旬に完成している。将校グループを皮切りに、二・二六事件の公判はここで開始された。ただし、三七年六月一日にはじまる最後の真崎裁判だけは第一師団軍法会議の公判廷だった。同年四月二十九日の天皇誕生日すなわち天長節での観兵式を、「〔代々木〕練兵場でするに付、夫《そ》れ迄に公判廷を取毀《とりこわ》ししなければなら」（東京衛戍刑務所「真崎甚三郎獄中接見録」高橋正衛編『現代史資料』23』）なかったのである。

二・二六事件の公判は迅速で厳罰主義が前提であった。本来的な常設軍法会議における裁判を排除した「権道」的なものであった。これは、粛軍のみならず、政治の変革まで視野におさめた統制派の、裁判にも期したカウンター・クーデター性によるといえるだろう。とすると、この裁判は、暗黒裁判というよりも政治裁判と捉えるほうがよいと思われる。

2　将校グループは重罰

反乱罪の成立

一九三六年（昭和十一）の三月四日、東京陸軍軍法会議は設けられた。前節でものべたように二・二六事件を管轄する「看做す特設軍法会議」である。事件の容疑者すなわち軍法会議でいう被告人は、この日よりのち、同軍法会議の検察官へ送致されることになる。

それまで、被告人たちは、警察・憲兵隊経由で所定の師団軍法会議の検察官へ送られていた。東京陸軍軍法会議ができると、師団軍法会議は勾留中のかれらをそこへ移送した。設置の根拠である「東京陸軍軍法会議に関する件」の第四条にもとづく。

たとえば、三月の五日には東京の第一師団軍法会議から香田清貞ほかが、同二十八日に名古屋の第三師団軍法会議より鈴木五郎一等主計などが、四月九日には金沢の第九師団軍法会議から民間人の宮本正之（正久）らが、移送された。

東京陸軍軍法会議の検察当局は事件を「陸軍刑法」第二五条の反乱罪とみた。判決も同じだった。この条は、第一号の首魁、第二号前段の謀議参与もしくは群衆指揮、同号後段の諸般の職務従事、第三号の付和随行の罪からなる。

第二五条は、反乱罪の構成要件を「党を結び兵器を執り反乱を為す」こと、と定める。この三要件につき、三八年に、陸軍書記官兼陸軍法務官日高巳雄はつぎのように説明している（日高「軍刑法」末弘厳太郎編『新法学全集』一九）。かれは、陸軍省法務局段階での「東京陸軍軍法会議に関する件」の成案作成にくわわっている人物である。「所謂《いわゆる》党を結ぶとは多数の者が共通の目的の為に共通の意思を以て相《あい》団結するの謂《いい》で、所謂兵器を執るとは現に我軍に於て使用し居ると否とを問わず銃砲刀剣等戦闘の用に供する為に作られた器具を使用することで、所謂反乱を為すとは暴行脅迫を以て兵力又は官憲に反抗するの謂」。

これに照らせば、二・二六事件はまさしく反乱罪となる。つまり、将校グループ、ことさら主動組の栗原安秀中尉らは、昭和維新という「共通の目的の為に共通の意思を以て相団結」して軍隊を動員し、「銃砲刀剣等戦闘の用に供する為に作られた器具を使用」し、「暴行脅迫を以て」内閣総理大臣岡田啓介や陸軍大臣官邸などを襲って「官憲に反抗」したのである。

なお、反乱罪には、普通刑法の内乱罪と異なり、政府を倒したり領土を僭窃《せんせつ》（占領および領土主権の排除）したりといった朝憲紊乱《ちょうけんびんらん》の目的はいらない。行為は「公憤私憤何《いず》れに出《いず》る場合をも」（同上）ふくんでいる。

事件直後の三月十一日、憲兵司令官と戒厳司令官あてに陸軍次官から陸密第一九三号「叛乱に関する件通牒《つうちょう》」が出た。内容は、すでにみたように、決起部隊が「当該兵営を出発せる時機《ママ》より之を『叛乱』と認む」というものであった。

この通牒は、それなりにうなずける。つまるところ、反乱とは集結した多数人による官憲への反抗である。とすれば、「兵営を出発せる時機」が反乱罪の実行の着手、軍隊をもってなした岡田啓介ら国家の複数の要人や機関への襲撃終了が反乱罪の完成ともいえる。

なるほど陸軍当局には、決起側を容認するような「陸軍大臣告示」の下達、あるいは官軍あつかいとなる戒厳部隊への編入といった行為があった。主動組の磯部浅一は、反乱というのなら、決起部隊を一度は「何故《なぜ》戒厳軍隊に入れたのだ」（磯部「獄中手記」（三）河野司編『二・二六事件』）と憤る。

だが、それらはすべて襲撃終了後の行為である。それ以前の段階で、すでに反乱罪は成立している。磯部の抗議も、当局の無定見さへの指弾の程度にとどまっている。せいぜい、情状酌量がつくかどうかといった次元の問題であろう。

決起側が問われた「反乱」は大逆の類いではない。事実、磯部たちも、天皇の逆徒として裁かれたのでなかった。それを思わせる「叛乱」のニュアンスは、かれらにはなじまない。

事件では一六五名が起訴された。直接行動者一二三名、非直接行動者四二名である。そうして、かれらは計二三のグループにわけられ、裁かれることになる。

公判廷

二・二六事件の公判のはじまりは、すでにみたように、一九三六年（昭和十一）四月二十八日である。この日は二三名の将校グループにたいする第一回公判だった。かれらは、東京陸軍軍法会議では将校班とよばれ、決起の中心層とみなされた。

判決の言い渡しは、第二五回公判の同年七月五日だった。反乱罪の諸般の職務従事で二名が有期禁固、同群衆指揮で五名が無期禁固。首魁とされた栗原安秀ら主動組全五名、謀議参与の三名および群衆指揮の八名、計一六名が死刑であった。無罪はなし。一審終審だから、これで確定である。

公判開始から三か月弱で、約七〇%の死刑。まさしく、迅速・厳罰である。大山文雄陸軍省法務局長は「真相を把握し至厳至烈公正適切なる判断を為《な》」(「法務局長より法務官以下に対する要望」原秀男・澤地久枝ほか編『匂坂資料』6)せ、とのべてはいた。だが、東京陸軍軍法会議は「事件処理要綱」の落とし子である。なによりも迅速と厳罰の枠内にあった。

証人の出廷もなかった。もっとも、出ていたという説もある(ねずまさし『現代史の断面・二・二六事件』)ことはあるが、磯部浅一の「証人調べがあった」(前掲「獄中手記」)云々といった、あいまいな記述に惑わされたものだろう。

判決はきびしく、確信犯性の斟酌《しんしゃく》なぞもなかった。「大命無くして断じて動かすべからざる皇軍を僭《せん》用《よう》し、下士官兵を率いて反乱行為に出《い》でしが如きは、赫々《かくかく》たる国史に一大汚点を印《しる》せるものにして、其の罪寔《まこと》に重且《かつ》大なりと謂うべし」(判決書)。

六月四日、第二三回公判で論告求刑があった。有期懲役の二名のほか、全員、死刑だった。「一同無言、同志に話しかけられると、何《な》に　死はもとより平気だと云って強いて笑わんとするが　その顔はゆがんでい」(前掲「獄中手記」)た。

論告求刑がおわると、最終陳述である。これは、翌日の第二四回公判までつづいた。「一人一人、別々」(前掲『生きている二・二六』)だった。各人各様の陳述のなかで、決起関与の中心からの距離を隔てるにともない、おおむね、心の揺らぎが多くなるようにみえる。確信犯的な開示もすくなくなってゆくようだ。このあたりに、決起部隊のにわかづくり性をみることもできる。

首謀者で中心にいた主動組の栗原と、いくどかふれた引き込まれ組の清原康平の最終陳述の模様をみておこう。求刑はともに死刑である。

栗原は「大権擁護の為本来の軍人の任務として独断専行、以て兵力を使用」（栗原・公判調書）したとして、「無罪であると思う」（同上）とのべた。まさに確信犯的である。そして、求刑当夜。「言う丈は言った。死んでも惜《おし》くない。人生の一頁はこれで終りです」（東京衛戍刑務所長「叛乱被告元将校等近況の件通諜」東京地検保管「二・二六事件記録」）。

一方、清原の最終陳述は、「もう一度世に出して頂き、不幸不忠の罪を謝し度《た》いと思います。何卒《なにとぞ》御寛大なる処分をお願致します」（清原・公判調書）であった。かれは予審の段階からすでに、「この挙を勧めた人達を怨んで居《お》る位であります。若《も》し今後社会に出得る様なことになれば」（清原・予審訊問調書）云々と、生の方向をめざしていた。だからか、求刑日の夜は、「正座合掌し、落涙し居れり」（前掲「叛乱被告元将校等近況の件通諜」）だったという。

栗原への判決は、さきにみたように反乱罪の首魁で死刑。清原は、群衆指揮による無期禁固であった。なぜ、判決でかれが死刑を減じられたかは不詳であるが、これに関し、清原はつぎのように回顧している（前掲「命令！　警視庁を占拠せよ！」）。

事件二日目の二十七日の①朝、自分は栗原の命令で華族会館を襲った。②「やれ」といわれていた貴族院議員原田熊雄を「刀を抜く気になれ」ずに見逃した。事件後、③この「行動に免じて、助命したらよいという話が出ている」といって、「裁判官」の「行徳」「法務中佐」が調べにきた。これで「命が助かる」と思った。

だが、清原が①華族会館に行ったのは野中四郎大尉の命令による宿営のためだった（清原・公判調書）。時間も昼ごろで、華族たちは「午餐《ごさん》を開いて居」（同上）た。この時刻、②原田は同会館にいなかった。原田は「午前十一時頃、鉄道省の自動車を借りて小田原まで行き、そこから汽車に乗って」（原田『西園寺公と政局』五）静岡県興津町に元老西園寺公望をたずねている。③裁判官は将校の判士と法務官からなるが、双方ともに「行徳」という者はいない。当時は「法務中佐」という官等もなく、全陸軍法務官中にもその姓はみあたらない。

右の回顧中の①②のくだりは転載されてもいる（前掲『昭和憲兵史』）。さらには、その転載が別の記述に用いられてもいる（前掲『昭和史発掘』11）。

いささか本筋から逸れてしまったが、③をふくめ、清原の右の回顧には疑問が多い。

他の直接行動者たち

将校グループの判決日と同じ一九三六年（昭和十一）七月五日、のこりのすべての直接行動者、四グループにたいしても、判決が言い渡された。

まず、内大臣斎藤実《さいとうまこと》・教育総監渡辺錠太郎大将・警視庁を襲撃した准士官と下士官のグループである。東京陸軍軍法会議では下士官甲班といわれる歩兵第三連隊の所属員ばかりで、四〇名。禁固一三年を最高刑とする有罪二七名、無罪一三名だった。

つぎに、総理大臣岡田啓介・大蔵大臣高橋是清・陸軍大臣官邸・侍従長鈴木貫太郎を襲った准士官と下士官の三四名。下士官乙班とよばれる。これは近衛師団司令部・近衛歩兵第三連隊・歩兵第一および同三連隊の所属員である。最高刑は禁固八年。有罪一六名、無罪は一八名であった。

両グループとも、反乱罪の諸般の職務従事の罪で処断された。その有罪率は、甲班約七〇％、乙班約五〇％とかなり高い。その理由は、かれら准士官、下士官が、兵営経験もゆたかで出動命令の正否を判断し切れないといいがたかったこと、また、たとえば近衛師団司令部の大江昭雄曹長のような国家革新思想をもつ積極的な参加者が複数いたこと、等々が斟酌《しんしゃく》されたためだろうか。

三番目が、斎藤・渡辺襲撃の歩三の九名と岡田襲撃の歩一の一〇名、計一九名の兵のグループ。兵班と称された。反乱罪の付和随行で、有罪三名。無罪は多く、一六名。有罪の最高も禁固二年執行猶予三年だった。兵は軍隊組織の最下層部で、命令によってうごかされるだけだから、仮に行為の違法性の認識があったにせよ、責任を問うのがむずかしかったのかもしれない。

最後は、前内大臣牧野伸顕を襲ったグループである。牧野が神奈川県湯河原町に滞在中だったことから、湯河原班とよばれている。裁判までに自決した指揮官の河野寿大尉をのぞき、現役の下士官と兵それぞれ一名をふくむ七名全員が有罪になった。民間人の水上源一《みずかみげんいち》が、受傷の河野にかわって指揮したと認定され、反乱罪の群衆指揮で死刑。他は諸般の職務従事により禁固一五年だった。このグループは、栗原安秀中尉が声をかけた。「孰《いず》れも同人［栗原］の熾烈なる信念と意気とに深く共鳴」（判決書）していたいわば目覚めた集団である。各人のもつ革新思想と襲撃時の積極的な行動が重罰をまねいたといえようか。

田中大尉らの自決

決起側はふたりの自決者を出した。歩兵第三連隊第五中隊長の野中四郎大尉と所沢陸軍飛行学校の河野寿大尉である。ところが、周辺からは軍人ばかり六人もの自決者が出ている。理由はどれもはっきりしない。

まず、参謀本部付の田中彌《たなかわたる》大尉である。一九三六年（昭和十一）の十月十八日正午ごろ、自宅において頭部を拳銃で撃っている。かれは早くからの革新将校であった。三一年の十月事件の謀議にもくわわっていた。二・二六事件では、静岡県三島から上京してきた野戦重砲兵第二連隊長の橋本欣五郎大佐ともいっしょに行動し、起訴された。反乱者を利す罪である。しかし、自決したため、十九日、東京陸軍軍法会議は被告人死亡による公訴棄却の決定を言い渡す。村中孝次の懇請で戒厳司令部へ「同人の希望を伝達する等、反乱者に軍事上の利益を与えた」（決定書）と決定は断ずる。

自決理由につき、同日、参謀総長閑院宮載仁《かんいんのみやことひと》親王元帥は東京陸軍軍法会議匂坂春平検察官にこうつたえている（「部付将校自殺の件通諜」東京地検保管「二・二六事件記録」）。「原因は判明せざるも、二・二六事件に関係し、自決するを適当と思考したるに依る」。

歩兵第三連隊付天野武輔《あまのたけすけ》少佐も頭部を撃って拳銃自殺した。事件最後の二月二十九日の朝、すなわち鎮定直前、連隊内でのことである。かれは、士官候補生以来、少佐に進級するまでずっと歩三の所属だった。その歩三が決起部隊の六〇％強を占める兵力を出したわけである。

天野は、事件初日より、連隊長渋谷三郎大佐の命で決起側の説得にあたっていた。しかし、二十九日の未明には鎮圧部隊と決起部隊の相撃が秒読みの段階にはいる。天野に無念さが生じたとしてもふしぎはない。だからか、「東京日日新聞」は「連隊唯一の生え抜きの将校としてその責任と連隊の名誉のため」（三六年三月三日付）の死、のごとくに報じた。だが、それにくわえ、「兵器関係の責任者だったので、決行部隊に兵器を持出されたこと」（前掲『昭和史発掘』11）への引責自殺ではないか、ともいわれている。

近衛輜重《しちょう》兵大隊の青島健吉中尉は自宅で割腹して果てた。やはり二十九日の朝である。妻のきみ子も、喉を突き、いっしょに自刃した。

「親友竹島継夫《たけしまつぎお》中尉が叛軍にあり、これと相撃つ苦しみに堪えられなかったため」（田々宮英太郎『二・二六叛乱』）との見方もある。しかし、決起側に殉じた死との推測もできなくはない。実兄の青島清一あての遺書には、「遅れをとりて申訳なし」（「二・二六事件犯人逮捕後の状況に関する件報告『通諜』（第二報）」原秀男・澤地久枝ほか編『匂坂資料』5）とある。

青島には、陸軍大学校の入試準備で「強度の神経衰弱」だった、という噂もあった（『アサヒグラフ臨時増刊　二・二六事件画報』）。それがほんとうならば、この病気もしくはその病気と右の推測二点との複合的事由を、自裁の背景にみることもできる。

歩兵第一連隊岡沢兼吉軍曹の拳銃自決も、二十九日の朝である。麻布区市兵衛町の民家の土間においてであった。銃弾が喉から後頭部へぬけていた。決起部隊にかつて上官として慕った香田清貞大尉がおり、鎮圧側の岡沢が「立場に窮し」（「東京朝日新聞」号外、三月二十二日付）て自決したのだという。その「悲壮な自決」（同上）ゆえか、この日、かれは曹長に進級している。

ところで、二十八日午後六時以降、決起部隊が歩一連隊長小藤恵《こふじさとし》大佐の指揮下を離れることはまえにのべた。これで官軍ではなくなった。これよりのち、同部隊への歩一からの食糧配付はストップする。

それなのに、二十九日の朝、歩一炊事係の岡沢が「四斗樽に飯を入れて届けて」（前掲『昭和史発掘』11）いたという。上等兵で歩一機関銃隊にいた大河原広治の回想である。岡沢の行為はあきらかな軍紀違反となる。自決は、そのために、「立場に窮し」た結果だったかもしれない。であれば、曹長進級は不名誉な軍紀犯を出した事実を隠すための工作だったともいえる。

三月二日には、東京憲兵隊麹町憲兵分隊の田辺正三憲兵上等兵が、同分隊内でやはり拳銃を用いて自殺する。頭部を撃ちぬいていた。旧知の安藤輝三大尉との関係がうたがわれ（小坂慶助『特高憲兵とその子』）、追いつめられた挙句のことだろうか。

そして、最後は、三月十六日の電信第一連隊の稲葉五郎軍曹。さしあたって、自殺事由の手がかりとなる材料はない。かれは同連隊内において騎銃で胸部を撃っていた。

ちなみに、決起部隊の襲撃による死亡者は九名である。目標だった大蔵大臣高橋是清、内大臣斎藤実、教育総監渡辺錠太郎大将、それに総理大臣岡田啓介の身代わりになった秘書官事務取扱松尾《まつお》伝蔵《でんぞう》退役大佐の四名。そして、警護中だった、首相官邸の村上嘉茂左衛門巡査部長、土井清松巡査、清水与四郎巡査、小《こ》館《たてき》喜代《よ》松《まつ》巡査、および湯河原で前内大臣牧野伸顕についていた皆川義孝巡査の五名である。しかし、軍人には、襲われた渡辺以外、決起側をふくめて事件による死者はなかった。

3　割をくった北一輝と西田税

強引な措置

西田税《にしだみつぎ》と北一輝《きたいっき》は決起計画を知らなかった。だが、余儀なく、巻き込まれていく。ふたりは腹をきめ、決起にかかわってゆく。判決書によると、つぎのような経緯がみえてくる。

西田は、決起前日の一九三六年（昭和十一）二月二十五日ごろまでに、歩兵第一連隊第七中隊長山口一太郎大尉および民間人の亀川哲也と上部工作を画策した。軍事参議官真崎甚三郎大将らを首班とする軍部内閣により、決起目的を達成するためである。また、北は、二十四日、「大内山《おおうちやま》［皇居］に光射《ひかりさ》す、暗雲無し」との霊告を知らせ、村中孝次に決起将校の目的は天聴《てんちょう》に達したといい、「蹶起を称揚」した。そして、決起後は、二十七日、北は「勇将真崎あり、国家正義軍の為号令し、正義軍速《すみやか》に一任せよ」という霊告を、西田とともに村中らに電話でつたえた。

これらの事実、あるいはこうした類いの行為事実はたしかにあった。だが、だからといって、ふたりを「反乱の主動者」（判決書）とみるわけにはゆかない。村中ら三人の首謀者ほか、影響をうけている者がいることを考慮してもである。

裁判長の吉田悳《よしだめぐむ》少将は、ふたりを反乱罪の首魁とする論告を、その論告当日の同年十月二十二日に、以下のように判断し、切り捨てる（吉田「Y判士『手記』」前掲『北一輝　増補版』）。吉田はふたりを首魁とみていなかったが、裁判長といえども審判では強権をもたず、当時、苦しんでいたようだ。「殆ど価値を認め難し。本人又は周囲の陳述を藉《か》り、悉《ことごと》く之を悪意に解し、しかも全般の情勢を不問に付し、責任の全部を被告に帰す」。

西田と北に合うのは、反乱者を利す罪くらいだろう。たしかに指導助言にあたる行為はしている。だが、首魁に必要な、決起部隊という「団体全体を指揮、監督、統率」（岡村畯児『陸軍刑法講義』）する行為はみられない。

決起部隊の電話は戒厳司令部によって傍受されていた。その根拠は、事件の行政戒厳で適用された「戒厳令」第一四条中の「郵信電報」の「開緘《かいかん》」である。ちなみに戒厳の布かれる以前の違法盗聴もすでに知られるが、どの機関がなしたかはわからない。

二十七日の北による「勇将真崎あり」の電話も聴かれていた（前掲『兵に告ぐ』）。傍受を材料のひとつに、東京憲兵隊は「外部から彼等［決起側］を指令している」（同上）として西田と北を、北宅に襲う。同隊の特高課長福本亀治《ふくもとかめじ》憲兵少佐の判断である（同上）。二十八日午後六時ごろのことで、西田は逃走し、北だけが押さえられる。ほどない三月四日の早朝、西田を、警視庁の巡査が渋谷区の角田猛宅で検挙し、東京憲兵隊へ送った。

五月の貴族院秘密会議で、新陸軍大臣の寺内寿一大将はつぎのように断じる（「第六十九回帝国議会貴族院議事速記録第三号中秘密会議速記録」）。事件の「根幹は北、西田等一派の主唱する矯激《きょうげき》なる国家改造思想より発足して居る」。そして、翌三七年一月十四日、さきの吉田裁判長は「北、西田責任問題に対する［寺内陸軍］大臣の意見全く訳の解らないのに驚く。あの分なら公判は無用の手数だ」（前掲「Y

判士『手記』」）と記す。吉田は「軍上層部の反省を促すため陸軍次官に意見書を提出」（前掲『北一輝増補版』）したが、無駄だった。西田と北は首魁とされ、極刑に処せられた。

おそらく「軍上層部」は「訳の解らない」のを承知で、ふたりの死刑の処方箋を初めから書いていたのだろう。事件の鎮定に臨んで、統制派主導の陸軍は皇道派の排除による粛軍をめざした。その際、「矯激なる国家改造思想」をもつふたりの存在は目障りだったはずである。

西田と北の処置は徹底した皇道派排除の一環だったといえる。もっとも、かれらを首魁にすることで陸軍を「〝利用された〟存在に仕立てあげ」（保阪正康『昭和陸軍の研究』上）ようとした、あるいは、北にあっては「当局として確信をもって処断したとも考えられ」（加藤陽子『模索する一九三〇年代』）る、といった見解もないわけではない。

ただ、陸軍には西田と北を処置しようにも問題があった。ふたりは民間人なのである。軍人の決起将校のようには軍法会議で裁けない。たとえ、特設軍法会議でも、裁くのは原則的にむずかしい。

ここにも、東京陸軍軍法会議という「看做す特設軍法会議」を設けた理由のひとつがある。民間人への裁判権は、この軍法会議の依拠する三六年の勅令第二一号「東京陸軍軍法会議に関する件」の第五条において明確にされる。

それにしても、やはり民間人への裁判権は異例であった。三六年三月二日の枢密院審査委員会の席上、陸軍大臣川島義之大将が「常人〔民間人〕を処分する件は之を先例と為すものにあらず」（川島「言明」枢密院「東京陸軍軍法会議に関する件決議」）と語るのはその証左である。ただ、そうやってまで処分するほど、陸軍当局にとって西田と北はゆるせない存在だったようだ。

あきらめ

西田税と北一輝は反乱罪の首魁として起訴された。一九三六年(昭和十一)十月一日が第一回公判だった。そののち結審まで、予審のときと同様、ふたりは首魁であることを否認しつづける。北にあっては、抗弁への徒労感からか、ときにはぞんざいになってしまうほどだった。

同十月五日の第四回公判でのこと。北は、『日本改造法案大綱』は国体破壊の不逞《ふてい》思想ではないと、裁判官の伊藤章信陸軍法務官を相手に「約二十分に亘り(略)論争」(「東京陸軍軍法会議公判状況」伊藤隆・林茂ほか編『二・二六事件秘録』三)した。そして、とうとう、北は「国体破壊等の考があって書いたのでありませぬ」(北・公判調書)と留保しながらも、こういい放ってしまう(同上)。

「青年将校等が改造法案を見て、之を信じたが為に国体を破壊するが如き行動に出たとすれば、其の責任は全部私が負うべきものと思います」、「彼等の思想の中心を為して居たのは私であり、日本改造法案大綱であります。(略)言い換えますと、私は改造法案の趣旨を実現化する為、彼等を通して其の気運醸成に努めて居た次第であります」。

一見、こうした粗略なことばも、じつは、北があじわっていただろう失望感や無力感の裏返しといえなくもない。最終陳述に明示される諦観はすでにこのあたりで読みとれる。最終陳述は、第一二回公判の十月二十二日におこなわれた。首魁・死刑という検察官の論告求刑ののちである。この日をもって、訴訟のすべての取り調べはおわり、結審となる。

初めに北が陳述した(北・公判調書)。「誠に御道理ある御論告と思います。判決では酌量減刑して死刑を免じて頂きたいとは思いませぬ」。諦観、である。前段の揶揄は諦観の深さのせいか。しかし、これまでの主張は変えない。『日本改造法案大綱』は「国体破壊と云う様な不埒《ふらち》極まるものではありませぬ」、「事件の計画を考えたり、又は彼等［青年将校］を使嗾《しそう》指導したものでもな」（同上）い。

西田の陳述は北の後だった。同じく諦観である（西田・公判調書）。「私も、結論は北と同様、死の宣告を御願い致します」、「何事も勢《いきおい》であり、勢の前には小さい運命の如き何の力もありませぬ」。だが、やはり、おさえるべき点はわすれない（同上）。「私の事件に対する関係は、単に蹶起した彼等の人情に引かれ、彼等を助けるべく行動したのであって、或型《あるかた》に入れて彼等を引いたのでも指導したのでもありませぬ」。

結審後、判決の合議は紛糾する。首魁を認めない裁判長の吉田悳少将と、それを主張する裁判官の藤《ふじ》室良輔《むろりょうすけ》中佐がとくに対立した。吉田が論告を酷評していたことはのべた。翌三七年の一月十四日、吉田は「全般の形勢」は「北、西田の判決延期」に「傾く」（前掲「Y判士『手記』）と記す。かれが「「陸軍」大臣の意見全く訳の解らないのに驚く」と書いた同じくだりである。

同年八月十一日、最終となった合議が開かれ、吉田は最後には譲歩した。この日、かれは「遂に私の意図を実現し得なかったことは遺憾至極である」（末松太平『私の昭和史』）とのべたようだ。十三日の第一三回公判で、弁論が再開する。前回の公判後、引き続き十五日以上経つと改めて弁論をする必要があった。そして、即日、結審した。

翌十四日、第一四回公判。判決が言い渡された。論告求刑どおり、ふたりは反乱罪の首魁として死刑だった。同日、吉田はのべる（前掲「Y判士『手記』）。「宣告後、西田氏は裁判官に対し何事か発言せんとする様子に見受けられたが、北氏は穏かに之を制し、両人とも裁判官に一礼して静かに退出したのであった」。なお、このとき、ふたりと同時に審理されていた民間人の亀川哲也にも宣告があった。反乱罪の謀議参与。無期禁固だった。

西田と北にはもちろん、首魁に相当する行為事実はない。たとえば、当時の捜査当局側でも、千葉憲兵分隊長で、取り調べの応援にきていた大谷敬二郎憲兵大尉はつぎのように述懐している（前掲『昭和憲兵史』）。「西田を首魁として処断することはできない」「北を首魁とし極刑にしたことは（略）肯定することはできない」。

また、公判中に、吉田が藤室へあてた書簡にはこうもある（前掲『軍国太平記』）。「伊藤［章信］予審官は利敵《りてき》［敵側の利益になる意、この場合は決起側に与すること］を認め、検察方面亦《また》利敵を至当なりとし公訴状を提出せるに、本省［陸軍省］に於て首魁たらしむべき指示を与え、［匂坂春平］検察官これに聴従し、無理に首魁に改変提出せる事実ありという。これ恐らく真実ならん」。

判決から五日後の十九日、西田と北は銃殺された。将校グループの村中孝次と磯部浅一もいっしょだった。村中、磯部の死刑の執行は「北、西田の裁判に必要ありとして」（間野俊夫「間野俊夫判士手記」松本清張編『二・二六事件＝研究資料』Ⅰ）、このときまで約一年、のびていたものである。

ふたりは、西田、北とちかしいとみられ、西田らを首魁とするのにでも役立つと思われたためであったのか。栗原安秀は、公判廷で、事件まえ「西田は現在北氏と密接な関係があり、村中、磯部などは最近濃厚な関係にあ」（栗原・公判調書）ったとのべている。

非直接行動者への判決

非直接行動者で起訴されたのは四二名である。うち、前出の田中彌大尉および北一輝、西田税、亀川哲也、後出の真崎甚三郎大将をのぞく三七名につき、若干ふれておこう（おもに判決書による）。

かれらへの公判は、つぎの一五グループに分けて開催された。①歩兵第一連隊の山口一太郎大尉以下三名、②歩兵第六連隊の鈴木五郎一等主計以下三名、③斎藤瀏予備役少将、④参謀本部付の満井佐吉中佐以下三名、⑤歩兵第五連隊の末松太平大尉以下四名、⑥近衛歩兵第二連隊の松平紹光大尉以下三名、⑦著述業の福井幸以下五名、⑧民間人（職業不詳、以下同）の町田専蔵、⑨歩兵第一二連隊の小川三郎大尉以下二名、⑩戦車第四大隊の北村良一大尉以下四名、⑪民間人の松井亀太、⑫会社役員の石原広一郎、⑬歩兵第四五連隊の菅波三郎《すがなみさぶろう》大尉以下二名、⑭歩兵第七三連隊の大蔵栄一大尉以下三名、⑮大学生の中橋照夫。

判決日は、①②が一九三六年（昭和十一）七月二十九日、③以下は、翌年八月十四日の⑮をのぞき、同じく翌年一月十八日である。有罪二四名、無罪一三名となっている。

無罪は、現役軍人にあって、全二二名中の九名で約四〇％の率。予備役・後備役の軍人をふくむ民間人の場合は、一五名中の四名、約三〇％である。皇道派の一掃と粛軍に徹底が期されてはいた。だが、民間人に比すれば、軍人にむかう矛先はあまいようだ。

民間人にはきびしい。たとえば、無罪となったが、⑪松井亀太の場合。かれは、事件中の二月二十八日に二回、決起した丹生《にう》誠忠《よしただ》中尉に会って、「君達の精神目的が貫徹する様に大いに努力するから、君達も確《しっか》りやり給《たま》え云々」（判決書）とはげました。丹生との面識はなかった。ところが、これだけで反乱帮助である。「裁判せらるる常人は特に重要なる関係を有する者に止め」（前掲「東京陸軍軍法会議に関する件会議筆記」）ると、三月四日の枢密院本会議で、荒井賢太郎審査委員長が明言しているにもかかわらず、であった。

言い渡された最高刑は無期禁固だった。①山口で、反乱者を利す罪である。いちばん軽いのは、罰金。⑥宮浦修三で、「出版法」違反により、計四五円を科せられた。

有罪とされた軍人の階級は、予備役・後備役までいれれば、尉官・佐官・将官と幅がひろい。下士官もいる。軍曹が一名で、⑩浅沼慶太郎（予備役）。少尉が二名、④越村捨次郎（後備役）と⑦宮本誠三（予備役）。中尉は①新井勲以下六名（現役）。大尉が①山口以下六名（現役、②鈴木五郎一等主計をふくむ）。中佐が④満井佐吉一名（現役）。それに少将一名、③斎藤（予備役）である。

有罪者の年齢層もひろがっている。最高齢が③斎藤の五七歳である。もっとも若いのは④宮本正之（正久）で、二二歳。

有罪者の職業も多様である。計二四名のうち、過半数の一三名は軍人（現役）。のこり一一名が民間人（予備役・後備役の軍人をふくむ）。大便器蓋製造販売業一名（④越村）、印刷職工一名（④宮本）、著述業一名（⑦福井）、県技手一名（⑦加藤春海）、新聞記者一名（⑦杉田省吾）、大学生一名（⑮中橋）となっている。その他が、無職二名（⑦佐藤正三、宮本）、不詳三名（③斎藤、⑥宮浦修三、⑧町田）。

かれらが事をおこした地域も広範囲にわたる。以下、職業の場合とおなじく、軍人とは現役のみをさし、予備役・後備役は民間人にふくめる。青森市（⑤の軍人末松ほか一名）、金沢市（④の民間人越村ほか一名）、東京市（①の軍人山口ほか四名、③の民間人斎藤ほか八名）、名古屋市（②の軍人鈴木一名）、豊橋市

（②の軍人井上辰雄中尉〔豊橋陸軍教導学校〕ほか一名）、熊本市（⑬の軍人志岐孝人中尉〔歩兵第一三連隊〕一名）、鹿児島市（⑬の軍人菅波一名）、朝鮮咸鏡《かんきょう》北道羅南《らなん》邑（⑭の軍人大蔵一名）である。

ちなみに、無罪者はつぎのとおり。札幌市（⑤の軍人片岡俊郎中尉〔歩兵第二五連隊〕一名）、青森市（⑤の軍人杉野良任中尉〔歩五〕一名）、東京市（⑥の柴有時大尉〔陸軍戸山学校〕一名、⑪の民間人松井一名）、京都市（⑫の民間人石原一名）、丸亀市（⑨の軍人小川ほか一名）、満州国吉林《きつりん》省公主嶺《こうしゅれい》（⑩の軍人北村一名、⑩の民間人辻正雄一名）、満州国関東州旅順市（⑩の軍人西山敬九郎大尉〔関東軍野戦兵器廠〕一名）、満州国奉天省奉天市（⑩の民間人浅沼慶太郎一名）、朝鮮咸鏡北道羅南邑（⑭の軍人佐々木二郎大尉〔歩七三〕ほか一名）。

非直接行動者たちは、事件においては傍流だろう。だが、かれらをとおして、側面からあらためて事件のおおきさと重さとがみえてくるようだ。そうして、いくとおりもの二・二六事件のあったことがわかる。

4　黒幕ではない真崎甚三郎

機におうじて

皇道派領袖の真崎甚三郎大将は、盟友の荒木貞夫大将とともに、同派の青年将校を「愛しその我儘を許していた」（前掲『昭和憲兵史』）とされる。真崎を取り調べた大谷敬二郎元憲兵大佐の評である。当時の大谷は憲兵大尉の千葉憲兵分隊長で、二・二六事件の応援憲兵だった。

そんな評はともかく、真崎は慎重であった。荒木が陸軍大臣を追われ、しだいに皇道派が凋落してゆくことはのべた。ところが、これに比例し、青年将校らは先鋭化する。一九三四年（昭和九）七月九日、真崎はつぎのように記している（前掲『真崎日記』1）。「万一青年将校に軽挙のことあらんか、（略）彼等自身を亡《ほろぼ》すのみならず、直《ただち》に予《よ》の失脚を来《きた》す」。

だが、その「軽挙」よりさきに、真崎の「失脚」がくる。三五年七月の教育総監の罷免である。軍事参議官専任となった真崎は、以後、失地回復の意図もあってだろう、青年将校らへのガードを低くしている。三五年の八月二十二日には、まだ、来訪した栗原安秀中尉を「面会せず」（前掲『真崎日記』2）に帰すようなこともあったのであるが。

例をあげよう。同年十二月二十八日に香田清貞大尉がきた。教育総監罷免にいきどおる香田にたいし、このときにはもう、「俺が之に同意した様に云い触して居るものがあるかの様であるが若し其通りであったら、俺は今日生きては居ない」（香田・公判調書）と語るほどになる。この時点ですでに、香田らは決起の腹を固めていた。

真崎の対応は、言質《げんち》をあたえていないとはいえ、青年将校たちに決起時の支援を期待させる。かれらは、決起初日の二月二十六日の午前七時ごろ、陸軍大臣川島義之大将に面接した際、事態収拾をたくすべき軍人の筆頭に真崎をあげることになる。翌日午後四時ごろの真崎以下三軍事参議官との会見では、真崎への事後の一任をのべてもいる。このあたりにも、真崎黒幕説のうまれる余地がある。

だが、真崎は決起将校らとつうじてはいない。二十六日の午前四時半ごろ、真崎に決起の第一報をいれた民間人の亀川哲也は、「同大将は狼狽の態度にて、本当か、何《ど》うして知ったかと問われ、（略）其の後、同大将は黙然として一語も発せられ」（亀川・公判調書）なかったと語る。黒幕の姿とはほど遠い。同日の夕刻、北一輝も、真崎らと決起側が「事前に充分の話合をして無かった」（北・警察官聴取書）ことを西田税に知らされている。

真崎は事実、決起に「狼狽」した。だが、その四時間ほどのちには、川島らのいる陸軍大臣官邸に「勲一等旭日大綬章の副章［勲二等旭日章］を佩用《はいよう》して」「得意然たる態度」（前掲『二・二六事件秘史』）で現われる。ここいらにも、一見、黒幕を思わせるものがあろう。

真崎は陸相官邸を出て、軍令部総長伏見宮博恭《ふしみのみやひろやす》王元帥のところへむかう。そして、そこにいた海軍の加藤寛治《かとうひろはる》後備役大将とともに拝謁し、真崎自身が決起に与《くみ》するような重大な進言、「強力な内閣を作って、大詔渙発により事態を収拾する様に」（加藤・憲兵聴取書）との言をなしてもいる。なお、ここにいたるまでに、ふたりの間には事前の了解がなされていたのかもしれない。じつは、加藤は午前七時ごろに真崎へ電話している（前掲『真崎日記』2）から、このときに、伏見宮をとおしての事態収拾すなわち天皇への上奏という善後策が話されたとしてもふしぎはない。

とすると、「狼狽」していた真崎が「得意然」へと変わったのもうなずける。希望の見出された策がそうさせたといえる。また、亀川の退去から自分が家を後にするまでの、真崎の疑問ののこる何時間かのアリバイも説明もできることになろう。

しかし、やがて、戒厳が布かれ、奉勅命令の允裁《いんさい》をみる事態となる。伏見宮の上奏も、強硬路線の天皇に一蹴されてしまう。情勢が決起側に不利に展開すると、ここで真崎は変わる。そのことは、さきの真崎以下三軍事参議官と決起側の会見ではっきりしめされる。真崎はこういう（同上）。「錦旗に背く者に対しては（略）予自ら陣頭に立て討伐すべし」。

そうして、事件後になると、真崎は、たとえば香田との教育総監罷免云々の「生きては居ない」につき、「夫れは自分は生命を賭して職務に当って居るという事を自慢した言葉」（真崎・公判調書）だったと釈明する。また、伏見宮への大詔渙発に関しても、決起者を「直ぐ許すという様な趣旨の大詔の意味で申したのではありませぬ」（同上）とかわす。

青年将校らの「動向を察知しながら反乱気勢を助長するが如き言動があった様に云われ」（同上）る点も、「今回の如き大事件の起る事を知って黙視して居る様な人間でない事は其の歴史が証明する」（同上）と抗弁してみせている。

狡《ずる》い、といえばいえる。うさん臭い弁明もおおい。だが、事実、真崎は黒幕ではなかった。起訴も、反乱罪の首魁や謀議参与ではなく、反乱者を利す罪である。ともあれ、かれが、事件に乗じて失地回復をねらい、うまく立ち回ろうとしたことだけは否めないようだ。

法律を超えた無罪判決

真崎甚三郎大将は、一九三六年（昭和十一）三月に現役を追われ、予備役となる。そして、四月二十一日から、「事件の真相、其の背後関係を判明させる為」（前掲『兵に告ぐ』）、東京憲兵隊本部の取り調べをうけた。その後、東京陸軍軍法会議へ送致され、予審を経て、翌三七年の一月二十五日に起訴されることになる。第一回公判は六月一日。真崎の裁判が第一師団軍法会議庁舎で開催されたわけはのべた。論告求刑は第一六回公判の七月十五日であった。反乱者を利す罪で、禁固一三年。そのあと、真崎の最終陳述があった。九月二十五日、第一七回公判で判決が言い渡される。真崎の行為事実は「之を認むるに難《かた》からず。然《しか》るに、之が反乱者を利せんとするの意思より出でたる行為なりと認定すべき証憑《しょうひょう》十分ならず」（判決書）として無罪。つまり、反乱者を利する行為は認められるが、「利せんとするの意思」を欠くから無罪というのである。

しかし、これはおかしい。真崎の行為は意識のともなう自覚されたうごきであった。とすると、行為があれば「意思」は認められる。筋のとおらない判決である。真崎は有罪でなければならない。くりかえすが、かれは黒幕ではなかったから、もちろん、従犯（幇助犯）としてである。

じつは、真崎の無罪判決には背景がある。皇道派の盟友で、真崎とともに予備役になった荒木貞夫大将が無罪へむけてうごいている。三七年の六月二十二日、荒木はつぎのようにのべる（野島陽子校訂・解説「続荒木貞夫日記」『中央公論』一九九一年三月号）。「真崎大将問題は、既に政治問題たり。其の罪之有無を捜査するの時期は去れり。此一歩を誤らば、政治上の油《ゆ》［由］々《ゆ》敷《しき》大事を生ぜん」。
荒木とのつながりもあって、総理大臣の近衛《このえ》文麿《ふみまろ》もうごいた。同年七月十四日、皇弟の海軍少佐高松宮宣仁親王は記している（同宮『高松宮日記』二）。「k［近衛］には荒木その他より、無罪に、真崎大将をするを可とする話あり」。近衛にとっても、真崎のことは、「此処置如何によりては再び混乱の端となり、相剋《そうこく》解消之任務に対し恐懼《きょうく》に堪《た》えざる」（前掲「続荒木貞夫日記」）ゆえの「政治問題」（同上）であった。

近衛は陸軍大臣へも話をもちこむ。同大臣は東京陸軍軍法会議の主宰者たる長官である。このときの陸相杉山元《すぎやまはじめ》大将（進級）は二・二六事件時の参謀次長で、統制派。真崎処断の強硬論者だった。近衛は、「事は陸相之問題にあらずして既に政治問題として首相之断の一字のみなり」（同上）と説いた。馬場《ばば》鍈《えい》一《いち》内務大臣を介してもはたらきかけたというのは、同年八月の教育総監寺内寿一大将の談である（原田熊雄『西園寺公と政局』六）。

荒木は、近衛と連絡をとりながら、裁判長の上席判士磯村年《いそむらとし》予備役大将の説得にもかかった。「夜六時間」（前掲「続荒木貞夫日記」）かけたこともあった。真崎の判決は、こうした荒木や「近衛公の尽力で『磯村大将［も］無罪と決』」（伊藤隆「真崎大将遺言」『ＴＨＩＳ　ＩＳ　読売』一九九二年三月号）したようだ。

裁判官は全三人。のこりは判士松木《まつき》直亮《なおすけ》予備役大将と法務官職の小川関治郎陸軍法務官である。小川は少将相当の勅任官だった。ふたりは真崎の行為事実を認める点では一致していた。しかし、松木によれば、松木自身はその行為事実を反乱者を利す罪にあたらないと評価し、小川はあたると主張していた（桂川光正解説「松木日記（抄）」『世界』一九九四年三月号）。無罪説と有罪説の対立である。松木は、小川について、「求めて人を罪せんとする弊に陥り勝《が》ちなり」（同上）と評している。

磯村の話によると、最後には、大山文雄陸軍省法務局長が「小川法務官を召致協議を為したる結果、大体本件を円満に解決し得る」（同上）にいたった。法務局長のうごいたという事実は上司の陸相も翻意したことを意味しよう。

こうして、真崎の無罪判決は出た。荒木と近衛に発し、最終的には裁判官へといたるはたらきかけによるものであった。ただ、松木へのアプローチの有無はわからないものの、行為事実は認定するが無罪という判決は、松木の主張するところであった。もっとも、のちに、小川は「理由書では有罪論を展開し、主文で無罪としたのである。誰がこの判決文を見ても、真崎有罪とわかるように書いた」と語っている（中野雅夫『天皇と二・二六事件』）。

判決は、表面上、裁判官の協議と妥協によるものとみえる。しかし実際は、「龍顔《りゅうがん》［天皇の顔］曇らせらるるが如く拝せられ」（前掲「続荒木貞夫日記」）る天皇の意思を無視してまでの、政治による容喙《ようかい》の産物である。真崎裁判はことさら政治裁判だったといえる。

「法律を超越する判決にして（略）時局的政治的処置として適切なる判決なりと謂うべきなり」（前掲「松木日記（抄）」）とは、「大審院検事局方面」（同上）の評である。

すでに日中戦争の開始から約二か月。真崎裁判をもって、東京陸軍軍法会議での二・二六被告事件の処理はすべておわる。東京陸軍軍法会議の検察官だった沖源三郎元法務大佐は、終結の理由をこうのべている（沖書簡、一九八八年四月）。「外部事情（満州、北支［那］状況）から幕を引かざるを得な」（同上）い面があり、陸軍上層部には「早く軍を平静にしたい気持」があった、と。

七　事件後の陸軍

1　陸軍、政治に進出

革新幕僚の台頭

二・二六事件は二度鎮圧された。最初は奉勅命令を背にした兵威をもって、つぎには東京陸軍軍法会議の政治裁判によってである。

事件後、陸軍は部内の整理に着手する。おもに、陸軍省の軍務局軍事課高級課員武藤章中佐と、参謀本部の第一（作戦）部第二（作戦）課長石原莞爾大佐を中心とする（前掲『昭和期日本の構造』）省部の中堅幕僚がなした。武藤は、事件中、課外との連絡調整にいそがしい課長の村上啓作大佐に代わり、軍事課を統率し、東京陸軍軍法会議開設のもとになった「事件処理要綱」の作成も主導した。石原は戒厳司令部第二（宣伝情報）課長・戒厳参謀として武力鎮圧に踏み切ったのちは強力なリーダーシップを発揮した。

かれらは、まず、現役大将一二人のうち、元帥二人と若手の寺内寿一、西義一《にしよしかず》、植田謙吉だけをのこし、他を予備役に追いやってしまう。一九三六年（昭和十一）の三月十日、真崎甚三郎、荒木貞夫、川島義之、阿部信行、林銑十郎。四月二十二日、本庄繁、南次郎。真崎、荒木、本庄は皇道派だが、事件に直接関係のない阿部や南までもである。

この大そうじに、事後の陸軍に寄せる省部の中堅幕僚の期待と意気込みがみえよう。武藤と石原に表される革新幕僚グループの台頭でもある。

三月九日に、岡田啓介内閣のあとをうけ、同内閣の外務大臣だった広田弘毅《ひろたこうき》が組閣。陸軍大臣も、川島から寺内に替わる。寺内をすえたのも武藤や石原のようだ（同上）。右の大そうじは、事前の根回しののち、この寺内陸相のもとでなされた。さらに、大そうじはつづく。いわゆる粛軍人事である。三月二十三日にさしあたって事件時の関係者を対象に、そして八月一日にはその他を対象に本格的・大幅に、おこなわれた。

例を引こう。三月人事にあっては、陸軍省軍事調査部長山下奉文少将が京城の歩兵第四〇旅団長に出された。すこしおくれて、東京警備司令官兼戒厳司令官を務めた香椎浩平中将と、歩兵第一連隊長だった小藤恵《こふじさとし》大佐が七月十日に予備役に編入。三人は皇道派である。一方、参謀次長杉山元中将は参謀本部付、陸軍次官古荘幹郎《ふるしょうもとお》中将は航空本部付となる。軍事課長の村上は二十八日に陸軍大学校教官に転補。第一師団長の任にあった堀丈夫と近衛師団長だった橋本虎之助の両中将は、七月六日に予備役。そして、八月人事の場合。皇道派の陸軍大学校の校長小畑敏四郎《おばたとししろう》中将が予備役、台湾軍司令官柳川平助《やながわへいすけ》中将は参謀本部付、やがて柳川は九月二十日に予備役に編入される。

大将たちのさきの予備役編入人事をふくめ、粛軍人事のターゲットは皇道派であった。この一連の人事で、皇道派は陸軍中央の要職から追われる。そして、この時点での皇道派の凋落は、同派に対峙するかたちで形成されていた統制派のメンバーより派閥色の消滅をもたらす。

元帥をのぞき、現役にのこされた大将は三人。寺内の陸相のほか、西は教育総監、植田は関東軍司令官にあてられた。西は間もなく没し、杉山が八月人事で教育総監に転ずる。寺内を補佐する陸軍次官には、三月人事により、第二師団長の梅津美治郎《うめづよしじろう》中将が就任。かれは事件当初からの強硬鎮圧論者だった。

かれらが陸軍新首脳部の中心である。そして、この中心を武藤、石原以下の革新幕僚グループがささえた。というより、うごかした。これが、事件後の陸軍の体制である。事件のとき、大佐で内閣調査局調査官だった鈴木貞一《すずきていいち》元中将はこう語っている（上法快男編・武藤章『軍務局長　武藤章回想録』）。「武藤とか石原とかいうネジ巻きが必要だった。これらの人々が二・二六事件の後始末をして、上層部のネジ巻きをして、やっと陸軍は寺内以下の音が出る装置を完成したのだ」。

粛軍にむかう過程にあって、陸軍は、事件のもっていた社会的政治的要因に関連して、軍外へも目をむける。国内体制の強化と拡充つまりは政治へのいっそうの目配りである。武藤主導のさきの「事件処理要綱」では、すでに、「陸軍自体の粛正を断行すると共に、速に躍進日本に必須の具体的諸政策の実現」が期されていた。

政治へ目配りした理由は、中国での抗日運動の激化やワシントン・ロンドン両海軍軍縮条約からの日本の離脱に主因する、三六年危機すなわち無条約時代の到来といった不安定な対外関係にもあった。きな臭さの増す対外情勢をも背景に、陸軍は国内体制の変革・高度国防国家の建設をめざし、政治的発言力をつよめてゆく。その際、事件のもたらした威迫力は陸軍に有利に作用した。二・二六事件には、あるいは、三度目の鎮圧が必要だったのかもしれない。

新設された軍務課の意味

一九三六年（昭和十一）三月五日、岡田啓介内閣の外務大臣広田弘毅に組閣の大命が降下する。だが、翌日、陸軍大臣候補の寺内寿一大将は「組閣方針に不満」（「東京朝日新聞」夕刊、三月七日付）として入閣辞退をほのめかす。事件直後の鼻息のあらい陸軍に、別の候補をもとめるわけにはゆかない。陸相を欠けば組閣は流産する。

そして同日、寺内は、「新内閣は内外に亘り真に時弊の根本的刷新、国防充実等積極的強力国策を遂行せんとするの気魄《きはく》と其の実行力とを有することが絶対に必要であ」（同上）ると声明。陸軍は「自由主義的色彩を帯び現状維持又は消極政策により妥協退嬰《たいえい》」（同上）をもたらしかねない者の入閣には不同意、などと揺さぶりをかけた。寺内に「ネジ巻き」していたのは陸軍省軍務局軍事課高級課員の武藤章中佐だとされる（高宮太平「陸軍の『坊っちゃん』寺内寿一」『特集文藝春秋　人物読本』）。

結局広田は、外相予定の吉田茂元駐イタリア大使らをはずす等々、「陸軍側の希望を照し合せ」（「東京朝日新聞」三月八日付）、譲歩して組閣する。しかし、陸軍の「希望」はつづき、「照し合せ」を重ねる広田内閣は軍部に追従する羽目になる。

内閣成立後、さっそく陸軍は、一三年（大正二）以降、予備役・後備役でもよかった軍部大臣の任用資格を現役にかぎるよう提案。この現役武官制は、五月十八日に、この年の勅令第六三号「陸軍省官制中改正」と第六四号「海軍省官制中改正」で実現する。

これよりのち、陸・海軍大臣にくわえて同次官も、現役将官でなければならなくなる。軍の意向に必ずしも沿うとはかぎらない予備役・後備役の軍人が、軍部大臣に就任する余地は失せた。もっとも、これまでも予備役・後備役の軍人が軍部大臣に就いた例は一度もなかった。

ところで軍部大臣現役制は、三七年（昭和十二）の宇垣一成《うがきかずなり》内閣流産ほかにみるように、軍部が内閣の死命を制する主な制度的保証となり政治介入の決め手と化した、と解されてきた。筆者もそうだった。だが、この通説は最近では筒井清忠『昭和十年代の陸軍と政治』によって訂正されるに至っている。

同三六年八月七日には、総理大臣以下、陸相や海相などによる五相会議《ごしょう》で、「国策の基準」がきまる。軍備の拡充や、中国大陸や南方への進出、日本中心のブロック経済圏の確立がうたわれる。六月八日裁可の「帝国国防方針」第三次改定にともなうものである。

このように、広田内閣は「政綱」にも記す広義国防国家への道をあゆみはじめる。高度国防国家の建設という「陸軍側の希望を照し合せ」た結果ともいえよう。

そうして、八月一日、勅令第二一一号「陸軍省官制中改正」の施行をみる。陸軍省の機構改変である。「二・二六事件の教訓をとり入れ、かつ時勢の進運と軍事の趨勢にかんがみて」（上法快男編『最後の参謀総長　梅津美治郎』）のものだった。軍務局兵務課の兵務局昇格、人事や航空行政などの事務系統が整備された。

軍政の中枢たる軍務局も改編された。各局業務の統括や重要施策の立案・推進に専念させるためだった。これまであまりふれられていないが、軍務課の新設はその目玉である。「軍事関係の政策、外交、満蒙、思想対策」（枢密院「陸軍省官制中改正の件決議」）を担当し、国内政治にかかわる内政班を筆頭に、外交・満蒙・支那各班に分れていた。

村上恭一枢密院書記官長は、軍務課は「軍事に関係ある重要政策」（枢密院「陸軍省官制中改正の件会議筆記」）を所掌する、と語る。つまりは、陸相の議会活動に備える政治的補佐機関である。勅令第二一一号の第一三条第六項は、「帝国議会との交渉に関する事項」を同課の事務と定めている。

この軍務課の設置に、陸軍の政治進出への意思をうかがうこともできようか。政党は、軍部大臣現役武官制ともどもこの新設にたいし、陸軍が「政治面を睥睨《へいげい》するのではないかともっとも警戒の眼を注ぐに至った」（前掲『最後の参謀総長　梅津美治郎』）という。

三九年八月の阿部信行内閣の成立をめぐる軍務課長有末精三《ありすえせいぞう》大佐のうごき（有末『政治と軍事と人事』）は、同課が政治にあたえた影響力の好例といえる。そのうごきとは阿部の担ぎ出し工作にはじまって組閣方針の決定や閣僚人事への積極的な介入等々というものであった。元老西園寺公望は、「〔阿部〕総理の側近の事情が非常に悪い。これはどうも有末に禍《わざわ》いされたのである」（原田熊雄『西園寺公と政局』八）と語っている。

広田内閣への陸軍の政治的圧力は加速する。約一〇か月後には、政党勢力と陸軍との間で、同内閣はうごきがとれず、寺内の衆議院解散要求を機に総辞職に追い込まれる。その後陸軍は、宇垣内閣を流産させて、林銑十郎内閣を樹立する。主として、参謀本部第一（作戦）部長心得に転じていた革新幕僚の石原莞爾大佐の策動による。しかし、林内閣は政党と対立し、およそ四か月で総辞職、三七年六月四日に陸軍ほか各界の期待をうけて、近衛文麿内閣が登場した。

そして翌月、日中戦争ははじまる。だが、これは二・二六事件への、陸軍の処置にそそがれる「国民の目を外に向けさせようとした」（前掲「二・二六事件　葬られた疑惑」）ものではない。この開戦のとき、第一部長だった石原少将（進級）は戦いの不拡大を主張する。拡大派の、同部第三（作戦）課長になっていた同じ革新幕僚グループの武藤大佐（進級）と対立するが、結局、石原は敗れ、革新幕僚グループは分解し、日中戦争はやがて第二次大戦への参入をもたらす。

皇道派は健在

さきにみたように、総理大臣の近衛文麿は、皇道派の真崎甚三郎予備役大将の無罪判決へむけてうごいた。そして、その後も皇道派寄りの姿勢をとりつづける。日中戦争を「拡大した責任者は統制派だと堅く信じ、皇道派を用いる以外に粛軍の方法はないと考え」（矢部貞治『近衛文麿』）たからだった。第二次大戦の末期、一九四五年（昭和二十）二月十四日に、近衛が天皇にしめすいわゆる「近衛上奏文」は、戦争終結のための「皇道派起用論」（伊藤隆「統制派と皇道派ということ」『軍事史学』四六）でもあった。

近衛は五摂家筆頭の近衛公爵家の当主。昭和十年代の日本で期待のおおきいリーダーだった。三度組閣し、新体制運動をすすめて大政翼賛会をつくってもいる。この近衛が「皇道派を用い」ようとしたのである。その影響もあって、皇道派は根強い力をもちつづける。

真崎を中心とする小畑敏四郎予備役中将ら皇道派グループが、四三年春ごろから海軍の小林躋造《こばやしせいぞう》予備役大将の内閣を樹立しようと画策する（伊藤隆・佐々木隆ほか編『真崎甚三郎日記』昭和十八年五月〜昭和二十年十二月。以下『真崎日記』4）のは、その一例であった。

また、「年来、［陸軍］現幹部と対立し其行動を誹議し、彼等より敵視せらるる真崎一派を起用して、軍部の粛清に当らし」（伊藤隆「小林躋造内閣運動をめぐって」『みすず』二〇〇）めたいと、四四年三月に、のちの首相吉田茂が語っているのも、その証左となろう。

皇道派の各人も健在であった。予備役に編入された者においてもそれはいえる。真崎や戒厳司令官だった香椎浩平中将は、その後、官職につかなかったが、荒木貞夫大将は編入の翌三七年十月には第一次近衛内閣下で内閣参議、三八年五月に同内閣の文部大臣となる。米内光政内閣のときの四〇年一月には、ふたたび内閣参議である。

柳川平助中将は、編入後ほどなく召集され、三七年十月に第一〇軍司令官。召集解除後の三八年十二月、興亜院総務長官。四〇年十二月、第二次近衛内閣で司法大臣。四一年三月、大政翼賛会副総裁。七月、第三次近衛内閣の国務大臣となる。さきの小畑も召集をうけ、三七年八月に留守第一四師団長。召集解除ののち、四五年八月、敗戦直後の東久邇宮稔彦《ひがしくにのみやなるひこ》内閣で国務相をつとめている。

山岡重厚《やまおかしげあつ》中将は、三七年八月に召集。第一〇九師団長に補され、三九年一月、召集解除。四五年四月に再度の召集で、善通寺師管区司令官。それから四国軍管区司令部付。小藤恵も召集をうけている。三七年九月に第一八師団参謀長。解除後、ふたたび召集され、三九年の二月、参謀本部本邦戦史編纂部の長。同年七月に少将に進級している。

では、現役を追われなかった者はどうか。山下奉文少将は、四三年二月に大将となり、第一四方面軍司令官。鈴木《すずき》率道《よりみち》大佐は、中将にすすみ、第二航空軍司令官を最後に、四三年六月、予備役に編入された。村上啓作大佐は四四年十一月に第三軍司令官。中将である。鈴木と村上に関しては、真崎と小畑が小林躋造内閣の樹立を図ったとき、陸軍大臣に「鈴木率道、［参謀］次長に村上と云う」（前掲『真崎日記』4）案も出ている。

このように、皇道派は元気だった。とはいえ、右の状況からもわかるように、その後は陸軍省や参謀本部といった陸軍中央への復帰はかなわなかったのであるが。

元気になったわけは、近衛との接近以外に、四一年十二月八日にはじまる対米英蘭戦争の影響にもももとめられよう。この開戦は、すでに四年以上もつづく日中戦争の泥沼化のさなかであった。

したがって、たちまちのうちに、政治も軍事も暗転する。人材どころか、人的資源そのものが足りなくなる。絶望的な戦局を背景に、補職や任用には適不適をなんとか心がけようとするくらいが精一杯で、軍中央部はともかく、現地部隊関係の人事にあって皇道派系云々なぞ、二の次だったともいえる。このことは、いまみてきた補任例がよく物語っていよう。

非皇道派でも、人的資源不足による登用の例はみとめられる。たとえば、山脇正隆《やまわきまさたか》中将は四一年十二月の予備役後、召集。四四年九月には大将に進級し、第三七軍司令官に転補。そして、藤江恵輔《ふじえけいすけ》大将の場合。四五年三月、予備役編入。だが、同年六月の召集で、上級職の第一一方面軍兼東北軍管区の司令官に補されているのである。

2　死刑になった者も恩赦

一九四五年（昭和二十）八月十五日、第二次大戦はおわる。大日本帝国の事実上の終焉である。敗戦した日本は一大変革期にみまわれる。

十月四日、連合国軍最高司令官は日本政府にたいし、政治犯の即時釈放ほかを要求する。二・二六事件の有罪者はその「即時釈放」の対象にふくまれる。事件は反乱罪で処断されており、政治犯なのである。

東久邇宮稔彦総理大臣は、この日、「私は近く大赦令を行い、共産党員、大逆罪、不敬罪等天皇の名で重く罰せられた人々を、天皇の名で釈放しようと考えていたが、その手続きがおくれて」（東久邇『東久邇日記』）いた、と記す。

事実、すでに八月三十日には、岩田宙造《いわたちゆうぞう》司法大臣より同首相あてに閣議を請う「大東亜戦争終局に際《いた》り恩赦施行奏請《そうせい》の儀請議」（『公文類集』六九編七二）が出ている。添付文書「恩赦奏請綱領案」における大赦の対象のくだりには、二・二六事件受刑者をふくみうる「陸海軍刑法中叛《ママ》乱の罪」もみられる。

この「大東亜戦争終局に際り恩赦施行奏請の儀請議」は二度修正され、「大東亜戦争終熄に際り恩赦施行奏請の儀請議」となる。しかし、添付の「恩赦奏請綱領案」にある「陸海軍刑法中叛乱の罪」を大赦の対象とするという趣旨にかわりはない。

恩赦は、政治上や社会政策上の見地から刑罰権もしくは言い渡した刑の効力の全部または一部を消滅させる。当時は「大日本帝国憲法」下だったから、天皇大権による行政作用としておこなわれた。恩赦には大赦、特赦、減刑、復権がある（「恩赦令」）。

右の請議をうけて、閣議が開かれ、十月十七日につぎのような詔書をもって恩赦が布告された。この恩赦が、連合国軍最高司令官の政治犯の釈放ほかの要求を意識したものだったろうことは否めまい。「朕曠古《ちんこうこ》［空前］の大変に際会して、億兆［臣民］の協賛に信倚《しんい》［信頼］し、挙国一致時艱《じかん》［難局］を克服せむことに軫念《しんねん》［天皇の心］極めて切なり。茲《ここ》に特に有司《ゆうし》［官吏］に命じて恩赦の事を行わしむ。百僚有衆其れ克《よ》く朕が意を体《たい》せよ」。

この詔書のもとで、その十七日、「大赦令」「特赦」「減刑令」「復権令」が施行された。「大赦令」（同日公布）は四五年の勅令第五七九号である。さきの「恩赦奏請綱領案」にしたがった、「大東亜戦争終熄」を事由とするものだった。

その勅令の第一条の第六号により、同年九月二日まえに「陸海軍刑法中叛乱の罪」を犯した者が赦免された。二・二六事件の受刑者はこれに該当する。第六号には「陸軍刑法第二十五条［反乱］、第二十六条［反乱劫掠《きようりやく》］及第三十条［反乱者を利す］の罪並に其の未遂罪及予備又は陰謀の罪」とある。

翌四六年十一月三日にも、恩赦があった。この日の「日本国憲法」の公布に寄せてのものだった。恩赦を布告する同日の詔書には、「朕は、この憲法によって、民主主義に徹した平和国家を建設する基礎が定まるに至ったことを深くよろこぶ」と記されている。前回の詔書に比し、文体の平易さが目をひく。

「大日本帝国」は「日本国」になった。

前年の十月十日、木村篤太郎《きむらとくたろう》司法大臣は当時の吉田茂首相に「改正憲法の発布に際り恩赦施行奏請の儀請議」（『公文類集』七〇編四〇）を提出した。添付された「恩赦奏請綱領」案には、「陸軍刑法及び海軍刑法中叛乱の罪」を犯した者も大赦の対象とする、とあった。

三日の恩赦の実施により、この日に今回もまた、「大赦令」「特赦」「減刑令」「復権令」が施行された。うち、「大赦令」（同日公布）は同四六年の勅令第五一一号による。

その第一条第六号には、対象として、「陸軍刑法第二十五条乃至第三十二条〔反乱罪・利敵罪の未遂罪、予備、陰謀〕及び第三十四条〔戦時同盟国にたいする反乱関係諸行為〕の罪」が明示されている。これは、前回の同じ第六号よりも対象範囲がひろい。「改正憲法公布の盛典を表するため、なるべく広く恵沢《けいたく》に浴さしめ」（「恩赦奏請綱領」案）たせいだろう。

これにより、四六年十一月三日まえに「陸軍刑法」の反乱罪や利敵罪を犯した者を赦免した。いうまでもなく、二・二六事件の受刑者も対象にはいる。

かくして、二度の大赦で、二・二六事件の受刑者はすべて赦免されることになる。のちに、法務省保護局恩赦課長名の文書はこうのべる（河野司『ある遺族の二・二六事件』）。「当該受刑者（刑の執行を猶予せられ、猶予期間を満了した者を除く）はいずれも昭和二十年勅令第五七九号大赦令及び昭和二十一年勅令五一一号大赦令により赦令せられており、刑の言渡《いいわたし》は効力を失っている」と。

この両「大赦令」は、恩赦奏請の一連のながれのなかで、関係大臣の発議、内閣法制局の審査、閣議決定、上奏裁可、公布の手順を経て施行された。ただし、勅令であるのに、かけられるべき枢密院の審議には付されていない。枢密院文書をおおく保管する国立公文書館にも手がかりがなく、理由は不詳である。

右の引用文中の「刑の言渡は効力を失っている」とは、有罪の消滅を意味する。前科は抹消され、法律上、復権する。いまだに服役中であった民間人の亀川哲也も、このときに釈放された。反乱罪の謀議参与で無期禁固となり、二度減刑されたものの、なおも在監していたのだった。

だが、死刑になった者はいわば死に損である。死刑の罪が消滅しても生き返るわけではない。主動組の野中四郎大尉と河野寿大尉はこの大赦の対象にはならなかった。事件直後、つまり裁判以前に自決しているからである。

すでに刑期を終えて出所した二・二六事件受刑関係者や遺族のほとんどは、大赦のあったことをながく知らないできた。本人や遺族の請求のないかぎり、法務当局からは通知しないきまりだったのである。大赦の事実は、五九年（昭和三十四）に、継宮明仁親王《つぐのみやあきひと》（今上天皇）の成婚に際し、関係者のなした恩赦の申請を機におおやけになった。同年五月一日付の、さきの恩赦課長名の法務省文書においてである。大赦からすでに一四年も経っていた。

あとがき

「東京における軍部反乱の新聞、ラジオ報道、四人あるいは五人の大臣の殺害、現代最悪の特徴をもつ、『帝国主義的国民主義・社会主義』による権力掌握。どうやら議会を排除するばかりでなく、『秩序』を維持するかにみえる軍部のために、文民国家一般を排除するものらしい。中国とロシアは重大な不安を感じている」。――一九三六年（昭和十一）二月二十六日、遠く離れたドイツの地で、作家トーマス・マンは二・二六決起をこのように日記にとどめる（森川俊夫訳『トーマス・マン日記』一九三五―三六）。

二・二六事件といえば、こうした類型で捉えられることが多い。つまり、天皇や国家あるいは大義や革新等々、大上段の歴史的理論の所産というイメージがつよい。これはおよそ、従来の研究のおおくが行為事実を綿密に洗うよりも、原因や動機を語ることで理念をうたってやまなかった決起将校らの証言を後追いしがちだったり、史実の評価が思想性の多寡に左右されがちであったためといえよう。

しかし、本書で心がけた「あるがまま」に追いかけてみると、事件が、とりとめのない思い込みや予期せぬ成り行き、偶然の重なり、といったなかでの駆け引きや損得勘定で展開した部分のじつに多いことをおしえてくれる。おおくの歴史上の出来事と同じように、である。

まず将校を大まかに主動組、快諾組、自然受諾組、慎重組、引き込まれ組の五グループでくってみた。さらにいえば、快諾・自然受諾・慎重組を中間層と解し、これと主動組、引き込まれ組という三層で捉えてみた。

「蹶起趣意書」によれば、決起は「大義を正し、国体の擁護開顕」のためだった。しかし、主動組の磯《いそ》部《べ》浅一《あさいち》元一等主計や栗原安秀《くりはらやすひで》中尉が追い詰められた挙句、大博打《ばくち》にうって出たという厳然たる痕跡は消しえない。

磯部の陸軍放逐、栗原の軍内での窮地、真崎甚三郎大将の教育総監更迭。陸軍を席捲しはじめた統制派の、皇道派にたいする攻勢は増す。そんななかで、もうひとつのテロ、相沢事件に先を越された、「やるやると言ってちっともやらないではないかと陰口をたたかれ」（池田俊彦『生きている二・二六』）、決起へむけて自縄自縛にも陥っていただろう栗原の尻に火がつく。

初めに決起ありき、である。「大上段の歴史的理論」がないわけではない。だが、それは二の次。起《た》ち上がることを余儀なくされた栗原が、そして磯部がうごいてできた主動組を中心に、決起部隊は即製される。泥縄式では詰めのある計画ができようはずはない。成否の鍵をにぎる侍従武官長本庄繁大将ルート以下四経路の上部工作は杜撰だった。後知恵を承知でいえば、勢いが味方しないかぎり、大博打に成功の見込みはうすかった。悲劇か、喜劇か。「尊皇討奸」の合言葉が真冬の雪に舞う。

「はしがき」をうけたかたちでつづいて記せば、事件は忠臣蔵にもたとえられる。はたしてそうなのか。なるほど、昭和の革新将校も元禄の赤穂浪士も、決起にいたるまで忍従した。結束し、起った。そして、大義をかかげて死んだ。

だが決起将校のうち、じつは大義を押し立て大義に殉じたのは、主動組ではなく快諾・自然受諾・慎重組の中間層だけだったといって大過ない。決起を画策したわけではないけれども、かれらには国家革新への熱い思いがあった。主動組にさそわれ、その思いゆえに決起した。大義があった。そして、引き込まれ組のような、他律的な参加でもなかった。

将校たちは敗れ去り、一九二〇年代末にはじまる昭和維新の舞台には幕がおりる。それなりの「討奸」ははたされた。しかし、望んだような国家改造はかなわなかった。

大義に殉じる忠臣蔵のイメージは、判決が事件の凶悪さや反国家・反社会性を強調しようとしたために、かえって決起側の計画性とか忠誠や忠烈性を過剰にうきあがらせてしまったことに生じたのではあるまいか。裁判記録からはそう読める。こうした過剰な浮上がまた、後世、研究者をして、二・二六事件を「あるがまま」以上に評価させるはめになったのではなかろうか。厳罰主義で臨んだ統制派の、「裁判にも期したカウンター・クーデター」は、決起将校がうたいたかった事件の確信犯的側面を過度に押し出してしまったようである。であれば、これは葬られたかれらの無言の報復、後世におけるあらたなカウンター・クーデターであったと、さしあたっては記しておこう。

大義のためという、いわば一種の〝純粋性〟の比重からすると、じつは相沢事件のほうが昭和の忠臣蔵だったかもしれない。決行した相沢三郎中佐にとっては〝誅殺〟あるのみだった。前日の朝には伊勢神宮に参拝。同日、上京し、その夜に明治神宮を遥拝。ひそかに決意し、だれにも話さず、軍刀をもって実行した。

相沢事件はまた、二・二六将校の中間層ともつうじている。どちらも、前面にかかげるのは大義であった。〝憂国の情〟でくることが可能だろう。相沢事件は、しいていえば二・二六事件の精神的側面であるはずの先取りないしは抽出とみられなくもない。このことは、「付」に載せた判決書からも読み取れるはずである。

さて、本書執筆の話があったのはもうずいぶん以前のことになる。その間、今日まで、朝日選書編集長の岡恵里氏にはすっかり御迷惑をおかけした。にもかかわらず、氏は、終始、御援助と御助言をおしまれなかった。お詫びし、心からのお礼を申し上げたい。

また、本書の作業に関連し、東京地方検察庁での裁判記録の調査のみならず、なにかと話にのっていただいたのは師の伊藤隆政策研究大学院大学教授（東京大学名誉教授）である。そして、ときに細かいキャッチボールにおうじてくださったのが、事件研究の先達で現代史懇話会主宰の田々宮英太郎氏、さらに、朝日新聞社前米子支局長で畏友の長谷川秋水氏には東京地検通いへの便宜ほか、御配意を賜った。お三方の御芳情にたいし、改めて感謝の意を表したい。

北　博昭

二〇〇二年秋

おもな引用・参考文献

〔史料類〕

安藤輝三「蹶行前後の事情並立場心境等につき陳述の補足」東京地方検察庁保管「二・二六事件記録」
池田俊彦編『二・二六事件裁判記録　蹶起将校公判廷』（原書房、一九九八年）
磯部浅一「手記」東京地方検察庁保管「二・二六事件記録」
磯部浅一「行動記」河野司編『二・二六事件　獄中手記・遺書』（河出書房新社、一九七二年ただし七七年版）
磯部浅一「獄中手記」河野司編『二・二六事件　獄中手記・遺書』（河出書房新社、一九七二年ただし七七年版）
伊藤隆・北博昭共編『新訂　二・二六事件　判決と証拠』（朝日新聞社、一九九五年）
伊藤隆・佐々木隆ほか編『真崎甚三郎日記』昭和七・八・九年一月〜昭和十年二月（山川出版社、一九八一年）
伊藤隆・佐々木隆ほか編『真崎甚三郎日記』昭和十年三月〜昭和十一年三月（山川出版社、一九八一年）
伊藤隆・佐々木隆ほか編『真崎甚三郎日記』昭和十一年七月〜昭和十三年十二月（山川出版社、一九八二年）
伊藤隆・佐々木隆ほか編『真崎甚三郎日記』昭和十八年五月〜昭和二十年十二月（山川出版社、一九八七年）

伊藤隆・林茂ほか編『二・二六事件秘録』全四巻（小学館、一九七一〜七二年）
入江為年監修・朝日新聞社編『入江相政日記』第一巻（朝日文庫、一九九四年）
戒厳司令部参謀部「二・二六事件機密作戦日誌」香椎研一編『秘録二・二六事件』（永田書房、一九八〇年）
戒厳司令部戒厳警察部「叛乱軍参加人員一覧表」松本清張編『二・二六事件＝研究資料』Ⅰ（文藝春秋、一九七六年）
戒厳軍医部長「新戒厳司令官に対する状況報告」松本清張編『二・二六事件＝研究資料』Ⅰ（文藝春秋、一九七六年）
「改正憲法の発布に際り恩赦施行奏請の儀請議」（『公文類集』第七十編巻四十、一九四六年、国立公文書館蔵）
香椎研一編『秘録二・二六事件』（永田書房、一九八〇年）
川島義之「言明」枢密院「東京陸軍軍法会議に関する件決議」一九三六年三月四日（国立公文書館蔵）
北一輝「日本改造法案大綱」野村浩一・今井清一解説『北一輝著作集』第二巻（みすず書房、一九五九年ただし六九年版）
北博昭編『二・二六事件　警察秘録』（不二出版、一九九五年）
木戸日記研究会編『木戸幸一関係文書』（東京大学出版会、一九六六年ただし七五年版）
木戸日記研究会校訂・木戸幸一『木戸幸一日記』（東京大学出版会、一九六六年ただし七四年版）
栗原安秀「昭和維新論」東京地方検察庁保管「二・二六事件記録」
栗原安秀「国家改造運動に参加せる事情」東京地方検察庁保管「二・二六事件記録」
慶応義塾大学法学部政治学科玉井清研究会編『近代日本政治資料②　二・二六事件と日本のマスメディア』

（同会、一九九四年）
「近衛師団行動詳報」松本清張・藤井康栄編『二・二六事件＝研究資料』Ⅲ（文藝春秋、一九九三年）
近衛師団長「被告事件に関する書類提出の件回答」東京地方検察庁保管「二・二六事件記録」
匂坂春平「大臣告示の種々」原秀男・澤地久枝ほか編『匂坂資料8　検察秘録二・二六事件』Ⅳ（角川書店、一九九一年）
匂坂春平「村岡少佐《ママ》の言」原秀男・澤地久枝ほか編『匂坂資料8　検察秘録二・二六事件』Ⅳ（角川書店、一九九一年）
参謀総長「部付将校自殺の件通諜」東京地方検察庁保管「二・二六事件記録」
『時事パンフレット第六輯　五・一五事件陸海軍大公判』（時事新報社、一九三三年）
渋川善助「公判進行に関する件」東京地方検察庁保管「二・二六事件記録」
枢密院「一定の地域に戒厳令中必要の規定を適用するの件会議筆記」一九三六年二月二十六日（国立公文書館蔵）
枢密院「昭和十一年勅令第十八号一定の地域に戒厳令中必要の規定を適用するの件廃止の件会議筆記」一九三六年七月十五日（国立公文書館蔵）
枢密院「東京陸軍軍法会議に関する件会議筆記」一九三六年三月四日（国立公文書館蔵）
枢密院「陸軍省官制中改正の件会議筆記」一九三六年七月二十三日（国立公文書館蔵）
枢密院「陸軍省官制中改正の件決議」一九三六年七月二十三日（国立公文書館蔵）
杉山元「杉山参謀次長の手記」高宮太平『軍国太平記』（酣燈社、一九五一年）
第一師団司令部「二月二十六日事件詳報」東京地方検察庁保管「二・二六事件記録」
「大東亜戦争終局に際り恩赦施行奏請の儀請議」（『公文類集』第六十九編巻七十一、一九四五年、国立公文

書館蔵）
「第六十九回帝国議会貴族院議事速記録第三号中秘密会議速記録」一九三六年五月七日
高松宮宣仁『高松宮日記』第二巻（中央公論社、一九九五年）
東京衛戍刑務所長「叛乱被告元将校等近況の件通諜」東京地方検察庁保管「二・二六事件記録」
東京衛戍刑務所「真崎甚三郎獄中接見録」高橋正衛編『現代史資料23　国家主義運動』㈢（みすず書房、一九七四年）
東京地方検察庁保管「二・二六事件記録」
内務省警保局『昭和十一年中に於ける社会運動の状況』（同局、一九三八年）
内務省警保局保安課『特高外事月報』昭和十一年二月分（同課、一九三六年）
「二・二六事件犯人逮捕後の状況に関する件報告『通諜』（第二報）」原秀男・澤地久枝ほか編『匂坂資料5　検察秘録二・二六事件』Ⅰ（角川書店、一九八九年）
原田熊雄『西園寺公と政局』第三巻（岩波書店、一九五一年）
原田熊雄『西園寺公と政局』第五巻（岩波書店、一九五一年）
原田熊雄『西園寺公と政局』第六巻（岩波書店、一九五一年）
原田熊雄『西園寺公と政局』第八巻（岩波書店、一九五二年）
東久邇稔彦『東久邇日記』（徳間書店、一九六八年）
「法務局長より法務官以下に対する要望」原秀男・澤地久枝ほか編『匂坂資料6　検察秘録二・二六事件』Ⅱ（角川書店、一九八九年）
歩兵第一連隊「二・二六事件経過要綱」東京地方検察庁保管「二・二六事件記録」
本庄繁『本庄日記』（原書房、一九六七年ただし七七年版）

松本一郎「二・二六事件北・西田裁判記録」(一)〜(四)『独協法学』第三八号〜四一号(一九九四〜九五年)
間野俊夫「間野俊夫判士手記」松本清張編『二・二六事件＝研究資料』Ⅰ(文藝春秋、一九七六年)
村上啓作「所謂『陸軍大臣より』の告諭経緯〔写〕」原秀男・澤地久枝ほか編『匂坂資料8 検察秘録二・二六事件』Ⅳ(角川書店、一九九一年)
村中孝次「続丹心録」河野司編『二・二六事件 獄中手記・遺書』(河出書房新社、一九七二年ただし七七年版)
村中孝次「同志に告ぐ」河野司編『二・二六事件 獄中手記・遺書』(河出書房新社、一九七二年ただし七七年版)
安井藤治「二・二六事件に関する戒厳参謀長の手記」松本清張編『二・二六事件＝研究資料』Ⅰ(文藝春秋、一九七六年)
安井藤治「備忘録」松本清張編『二・二六事件＝研究資料』Ⅰ(文藝春秋、一九七六年)
山中平三カ「陸軍罫紙鉛筆書きメモ」松本清張・藤井康栄編『二・二六事件＝研究資料』Ⅱ(文藝春秋、一九八六年)
吉田悳「Y判士『手記』」田中惣五郎『北一輝 増補版』(三一書房、一九七一年)
吉田悳書簡・高宮太平『軍国太平記』(酣燈社、一九五一年)

〔当事者・関係者の回顧類〕
安倍源基『昭和動乱の真相』(原書房、一九七七年ただし七八年版)
荒木貞夫「『陸軍大臣告示』のできたいきさつ」河野司編『二・二六事件 獄中手記・遺書』(河出書房新社、

一九七二年ただし七七年版）
有末精三『政治と軍事と人事』（芙蓉書房、一九八二年）
池田俊彦『生きている二・二六』（文藝春秋、一九八七年ただし八九年版）
大蔵栄一『二・二六事件への挽歌』（読売新聞社、一九七一年）
岡田啓介『岡田啓介回顧録』（毎日新聞社、一九五〇年）
小川関治郎「二・二六事件秘史」高橋正衛編『現代史資料23　国家主義運動』㈢（みすず書房、一九七四年）
小原直『小原直回顧録』（中公文庫、一九八六年）
片倉衷『片倉参謀の証言　叛乱と鎮圧』（芙蓉書房、一九八一年）
甘露寺受長『背広の天皇』（東西文明社、一九五七年）
木戸日記研究会・日本近代史料研究会編『鈴木貞一氏談話速記録』上（日本近代史料研究会、一九七一年）
国森四郎吉「出動は万事命令のまま」埼玉県史編さん室編『雪未だ降りやまず　続二・二六事件と郷土兵』（埼玉県史刊行協会、一九八二年）
小坂慶助『特高憲兵とその子』（日本週報社、一九六〇年）
斎藤瀏『二・二六』（改造社、一九五一年）
迫水久常『機関銃下の首相官邸』（恒文社、一九六四年ただし六五年版）
上法快男編『最後の参謀総長　梅津美治郎』（芙蓉書房、一九七六年ただし七七年版）
上法快男編・武藤章『軍務局長　武藤章回想録』（芙蓉書房、一九八一年）
末松太平『私の昭和史』（みすず書房、一九六三年）
塚本誠『ある情報将校の記録』（芙蓉書房、一九七九年）

徳永留男編・菅波三郎『昭和風雲私記』（私家版、一九九二年）
西田税「戦雲を麾く」佐伯彰一・鹿野政直監修『日本人の自伝』二二（平凡社、一九八二年）
橋本欣五郎「口述筆記」田々宮英太郎『二・二六叛乱』（雄山閣出版、一九七四年）
福田守次「合言葉を暗記して出動」埼玉県史編さん室編『二・二六事件と郷土兵』（埼玉県史刊行協会、一九八一年）
福本亀治『兵に告ぐ』（大和書房、一九五四年）
前島清「安藤大尉と私」埼玉県史編さん室編『二・二六事件と郷土兵』（埼玉県史刊行協会、一九八一年）
松村秀逸『三宅坂』（東光書房、一九五二年）
松本重治『上海時代』（中）（中公新書、一九七四年ただし八一年版）
茂木福重「蹶起部隊から鎮圧軍へ」埼玉県史編さん室編『二・二六事件と郷土兵』（埼玉県史刊行協会、一九八一年）
山口一太郎「五・一五事件」今井清一・高橋正衛編『現代史資料4　国家主義運動』㈠・月報（みすず書房、一九六三年）
吉田悳『鮒侍の嘆き』（防衛庁陸上幕僚監部、一九六〇年）

［研究文献・評論・その他］
『アサヒグラフ臨時増刊　二・二六事件画報』一九三六年
五十嵐智友『歴史の瞬間とジャーナリストたち』（朝日新聞社、一九九九年）
市倉徳三郎『歩兵第三連隊』（廣済堂出版、一九八〇年）
伊藤隆『昭和史をさぐる』（朝日文庫、一九九二年）

伊藤隆『日本の歴史　十五年戦争』30（小学館、一九七六年）
井上清『宇垣一成』（朝日新聞社、一九七五年）
今西英造『昭和陸軍派閥抗争史』（伝統と現代社、一九七五年ただし七七年版）
岩淵辰雄『軍閥の系譜』（中央公論社、一九四八年）
鵜飼信成『戒厳令概説』（有斐閣、一九四五年）
楳本捨三『天皇の叛徒』（光人社、一九七三年ただし七七年版）
大江志乃夫『戒厳令』（岩波新書、一九七八年）
大谷敬二郎『軍閥』（図書出版社、一九七一年ただし七四年版）
大谷敬二郎『憲兵秘録』（原書房、一九六八年）
大谷敬二郎『昭和憲兵史』（みすず書房、一九六六年ただし七九年新装版）
大谷敬二郎『二・二六事件』（図書出版社、一九七三年ただし七七年版）
大谷敬二郎『二・二六事件の謎』（柏書房、一九七五年）
岡村畯児『陸軍刑法講義』（良栄堂、一九三二年ただし三九年版）
尾崎竹四郎「二・二六事件と秩父宮」週刊文春編『私の昭和史』（文藝春秋、一九八九年）
加藤陽子『模索する一九三〇年代』（山川出版社、一九九三年）
刈田徹『昭和初期政治・外交史研究』（人間の科学社、一九七八年）
橘川学『嵐と闘ふ哲将荒木』（荒木貞夫将軍伝記編纂刊行会、一九五五年）
河野司『ある遺族の二・二六事件』（河出書房新社、一九八二年）
河野司『天皇と二・二六事件』（河出書房新社、一九八五年）
河野司訳・ベン＝アミ・シロニー『日本の叛乱』（河出書房新社、一九七五年）

司法省刑事局「右翼思想犯罪事件の総合的研究」今井清一・高橋正衛編『現代史資料4　国家主義運動』(一)（みすず書房、一九六三年）
杉森久英『参謀辻政信』（河出文庫、一九八二年）
高橋正衛『二・二六事件　増補改版』（中公新書、一九九四年）
高宮太平『軍国太平記』（酣燈社、一九五一年）
竹山護夫「2・26事件」河原宏・竹山護夫ほか『日本のファシズム』（有斐閣選書、一九七九年）
田々宮英太郎『検索！　二・二六事件』（雄山閣出版、一九九三年）
田々宮英太郎『権謀に憑かれた参謀　辻政信』（芙蓉書房出版、一九九九年）
田々宮英太郎『二・二六叛乱』（雄山閣、一九七四年）
田中惣五郎『北一輝　増補版』（三一書房、一九七一年）
田中時彦「五・一五事件」我妻栄・林茂ほか『日本政治裁判史録　昭和・前』（第一法規、一九七〇年）
筒井清忠『昭和期日本の構造』（有斐閣選書、一九八四年。のち九四年、講談社学術文庫）
筒井清忠『昭和十年代の陸軍と政治』（岩波書店、二〇〇七年）
戸部良一『日本の近代9　逆説の軍隊』（中央公論社、一九九八年）
中野雅夫『天皇と二・二六事件』（講談社、一九七五年）
ねずまさし『現代史の断面・二・二六事件』（校倉書房、一九九二年）
橋川文三『近代日本政治思想の諸相』（未来社、一九六八年ただし七三年版）
橋川文三「昭和維新とファッショ的統合の思想」ヨゼフ・ピタウ編著『総合講座　日本の社会文化史』第六巻（講談社、一九七四年）
秦郁彦『軍ファシズム運動史』（河出書房新社、一九六二年ただし七二年増補再版）

日高巳雄「軍刑法」末弘厳太郎編『新法学全集』第十九巻刑事法Ⅱ（日本評論社、一九三八年）
保阪正康『昭和陸軍の研究』上（朝日新聞社、一九九九年）
松沢哲成・鈴木正節『二・二六と青年将校』（三一書房、一九七四年）
松本一郎『二・二六事件裁判の研究』（緑風書房、一九九九年）
松本清張『昭和史発掘』8（文藝春秋、一九六九年）
松本清張『昭和史発掘』10（文藝春秋、一九七〇年）
松本清張『昭和史発掘』11（文藝春秋、一九七一年）
松本清張『昭和史発掘』12（文藝春秋、一九七一年）
美濃部達吉『逐条憲法精義』（有斐閣、一九二七年ただし二九年版）
森正蔵『旋風二十年』上巻（鱒書房、一九四五年）
矢部貞治『近衛文麿』（時事通信社、一九五八年ただし六七年版）
渡辺京二『北一輝』（朝日選書、一九八五年）
渡辺茂雄『宇垣一成の歩んだ道』（新太陽社、一九四八年）

付　相沢事件判決書

相沢事件は二・二六事件の半年前、一九三五年（昭和十）八月十二日におこった。陸軍省で皇道派の相沢三郎中佐（当時四五歳）が対立する統制派の同省軍務局長永田鉄山少将を、昭和維新の達成を妨害する元凶とみなし、斬殺した事件である。永田事件ともいう。本書で、再三述べてきたように、二・二六決起を煽る挙となった。

ここに掲げる判決書は、第一師団軍法会議における第一審（1）、陸軍高等軍法会議での上告審（2）の判決書である。三六年五月七日の第一審判決で相沢は死刑を言い渡されるが、上告した。六月三十日に上告審は上告棄却の判決を下し、死刑が確定する。翌月三日、相沢は陸軍の東京衛戍刑務所内で銃殺された。これらの判決書はいずれも現在、東京地方検察庁が保管する。1は真正の「写し」、2は「原本」をそれぞれ著者自身で筆写したものである。なお、1の「原本」は現在所在不明である。

これまでつたえられてきた第一審判決書は、「証拠説明の部」を欠いていた（例、内務省警保局編『昭和十一年中に於ける社会運動の状況』（同局、一九三八年））。ところが、この部は全体の六割の量を占めるだけでなく、従来不詳だった判決の根拠と判示犯罪事実の認定理由を明示する重要な箇所である。ここで、この部をふくむ判決全文を掲載する意味はおおきい。

たとえば、判決は、相沢中佐が斬殺を最後に決意した動機につき、「自己の期待するが如き情勢の変化なきことを知」ったため、と認定する。だが、いままでは、それがどんな具体的な内容にもとづく認定なのかはわからなかった。これについて、新紹介の証拠説明の部は、だれも「現時の憂うべき大勢を覆す様な計画はやって居らぬから」自分で斬殺を決意したということなのだ、と明かしているのである。

上告審の判決書はこれまで未発掘であった。だから、ここですべて紹介しておこう。一四点にものぼる相沢側の主張は「論旨理由なし」とか「理由とならず」とすべて一蹴されている。上告は棄却された。二・二六事件四か月後の判決であった。陸軍当局のきびしい粛軍態勢の一端をここにも見る思いがする。判決にみる一蹴につぐ一蹴はそれを物語ってもいよう。

以上について詳しくは、北博昭「二・二六事件新史料発掘――相沢事件未公開判決書」『中央公論』二〇〇〇年四月号に譲りたい。なお、同稿において、上告審判決書には、相沢側ふたりの弁護人のうち、菅原裕の主張の大部は掲載されていないと記したのは誤りである。ここに訂正しておきたい。

なお、上告審判決書で引用される第一審記録の文言は原文のママである。

1　第一審（第一師団軍法会議）

判　決

宮城県仙台市東六番町一番地
士族戸主
台湾歩兵第一連隊（原所属）
予備役陸軍歩兵中佐従五位勲四等　相沢三郎
明治二十二年九月九日生

右の者に対する用兵器上官暴行殺人傷害被告事件に付、当軍法会議は検察官陸軍法務官島田《しまだ》朋三郎《ともさぶろう》干与審理を遂げ、判決すること左の如し。

主　文

被告人を死刑に処す。
押収に係る軍刀一振（証第一号）は之を没収す。

理　由

被告人は明治三十六年九月仙台陸軍地方幼年学校に入校し、逐次陸軍中央幼年学校、陸軍士官学校の課程を終え、同四十三年十二月陸軍歩兵少尉に任ぜられ、爾来各地に勤務し累進して、昭和八年八月陸軍歩兵中佐に進級と同時に歩兵第四十一連隊付に、越えて同十年八月一日台湾歩兵第一連隊付に補せられ未だ赴任するに至らずして同月二十三日待命仰付けられ、次《つい》で同年十月十一日予備役仰付けられたるが、予《かね》てより尊皇の念厚きものなる所昭和四、五年頃より我国内外の情勢に関心を有し、当時の情態を以て思想混乱し政治経済教育外交等万般の制度機構孰《いず》れも悪弊甚しく皇国の前途憂慮すべきものありとし、之が革正刷新所謂昭和維新の要ありと為し、爾後同志として大岸頼好、大蔵栄一、西田税、村中孝次、磯部浅一等と相識るに及び益々其の信念を強め、同八年頃より昭和維新の達成には先ず皇軍が国体原理に透徹し挙軍一体愈々《いよいよ》皇運を扶《ふ》翼《よく》し奉ることに邁進せざるべからざるに拘らず陸軍の情勢は之に背戻するものありとし、其の革正を断行せざるべからずと思惟するに至りたるが、

同九年三月当時陸軍少将永田鉄山の陸軍省軍務局長に就任後、前記同志の言説等に依り同局長を以て其の職務上の地位を利用し名を軍の統制に藉《か》り昭和維新の運動を阻止するものと看做《みなお》し居りたる折柄、同年十一月当時陸軍歩兵大尉村中孝次及び陸軍一等主計磯部浅一等が叛乱陰謀の嫌疑に因り軍法会議に於て取調を受け、次で同十年四月停職処分に付せらるるに及び、同志の言説及其の頃入手せる所謂怪文書の記事等に依り、右は永田局長等が同志将校等を陥害せんとする奸策に他ならずと為し深く之を憤慨し、更に同年七月十六日任地福山市に於て教育総監真崎〔甚三郎〕大将更迭の新聞記事を見るや、平素崇拝敬慕せる同大将が教育総監の地位を去るに至りたるは是亦永田局長の策動に基くものと推断し、総監更迭の事情其の他陸軍の情勢を確めんと欲し、同月十八日上京し翌十九日に至り一応永田局長に面会して辞職勧告を試むることとし、同日午後三時過頃陸軍省軍務局長室に於て同局長に面接し、近時陸軍大臣の処置誤れるもの多く軍務局長は大臣の補佐官なれば責任を感じ辞職せられたき旨を求めたるが其の辞職の意なきを察知し、

斯《か》くて同夜東京市渋谷区千駄ヶ谷における前記西田税方に宿泊し、同人及大蔵栄一等より教育総監更迭の経緯を聞き、且つ同月二十一日福山市に立帰りたる後入手したる前記村中孝次送付の教育総監更迭事情要点と

題する文書及作成者発送者不明の軍閥重臣閥の大逆不逞と題する所謂怪文書の記事を閲読するに及び、教育総監真崎大将の更迭を以て永田局長等の策動に依り同大将の意思に反し敢行せられたるものにして本質に於ても亦手続上においても統帥権干犯なりとし痛く之を憤激するに至りたる処、偶《たまたま》同年八月一日台湾歩兵第一連隊付に転補せられ、翌二日前記村中孝次、磯部浅一両人の作成に係る粛軍に関する意見書と題する文書を入手閲読し、一途に永田局長を以て元老、重臣、財閥、新官僚等と款《よしみ》を通じ昭和維新の気運を弾圧阻止し皇軍を蠹毒《とどく》するものなりと思惟し、此の儘台湾に赴任するに忍び難く此の際自己の執るべき途は永田局長を殪《たお》すの一あるのみと信じ、遂に同局長を殺害せんことを決意するに至り、同月十日福山市を出発し翌十一日東京に到著したるも尚永田局長の更迭等情勢の変化に一縷の望を嘱し、同夜前記西田税方に投宿し同人及来合せたる大蔵栄一と会談したる末、自己の期待するが如き情勢の変化なきことを知り、茲《ここ》に愈々永田局長殺害の最後の決意を固め、

翌十二日朝西田方を立出《たちい》で同日午前九時三十分頃陸軍省に到り同省整備局長室に立寄り、嘗《かつ》て自己が士官学校に在勤当時同校生徒隊長たりし同局長山岡［重厚］中将に面会し、対談中給仕を遣わして永田局長の在室を確めたる上、同九時四十五分頃同省軍務局長室に到り直に佩《お》び居たる自己所有の軍刀（証第一号）を抜き、同室中央の事務用机を隔て来訪中の東京憲兵隊長陸軍憲兵大佐新見《にいみ》英夫《ひでお》と相対し居たる永田局長の左側身辺に急遽無言の儘肉薄したるところ、同局長が之に気付き新見大佐の傍に避けたるより同局長の背部に第一刀を加え同部に斬付け、次で同局長が隣室に通ずる扉迄遁れたるを追躡《ついじょう》し其の背部を軍刀にて突刺し、更に同局長が応接用円机の側に到り倒るるや其の頭部に斬付け、因て同局長の背部に長さ九、五糎深さ一糎及長さ六糎深さ十三糎、左顳部《さしょうぶ》に長さ十四、五糎深さ四、五糎の切創外《ほか》数箇の創傷を負わしめ、右刀創に因る脱血に因り同局長を同日午前十一時三十分死亡するに至らしめ以て殺害の目的を達し、
尚前記の如く永田局長の背部に第一刀を加えんとしたる際、前示新見大佐が之を阻止せんとし被告人の腰部

に抱き付かんとしたるより、右第一刀を以て永田局長の背部を斬ると同時に新見大佐の上官たることを認識せずして同大佐の左上膊部に斬付け因て同部に長さ約十五糎幅約四糎深さ骨に達する切創を負わしめたるものなり。

証拠を按ずるに判示事実は

一　被告人の当公廷に於ける判示被告人の経歴より愈々陸軍省軍務局長永田鉄山殺害の最後の決意を固むるに至る迄の事実に付、判示同趣旨の供述、

一　被告人に対する予審第二回訊問調書中同人の供述として、自分は予てより永田少将が軍務局長たる事は陸軍を毒するものと信じたる為七月十九日辞職を勧告したるが之に応ずる色なく、次で同月下旬粛軍に関する意見書を取上げ村中、磯部を免官せしむる話等を聞き益々永田局長が陸軍を攪乱するものと認め彼を斥ける為には殺害せねばならぬかと思い居たる矢先、八月一日台湾へ転任の事を知り赴任の上は容易に上京の機会を得難く赴任前に決行しなければならぬと考え、同局長殺害の為特に軍刀を佩び八月十日福山を出発し十一日品川駅著同夜西田税方に赴き一泊したり、西田方へ行けば何か変った話があるかも知れぬ故［栄二］大尉が来合せ、西田や大蔵の話に依り此の現時の憂うべき大勢を覆す様な計画はやって居らぬから此の現状は継続すると考え、之は如何しても血を濡《ぬら》さねば納まらぬと思い益々決行の決意が強固になりたり、

万一血を見ずに納まれば之に越したことはないと思い一屡《ママ》の望みを期待して西田の家へ行きたるに大蔵

翌日西田方を出て陸軍省に行き山岡整備局長に転任の挨拶を為し夫れより其の部屋を出て永田局長の部屋に行きたり、其の際の服装は軍服に軍刀を吊り永田局長の部屋に這入《はい》りたる処同局長は机の前に腰掛け確か其の机の前に二人居て相対し話をして居たと思う、自分が這入って行くと永田局長は二人の客の処へ遁れ三人が一緒になったと思う其の時自分は永田局長を目蒐《めが》けて一太刀を浴せると扉の処へ行かれ、私は其

の扉の処で右手で軍刀の柄を握り左手で刃の処を握り永田局長の背中を突刺したるに応接卓子《テーブル》の傍へ走り倒れたれば、其の跡を追い同局長の頭を目蒐け一太刀浴せ、夫れより其の部屋を出たる旨の記載、

一　被告人に対する予審第七回訊問調書中同人の供述として、自分は軍閥重臣閥の大逆不逞と題する文書、教育総監更迭の事情と題する文書及八月二日小川〔三郎〕大尉から受取りたる粛軍に関する意見書を読み、永田局長が国体原理に基き皇軍を指導統制し皇基を恢弘《かいこう》即国家革新昭和維新に進まんと志す真崎教育総監及我々同志の者を排斥せんと画策したる事を認めたり、即右文書に記載し在る十一月事件又は教育総監更迭問題等其の他の事実は明に永田局長が重臣財閥官僚と款を通じ、自己の政治的野望を遂ぐる為に或は無根の事実を陰謀偽作し或は大臣をして統帥権干犯を敢て為さしむる様画策したる事を一層明瞭に知り、其の為に自分の永田局長殺害の決意に大なる刺激を与えたり、尚自分は右文書の内容に付永田局長が画策したと云う真否に付特に自ら調査研究したる事なき旨の記載、

一　被告人に対する予審第十一回訊問調書中同人の供述として、村中の作成したる教育総監更迭事情要点と題する文書や出所不明の軍閥重臣閥の大逆不逞と題する文書中に、真崎教育総監の更迭は統帥権干犯なりと書き在るを見て自分も同感したるが其の外に深き根拠なし、尚右文書に書き在る如く永田局長が総監罷免を大臣に進言したる事は事実ならんと推測したるものにして、之と云う確証は持ち居らざる旨の記載、

一　証人西田税に対する予審第一回訊問調書中同人の供述として、昭和十年八月十一日夜相沢三郎は自分方へ訪ね来り宿泊し翌朝食事を共にしたる後出発されたるが、前夜相沢が来訪後大蔵大尉が自分方へ訪ね来りたる旨の記載、

一　同証人に対する予審第二回訊問調書中同人の供述として、自分は相沢より東京の情勢如何と尋ねられた様に思う、之に対し自分は其の後変化なしと云う様な意味を簡単に答えたと思う旨の記載、

一　同証人に対する予審第三回訊問調書中同人の供述として、相沢中佐を知ってより相当の年月を経其の間

会いたる回数も相当多き為何時如何なる話を為したるや一々記憶せざれども、永き間に自分の永田に対する認識即永田は我々の国家改造の理想実現を阻害する一人なりと云う事を断片的に話したかと思う、七月中旬頃に相沢中佐は自分方へ参り一泊したることあり、其の夜大蔵が来る様に記憶す、当夜教育総監更迭のありたる直後なりしを以て其れに付ての話も出た様にも思う、尚相沢中佐より永田局長を訪ね行ったとか云う事を聞きたる旨の記載、

一　被告人の当公廷に於ける八月十一日夜西田税方に於て愈々永田局長殺害の最後の決心を致し、翌十二日午前九時過頃西田方を立出で同九時半頃陸軍省に参り不図《ふと》自分が士官学校に在勤当時生徒隊長たりし整備局長山岡中将に面会する考を起し、同局長室に到り山岡中将に挨拶を申し述べ対談中給仕に命じて永田局長の在否を確めたるに、局長室に居ると云う返事を申し参りたれば午前九時四十五分頃軍務局長室に到り、扉の開いて居る入口より室内に這入りたるところ永田局長は入口の方に面して中央の事務用机の前に腰を掛け居り、其の机を隔て来訪中の軍人が確か二名腰掛け居ったと思う、或は一名であったかも知れぬ、室内に這入ると直に自分所有の軍刀を抜き、無言の儘、急いで永田局長の左側に迫り、之に気付きたる同局長が右方に避け、来訪中の軍人の所に遁れ、其の軍人と一緒になりたる際、同局長の背部に第一刀を加え斬付けたるに同局長は隣室に通ずる扉の処に遁れ、自分は其の扉の処で同局長の背後より突刺し、其の時刀は局長の背後より前の方に突抜け其の切先きが扉に刺さりたる如き気がしたり、次で刀を引抜きたるに同局長は円机の側に走り行き倒れたれば此の時こそ一刀両断と云う積りにて頭部に一刀を加えたり、自分が永田局長を斬る際同所に居合せたる来客の軍人は東京憲兵隊長新見大佐にして自分の為に負傷したることを後に知りたるが当時同大佐なることを知らず、自分は先きに述べたる如く永田局長が来訪中の軍人の所に遁れ其の軍人と一緒になったとき同局長の背部に一刀を加え斬付けたるものなれば、其の一刀に依り永田局長を斬り次で其の来客の軍人新見大佐の左腕を斬ったものと認むる旨の供述、

一　被告人に対する予審第六回訊問調書中同人の供述として、自分は局長室に這入て行きたる当時は永田局長を一刀両断の下に殺害し得るものと思い居り彼の様に同局長を追詰める様な場面を生ずるとは思い居らざりし為、他の人に危害を加える事になると云う事は当時思わざりしが、今より考えると若し自分の目的を邪魔する者あれば当然その者を斬っても目的を達する事に努めたと思う故、当時同室の一軍人が自分を抑止した事が事実なれば自分は其の邪魔を除く為に斬払ったものと思う、八月十二日麴町憲兵分隊に於て分隊長より新見大佐が負傷し居ると云う事を聞き自分が斬ったものと思いたる旨の記載、

一　証人新見英夫に対する予審第一回訊問調書中同人の供述として、自分は昭和十年八月十二日永田軍務局長に報告の為陸軍省に到り同局長室に行きたるは午前九時過頃と思う、自分は報告準備等を為し居りたる際歩兵の襟章を付けたる軍服の一軍人が抜刀を大上段に構え局長と腰掛の処にて向い合い、局長は確か手を挙げ防ぐ形を為し居るを見、其の犯人を取押えんと机の左側迄行きたるとき局長は自分の方に危難を避け来り、犯人も局長の後より迫り来りたれば自分は犯人の腰部に抱き付き局長を背後より斬らんとするを抑止したるに振払われて倒れ、更に起上って犯人を追わんとしたるも其の際左手を切られ居ることを知り追跡出来ざりき、尚自分は犯人より振払われるや犯人が局長を軍事課長室に通ずるドアの処に追詰めたるを見たるが、其の後の状況に付ては記憶なき旨の記載、

一　同証人に対する予審第二回訊問調書中同人の供述として、自分が起上らんとする際左腕に痛みを感じ犯人に斬られたることを知りたり、犯人の相沢三郎なることを知りたるは負傷の翌日なりしと思う旨の記載、

一　証人出月三郎に対する予審訊問調書中同人の供述として、自分は昭和十年八月十二日東京憲兵隊長新見英夫大佐の左腕の負傷を診察したるが、創《きず》の状況より見て腕の上部より下部に向け鋭利なる刃物で斬付けたものと思う、非常に鋭利に斬れ居る故他傷と判定す、尚用器は非常に鋭利なる物例えば日本刀の如きものと判断す、新見大佐が抜刀を持って居た加害者の左背後より同人の腰部に抱付いた際加害者より振払わ

れ、左様な際に受傷したとすれば創の状況と相照し最も適合すると思う旨の記載、
一　昭和十年八月十二日付陸軍一等軍医正竹内釼の作成に係る死体検案書中判示永田鉄山の創傷の部位程度に照応する記載、
一　同日付同軍医正の作成に係る死亡診断書中永田鉄山は昭和十年八月十二日午前十一時三十分陸軍省軍務局長室に於て刀創に因る脱血に依り死亡したる旨の記載、
一　同日付陸軍一等軍医出月三郎の作成に係る診断書中判示新見英夫の創傷の部位程度に照応する記載、
一　押収に係る軍刀一振（証第一号）の存在
を総合考覈《こうかく》して之を認定す。

依て判示事実は其の証明ありたるものとす。

法律に照すに、被告人の判示所為《しょい》中永田少将に対し兵器を用いて暴行を為したる点は陸軍刑法第六十二条第二号に、同人を殺したる点は刑法第百九十九条に、新見大佐の上官たることを認識せずして同人の身体を傷害したる点は同法第二百四条に各該当する処、右用兵器上官暴行殺人及傷害は一箇の行為にして数箇の罪名に触るるものなるを以て、同法第五十四条第一項前段第十条に依り其の最も重き殺人罪の刑に従い其の所定刑中死刑を選択して処断すべく、押収に係る軍刀一振（証第一号）は本件犯行に供したる物にして被告人以外の者に属せざるを以て、同法第十九条第一項第二号、第二項に依り之を没収すべきものとす。

仍《よっ》て主文の如く判決す。

昭和十一年五月七日

［第一師団軍法会議］

裁判長判士　陸軍少将　内藤正一
裁判官　陸軍法務官　杉原瑝太郎

裁判官　判士　陸軍歩兵大佐　木村民蔵

〃〔裁判官判士陸軍〕輜重兵大佐　立石益太

〃〔裁判官判士陸軍〕歩兵中佐　若松平治

2　上告審（陸軍高等軍法会議）

判　決

宮城県仙台市東六番丁一番地
士族戸主
元所属台湾歩兵第一連隊付
予備役陸軍歩兵中佐従五位勲四等　相　沢　三　郎
明治二十二年九月九日生

右用兵器上官暴行殺人傷害被告事件に付昭和十一年五月七日第一師団軍法会議に於て言渡したる判決に対し被告人は上告を為したり、因て判決すること左の如し。

主　文

本件上告は之を棄却す。

理　由

弁護人角岡知良上告趣意第一点は原判決は擬律錯誤の違法あり、原判決は其事実理由に於て「被告人は……［原文、以下同じ］予てより　尊皇の念厚きものなる処、昭和四、五年頃より我国内外の情勢に関心を有し当時の情態を以て思想混乱し政治経済教育外交等万般の制度機構孰れも悪弊甚だしく皇国の前途憂慮すべきものありとし、之が革正刷新所謂昭和維新の要ありと為し……昭和維新の達成には先ず皇軍が国体原理に透徹し挙軍一体愈々　皇運を扶翼し奉ることに邁進せざるべからざるに拘らず陸軍の情勢は之に背戻するもの

ありとし、其革正を断行せざるべからずと思惟するに至りたるが
仝《どう》九年三月当時陸軍少将永田鉄山の陸軍省軍務局長に就任後、同志の言説等に依り同局長を以て其職務上の地位を利用し名を軍の統制に藉《か》り昭和維新の運動を阻止するものと看做し居りたる折柄……昭和十年七月十六日任地福山市に於て教育総監真崎〔甚三郎〕大将更迭の新聞記事を見るや、平素崇拝敬慕せる同大将が教育総監の地位を去るに至りたるは是亦永田局長の策動に基くものと推断し……永田局長を以て元老、重臣、財閥、新官僚等と款を通じ、昭和維新の気運を弾圧阻止し皇軍を蠹毒《とどく》するものなりと思惟し……此際自己の執るべき途は永田局長を殪《たお》すの一あるのみと信じ遂に同局長を殺害せんことを決意するに至り……八月十二日午前九時三十分頃陸軍省に到り……仝九時四十五分頃仝省軍務局長室に到り直に佩び居りたる自己所有の軍刀を抜き、仝室中央の事務用机を隔て来訪中の東京憲兵隊長陸軍憲兵大佐新見英夫と相対し居たる永田局長の左側身辺に急遽無言の儘肉薄したる処、仝局長が之に気付き新見大佐の傍に避けたるより仝局長の背部に第一刀を加え仝部に斬付け、次で仝局長が隣室に通ずる扉迄遁れたるを追躡《ついじょう》し其背部を軍刀にて突刺し、更に仝局長が応接用円机の側に到り倒れるや其頭部に斬付け……因て仝局長を仝日午前十一時三十分死亡するに至らしめ以て殺害の目的を達し云々」と認定し被告人を用兵器上官暴行及殺人罪に問擬《もんぎ》したり、然れ共用兵器上官暴行罪は上官に対し暴行脅迫の意思を以て兵器を用いて暴行又は脅迫を加うるに因りて成立するものにして、暴行又は脅迫の意思なく最初より之れを殺害せんことを決意し軍刀を以て上官に斬付け之を殺害したるものなるに於ては、兵器を用いて上官に斬付けたる行為は殺人の手段方法に過ぎずして該行為は殺人行為に包括吸収せられて一個の殺人罪を構成すべきものにして、殺人罪の外別に用兵器上官暴行罪を構成すべきものにあらざることは恰も《あたかも》人を殺すの犯意を以て人に斬付け之を殺害したる場合、一個の殺人罪を構成すべきも別に暴行又は傷害罪を構成せざるに異ならず、前叙原判決の認定せる事実に依れば被告人は最初より永田少将を殺害するの意思を以て所携の軍刀を抜放ち軍務局長室に入り、同局長に斬付け殺害し

たりと云うに在るを以て、被告人の行為は一個の殺人罪を構成すべきものにして殺人罪の外別に用兵器上官暴行罪を構成すべきものにあらず、

然るに原判決は此点を看過し被告人の行為を殺人及用兵器上官暴行罪に問擬処断したるは擬律錯誤の違法あるものにして到底破毀を免れざるものと思料す、但し右上告論旨に対しては反対の判例あり（大正十三年(上)第十二号用兵器上官暴行及傷害事件同年七月二十三日判決言渡）、其趣旨を本件に類推すれば陸軍刑法は軍紀保持に重点を置き同法第六十二条所定の用兵器上官暴行罪の法益は上官たる地位身分にして、苟《いやしく》も兵器を用いて上官に対し暴行を加えたる場合は同条の適用あるべく、其為め死亡の結果を生じたる時は普通刑法の適用ありて一個の所為《しょい》にして二個の法条に触るるものとなすなり、然れ共右の判例趣旨は明かに誤判なり、

㈠即ち用兵器上官暴行罪は本質に於て暴行罪なるを以て暴行の故意を必要とす、故に暴行の結果被害者を死に致したる時は傷害致死罪（結果犯）の責任を負う可きものにして殺人罪を以て問擬すべきものにあらず、何となれば殺人罪を構成するには殺意を必要とするも前掲の場合は暴行の故意あるに止まり殺人の故意を欠如すればなり、然り而《しこう》して本件の場合に於て被告人は当初より殺意を有したりしことは争い無きを以て、仮に前掲判例の趣旨に従えば被告人の所為は用兵器上官暴行罪及び其の結果犯たる傷害致死罪と別に殺人罪の責任を負わざる可からざるに到る可し、一個の所為が一面に於て殺意の実行にして他面に於て殺意に到らざる程度の暴力意思の行為犯なりと做すは論理の自殺に非らずして何ぞや、

㈡加之《しかのみならず》暴行とは他人の身体に対する不法の攻撃なれども傷害に到らざる程度の打撃たることを要す、然るに本件の被告人は斯《かか》る程度の故意を有せず即ち傷害の程度に到らざる打撃を永田局長に加えんとする意思を有せず、寧《むし》ろ断然永田局長の生命を奪わんと欲したるものにして殺人の意思はあれども暴行の意思は当初より存在せず、故に原審が殺人罪の以外に用兵器上官暴行罪を以て問擬したるは明白に擬律錯誤なりと云わざるべからず、

㈢蓋《けだ》し前掲軍法会議の判例並に原判決に於て擬律錯誤を生じたる所以《ゆえん》は、軍刑法に於ては上官殺傷に関する明文を欠くが故に普通刑法の当該規定に由るの外なく、然る時は両者立法の特質に基因し往々彼此刑罰の均衡を失する場合を生ずるが故ならん（上官殺の場合は然らざれども上官傷害の場合は特に然りとす、これ前掲判例が擬律の錯誤を生ぜし所以なるべし）、然れ共斯る矛盾は法の不備に由るものにして右の場合は被害者の上官たる地位身分は重き情状として考慮すべく、普通刑法の当該法条以外に更に上官暴行罪の規定を適用すべきものに非らずと思料すと謂うに在れども、

凡そ人を殺害する目的を以て其の身体に対し不法に攻撃を加えたる場合に於て該行為に付暴行の認識ありしものと認むること固《もと》より当然なれば、其の被害者が陸軍刑法に所謂上官に該当するときは一面上官暴行罪を構成すべく而して特に同法に於て上官暴行を処罰する所以は、上官に対する暴行其のものを以て軍紀を侵害するものと為すに在ること夙《つと》に当軍法会議判例（大正十三年(上)第一二号《ママ》同年七月二十三日宣告）の示す所なり、尤《もっと》も右は一個の行為が上官暴行罪と傷害罪との二個の罪名に触るる場合に関する判例なるも、本件の如く上官を殺害したる場合亦同様の趣旨に解釈すべきものなるが故に上官暴行罪及殺人罪の成立を認むべきこと更に多言を要せず、

畢竟《ひっきょう》所論の趣旨は本件の如き殺害の場合には暴行の意思を認むべからずとの前提の下に論議を為すものなりと雖《いえど》も、人を殺害する目的を以て不法の攻撃を加えたる場合には当然暴行の認識ありしものと認むべきこと前叙の如し、然れば本件被告人が官等の上なる永田某に対し軍刀を以て斬付け同人を殺害したる行為に付原審に於て刑法第百九十九条の外、陸軍刑法第六十二条第二号及刑法第五十四条第一項前段を適用したるは正当にして、所論の如く原判決に擬律錯誤の違法あることなく論旨理由なし。

同第二点は事実の認定は証拠に依る（陸軍軍法会議法第三百八十三条）、然るに原判決は証拠に基かずして事実を認定したる違法あり、原判決は其事実理由に於て「被告人は……尚前記の如く永田局長の背部に第一

刀を加えんとしたる際前示新見大佐が之を阻止せんとし被告人の腰部に抱き付かんとしたるより、右第一刀を以て永田局長の背部を斬ると同時に新見大佐の上官たることを認識せずして同大佐の左上膊部に斬付け因て同部に長さ約十五糎幅約四糎深さ骨に達する切創を負わしめたるものなり」と認定し被告人を傷害罪に問擬したり、然れども同罪たるには人を傷害するの意思及認識を以て人を傷害するに因りて成立するものにして、人を傷害するの犯意認識なく物の機《はずみ》に人を傷害したるものなるときは過失傷害罪の成立するは格別傷害罪を構成すべきものにあらず、

然るに原判決証拠理由の部には「被告人の当公廷に於ける……自分が永田局長を斬る際同所に居合せたる来客の軍人は東京憲兵隊長新見大佐にして自分の為めに負傷したることを後に知りたるが、当時同大佐なることを知らず、自分は先きに述べたる如く永田局長が来訪中の軍人の所に遁れ其軍人と一緒になった時同局長の背部に一刀を加え斬付けたるものなれば、其一刀に依り永田局長を斬り次に其来客の軍人新見大佐の左腕を斬ったものと認むる旨の供述」「被告人に対する予審第六回訊問調書中同人の供述として……当時同室の軍人が自分を抑止したることが事実なれば自分は其邪魔を除く為めに斬ったものと思う、八月十二日麴町憲兵分隊に於て分隊長より新見大佐が負傷し居ると云うことを聞き自分が斬ったものと思いたる旨の記載」「証人新見英夫に対する予審第一回訊問調書中同人の供述として……犯人は局長の後より迫り来りたれば自分は犯人の腰部に抱き付き局長を背後より斬らんとするを抑止したるに振払われて倒れ、更に起上って犯人を追わんとしたるも其際左手を切られ居ることを知り追跡出来ざりき云々の記載」「同証人に対する予審第二回訊問調書中同人の供述として、自分が起上らんとする際左腕に痛みを感じ犯人に斬られたることを知りたり云々の記載」と説明しあるのみにして、

是れに因れば当時被告人も被害者も其左膊部に斬付けたること斬付けられたることを知らざりしと云うに在りて、被告人は傷害を為すの犯意又は認識を以て新見大佐の左腕に斬付けたと認むべき証拠は更に之を挙示

する所なし、然らば原判決は刑法第二百四条の傷害罪の成否に関する重要の事項に付き証拠に基かずして事実を認定したる違法あるものにして破毀すべきものと思料すと謂い、

同第三点は、原判決は証拠に基かずして事実を認定したる違法あり、原判決は其事実理由に於て「被告人は……尚前記の如く永田局長の背部に第一刀を加えんとしたる際、前示新見大佐が之を阻止せんとし被告人の腰部に抱き付かんとしたるより右第一刀を以て永田局長の背部を斬ると同時に、新見大佐の上官たることを認識せずして同大佐の左上膊部に斬付け因て同部に長さ約十五糎幅約四糎深さ骨に達する切創を負わしめたるものなり」と認定せり、然れども原判決の証拠理由の部に掲記せる全部の証拠に徴するも、新見大佐が一旦被告人の腰部に抱き付き被告人が永田局長を背後より斬らんとするを抑止したるも力及ばずして振払われたる際、判示の如き受創をなしたるの事実を認定するに足るも判示事実の如く「新見大佐が之を阻止せんとして被告人の腰部に抱き付かんとしたる」際、即ち詳言すれば抱き付かんとして未だ抱き付かざる一瞬前に受創したりとの事実を認定する証拠無し、果して然らば原判決は証拠に基かずして事実を認定したる違法ありて破毀を免れずと思料すと謂うに在れども、

苟も暴行を加うるの意思ありて人の身体に暴行を加え傷害の結果を生ぜしめたる以上は特に傷害を与うるの意思なき場合と雖茲《ここ》に傷害罪は成立すべく、所論の点に関する原判旨に依れば被告人は軍刀を以て永田某の背部に一刀を加えんとしたる際、新見某が之を阻止せんとして被告人の腰部に抱き付かんとしたるより永田某の背部を斬ると同時に新見某に斬付けたりと謂うに在りて、被告人は新見某に対し暴行を加うるの意思ありしことは之を認むるに難からず、

原判決は如上判示事実に対する証拠理由として原審公判廷に於ける被告人の供述、被告人に対する予審第六回訊問調書、証人新見英夫に対する予審第一回訊問調書、同予審第二回訊問調書、証人出月三郎に対する予審訊問調書の各供述記載及同人の作成に係る診断書の記載を引用し、此等の証拠を総合考覈《こうかく》して判示事実を

認定したること判文上自ら明なり、而して所論の如く「新見大佐が一旦被告人の腰部に抱き付き被告人が永田局長を背部より斬らんとするを抑止したるも力及ばずして振払われたる際、判示の如き受創をなしたり」との事実を認めざるを得ざるが如き証拠は原判決に挙示せざる所なり、

結局原判決は前叙の如く其の引用の各証拠を綜合考覈して判示事実を認定したるものにして之が証明に欠くる所なしと認むべく、論旨は畢竟《ひっきょう》原審の職権に属する証拠の取捨判断を非難し延《ひ》いて事実認定の当否を云為《うんい》するに外ならざれば、以て上告適法の理由と為すに足らず。

同第四点は、原判決の事実認定は実験方則《ママ》を無視し不可能なる事実を可能なるものの如く認定したる違法あるにあらざれば理由不備の違法あるを免れずと思料す、原判決の認定事実並に証拠説明によれば新見大佐傷害の事実は結局被告人は逃がれんとする永田局長の背部に加えたる第一刀を以て、同時に被告人の左背部より其の腰部に抱き付かんとしたる新見大佐の左腕に斬付けたりとの趣旨に帰着するものの如し、蓋し逃れんとする前方の敵に斬付けたる場合には剣も体も前方に躍進すべきを以て、右初太刀を以て同時に背後に迫る敵を斬付けることは絶対に不可能なり、約言すれば前方の敵に斬付けたる第一刀を以て同時に背後の敵を斬ることは剣道の実験法則上到底不可能事に属す、果して然らば原判決は右実験方則《ママ》を無視し不法に事実を認定したる非難を免れざると共に理由不備の違法あり、破毀せらるべきものと思料すと謂い、

同第五点は、原判決の採用したる昭和十年八月十二日付陸軍一等軍医正竹内釼作成の死体検案書五の8によれば、被告人が逃れんとする永田局長の背部に加えたる第一刀に依る損傷部位は「背部に二創存し其の一は右側頸部の真下にて脊柱より四糎を隔てる処より長さ九、五糎なる切創にして……其深さ一糎なり……二創共に略《ほぼ》脊柱に平行す」とあるに該当するを以て、右第一刀の剣線は水平線と九十度の角度を保つ垂線の方向に走りたるものなることを確認することを得べし（故に斜に流れたることなし）、故に新見大佐が判示事実の如く右第一刀に依り傷害を蒙りたりとせば当時仝大佐は被告人の前方右剣線の落下する垂線内に存在した

る事実なかるべからず、

原判決は事実理由の部に於ては当時新見大佐が被告人を阻止せんとして其の腰部に抱き付かんとしたる際、仝大佐が被告人の前方にありたるや背後にありたる　其位置如何に付明示する所なきも、証拠理由並に本件記録を通し当時同大佐が被告人の左背後にありたることは一点の疑い無し、故に同大佐が前示第一刀により て受創すべき道理なく斯る認定は物理的に不可能なりと云わざるべからず、果して然らば原判決は理由不備又は理由に齟齬ありて破毀を免れずと思料すと謂うに在り、

因て所論の点に関する原判示事実を閲するに「被告人は（中略《ママ》）尚前記の如く永田局長の背部に第一刀を加えんとしたる際、前示新見大佐が之を阻止せんとし被告人の腰部に抱き付かんとしたるより右第一刀を以て、永田局長の背部を斬ると同時に新見大佐の上官たることを認識せずして同大佐の左上膊部に斬付け云々」と在りて措辞稍《やや》妥当を欠くの嫌《きらい》なきに非ずと雖、其の「新見大佐が之を阻止せんとして被告人の腰部に抱き付かんとしたるより云々同大佐の左上膊部に斬付け」とある点より観れば、新見某が被告人の犯行を阻止せんとする挙動に出でたる為被告人は新見某の阻止行為を排除せんとして同人に斬付けたるものと認むるを相当とす、所論の如く新見某が被告人の腰部に抱き付かんとしたるは其の背後よりなる等の事実は、原判決の認定せざる所なるが故に原判示事実を以て実験法則に反するものと断ずるを得ず、然らば原判決に所論の如き違法ありと謂うべからず、論旨理由なし。

同第六点は、原判決の宣告は公判の規定に違背するものなり、陸軍軍法会議法第四百九条には「判決の宣告は公開して之を為す、但し弁論の公開を停めたる事件に付ては決定を以て理由の告知に限り公開せずして之を為すことを得」と規定しありて、判決の宣告を為すには公開を停むる旨の決定ある場合は理由の告知に限り非公開の儘之を為し得るに止まり、其他は絶対に之を公開せざるべからざるものなりとす、

原判決の基本たる原当公判調書を閲するに原審に於て審理を更新したる後は本件は安寧秩序を害すると共に

軍事上の利益を害する虞《おそ》れあるものとして審判の公開を禁じたるものなり、而して右公開禁止の決定は第十四回公判の終了迄之を解かれたる事迹《じせき》を窺知すべきものあることなきを以て、第十五回公判調書（判決宣告公判調書なり）に［］法廷は之を公開す」との記載無き以上、前記公開禁止の決定は依然として存続せられ第十五回公判も亦非公開の儘《まま》開廷せられ判決を宣告せられたるものと認むるの外なきものとす、然らば原審第十五回公判調書には前に為したる公開禁止の決定を解かれたりと認むべき記載なく又「法廷は之を公開す」との記載も存せざるを以て、原判決の宣告は非公開の公判に於て宣告せられたる事となり前示法条の規定に違背し、軍法会議法第四百二十四条第六号に依り到底破毀を免れざるものと思料すと謂うに在り、

因て訴訟記録を査するに原審第十一回公判調書に「裁判長は是より本件弁論の公開を為すは安寧秩序を害し且軍事上の利益を害する虞あるを以て、弁論の公開を停むる旨の決定を理由と共に宣告し」とあり、又同第十四回公判調書の末項に「法務官は弁論終結の旨を告げたり」とありて、之に依れば原審に於て弁論の公開を停めたるは第十一回公判に於ける弁論の始より第十四回公判の弁論終結に至る迄の間なること自ら明なるのみならず、第十五回公判調書（判決宣告）の冒頭に「用兵器上官暴行殺人傷害被告事件に付昭和十一年五月七日第一師団軍法会議公開法廷に於て」と記載し、特に「公開法廷」とある以上原審判決の宣告は全然公開して之を為されたるものなること極めて明確なりと謂うべく、然らば原審の公判手続に所論の如き違法あるものに非ず、論旨理由なし。

同第七点は、本件予審請求書は其要式を欠く無効のものなり、

㈠陸軍軍法会議法第一条には「軍法会議は左に記載したるものに対し其犯罪に付き裁判権を有す、一、陸軍刑法第八条第一号乃至第三号、第四号後段、第五号及第九条に記載したる者云々」と規定し、陸軍刑法第八条には「陸軍軍人と称するは左に記載したる者を謂う、一、陸軍の現役に在る者、二、召集中の在郷軍人、三、召集に依らず部隊に在りて陸軍軍人の勤務に服する在郷軍人、四、……現に服役上の義務履行中の在郷

軍人、五、志願に依り国民軍隊に編入せられ服務中の者」と規定しありて、右掲記以外の者にありては陸軍軍法会議に於て裁判権を有せざるものとす、

仍《よっ》て陸軍軍人に犯罪ありとして予審を求むるには被告人は右各号に該当するものなりや否やを明かにする為め被告人の所属部隊を記載せざるべからざることは前掲の二個の法文の解釈より生ずる当然の結論なり、然るに本件予審請求書には単に「被告人陸軍歩兵中佐相沢三郎」と記載しあるのみにして被告人の所属部隊の記載を欠如するが故に、同予審請求書は無効なりと云わざるべからず、

㈡検察官に於て被告人に犯罪ありとして起訴し予審の請求を為すには、書面を以て該検察官の属する軍法会議の予審官に之を為すべきを原則とす（陸軍軍法会議法第三百十二条同第三百十四条）、右の原則の当然の結論として予審請求書には何れの軍法会議の予審官に起訴し予審を請求したるものなりや、即ち其の予審を請求したる予審官の所属軍法会議を記載せざるべからざるものとす、而して又陸軍軍法会議法第三百十四条に於て予審請求書に書面主義を以てしたるは訴訟手続の精確を期する所以にして、予審請求書は予審請求手続の適否を検討吟味す可き唯一の文書なり、

仍て本件予審請求書を査閲するに其冒頭に「昭和十年八月十二日第一師団軍法会議検察官陸軍法務官島田朋三郎予審官御中」と記載しあるのみにして其の予審を請求したる予審官の所属の軍法会議を記載せず、従って何れの軍法会議の予審官に起訴し予審を請求したるものなるやを書面上之を知るに由なく、本件予審請求書は無効なりと云わざるべからず、既に然りとせば本件予審請求書は右㈠㈡の要式を欠如する無効のものにして之に基き予審手続を為し公訴を提起したるは違法なるを以て、原審に於ては軍法会議法第四百五条第二号に依り公訴を棄却すべきものなるに事茲に出でずして受理審判したるは違法にして、原判決は此点に於て破毀すべきものと思料すと謂うに在り、

因て訴訟記録を査するに所論の点に関する予審請求書の記載は論旨所掲の如し、然れども㈠該予審請求書に

掲げ在る犯罪事実中に被告人は台湾歩兵第一連隊付に補せられたる旨の記載存するのみならず、其の他訴訟記録に依るも予審請求の当時被告人は陸軍の現役に在りたる者にして、本件は陸軍軍法会議の裁判権に属する事件なること固より明瞭なりとす、次に㈡事件予審請求書に「第一師団軍法会議検察官陸軍法務官島田朋三郎」と記載し在る点、並訴訟記録に依れば所論「予審官御中」とある其の予審官とは当該検察官の属する第一師団軍法会議の予審官を指すものと認むるを相当とす、而して陸軍軍法会議法に於ける予審請求は公訴提起前の手続に属すること同法の規定に徴し明なるに拘らず、本件の予審請求を以て公訴提起の手続其の規定に違いたるものなりと為し公訴棄却を主張するは当らず、論旨は孰れも其の理由なし。

同第八点は、原判決は理由不備の違法あり、原判決は主文に於て被告人を極刑に処する旨を宣告し、其事実理由として「被告人は……予てより　尊皇の念厚きものなる処、昭和四、五年頃より我国内外の状勢に関心を有し当時の状態を以て思想混乱し政治経済教育外交等万般の制度機構孰れも悪弊甚だしく、皇国の前途憂慮すべきものありとし之が革正刷新所謂昭和維新の要ありと為し……昭和八年頃より昭和維新の達成には先ず皇軍が国体原理に透徹し挙軍一体愈々　皇運を扶翼し奉ることに邁進せざるべからざるに拘らず、陸軍の情勢は之に背馳しあるものありとし其の革正を断行せざるべからずと思惟するに至りたるが、同九年三月当時陸軍少将永田鉄山の陸軍省軍務局長に就任後、前記同志の言説等に依り同局長を以て其職務上の地位を利用し名を軍の統制に藉り昭和維新の運動を阻止するものと看做し居りたる折柄……同年七月十六日任地福山市に於て教育総監真崎〔甚三郎〕大将更迭の新聞記事を見るや平素崇拝敬慕せる同大将が、教育総監の地位を去るに至りたるは是亦永田局長の策動に基くものと思惟し……永田局長を以て元老、重臣、財閥、新官僚等と款を通じ昭和維新の気運を弾圧阻止し　皇軍を蠹毒するものなりと思惟し……此際自己の執るべき途は永田局長を殪すの一あるのみと信じ遂に同局長を殺害せんことを決意するに至り云々」と認定宣告したり、右原判決の認定宣告に依れば被告人は本件犯行の動機目的は尊皇絶対の信念の下に　皇軍の危機を救い国家を救うの途は一に永田局長の如き　皇軍を蠧毒する者を殪すの外なしと信じたる結果なりと云うに在りて、被告人は何等私利私憤の為め本件犯行を為したりと云うにあらざるを以て、其の行為は之を非とすべきも其の動機情状は同情に価すべく、従って叙上の事実理由を以てせば被告人を極刑に処断すべからざる理由にこそなれ、之を極刑に科すべしとの理由となすに足らず　尊皇愛国を基調とする日本人的社会通念に照らし特に然るを覚ゆ、元より刑の量定は事実審たる原審の専権に属するが故に敢て之を非難するに非ずと雖も、被告人を極刑に処せざるべからざる所以の理由を尽さざる原判決は結局判決に理由を付せざる違法ありとの非難を免れず、即ち此点に於ても原判決は破毀を免れざるものと思料すと謂うに在れども、法定刑の範囲内に於て刑を選択し処断することは原審の職権に属し、而して其の選択処断するに至りたる理由を示すことは法律の要求する所に非ざるが故に、必ずしも之が説示を為すの要なければ其の之なきの故を以て原判決に理由不備の違法ありと為すを得ず、論旨理由なし。

弁護人菅原裕上告趣意第一点は、本件に於て「被告中佐は予てより　尊皇の念厚きものなる処、昭和四、五年頃より我国内外の情勢に関心を有し当時の情勢を以て思想混乱し政治経済教育外交等万般の制度機構孰れも悪弊甚しく　皇国の前途憂慮すべきものありとし、同八年頃より昭和維新の達成には先ず皇軍が国体原理に透徹し挙軍一体愈々　皇運を扶翼し奉ることに邁進せざるべからざるに拘らず陸軍の情勢は之に背戻するものありとし、

同九年三月当時陸軍少将永田鉄山の陸軍省軍務局長に就任後、同志の言説等に依り同局長を以て其職務上の地位を利用し名を軍の統制に藉り昭和維新の運動を阻止するものと看做し、同年十一月当時陸軍歩兵大尉村中孝次及陸軍一等主計磯部浅一等が反乱陰謀の嫌疑に因り軍法会議に於て取調を受け、次で同十年四月停職処分に付せらるるに及び同志の言説及其の頃入手せる所謂怪文書の記載等に依り、右は永田局長等が同志将

校等を陥害せんとする奸策に外ならずと為し、同年七月真崎大将が教育総監の地位を去るに至りたるも永田局長の策動に基くものと推断し、同月十九日午後三時過頃同局長に面接し近時陸軍大臣の処置誤れるもの多く、軍務局長は大臣の補佐官なれば責任を感じ辞職せられたき旨を求めたるが其の意なきを察知し、其後同志より教育総監更迭の経緯を聞き、且つ村中孝次送付の教育総監更迭事情要点と題する文書及作成者発送者不明の軍閥重臣閥の大逆不逞と題する文書を閲読するに及び、教育総監真崎大将の更迭を以て永田局長等の策動に依り同大将の意思に反し敢行せられたるものにして、本質に於ても亦手続に於ても統帥権干犯なりとし痛く憤激するに至りたる処、偶同年八月一日台湾歩兵第一連隊付に転補せられ翌二日村中孝次、磯部浅一両人の作成に係る粛軍に関する意見書と題する文書を入手閲読し、一途に永田局長を以て元老、重臣、財閥、新官僚等と款を通じ昭和維新の気運を弾圧阻止し皇軍を蠹毒するものなりと思惟し、此の儘台湾に赴任するに忍び難く此の際自己の執るべき途は永田局長を殪すの一あるのみと信じ、遂に同局長を殺害せんことを決意するに至り」たるものなることは原判決が其事実摘示に記載し明認する処なり、即ち被告中佐が尊皇絶対の信念に燃え同志の言説文書等に依り統帥権干犯の事実を確信し　皇国皇軍の危機を深憂し、此儘放任することは臣節を全うする所以に非ずとして本件事犯を決行せられたるものなることは何等の疑い存せざる処なり、

更に予審第八回被告人訊問調書第八問答（四一七丁）「本年八月十一日上京車中に於て認めたる手記（証第六号）五頁に、荏苒《じんぜん》時を経過して彼等の考を実行に進むる時は其の祖国に殉ずる青年将校の挙は心痛に不堪《たえず》

陛下に対し奉り申訳なき事に到著するや測知《はかりし》るべからずと書いてあるが此の意味は如何」の問に対し、「夫れは私が永田局長の殺害を決行せずして其儘時を経過し同局長等の考え通り実行せしむる時は、御国は益々正しくない方向に進んで遂には之を憂うる至誠硬骨の青年将校が、党を組んで如何なる不祥事を惹起するやも知れないと云う意味を書いたのであります」との記載に見るも、中佐が急迫不正の国難を認識したる

事情を明確にするものなり、

而て刑法第三十六条に所謂自己又は他人の権利中には国家の権利を包含され居ること勿論なるを以て、本件に於て中佐が国難打開の目的を以て決行したる行為にして其認識正しとせば正に同条に該当し、正当防衛として罪と為らざること言を俟たず、又若し其認識にして誤りあらんか誤想防衛の問題生じ、又其防衛の程度にして過ぎたらんか超過防衛の問題生ず可しと雖、其根本に於て国難防衛の為めの所為たる以上同条の適用を受くべきこと疑を容れず、

然るに原審に於ては何等之に関する審理を為さず、根本に於て永田少将に統帥権干犯の事実ありしや否やに関し審理を竭《つく》さず、辛じて為したる真崎大将の喚問も其意に反して更迭を見たること以外明答を得ざるに拘らず更に進んで奉勅訊問の手続を執らず、被告中佐の　尊皇の念厚きを讃え乍《なが》ら本件行動が忠節に合致するものなりや否やに関し審理せず、遂に本件をして単純なる私闘的殺害事件として取扱い、今日国民の大部が国体不明徴時局不認識の政治家等に失望し最後の期待を軍の忠誠に懸くるの秋《とき》、其軍裁判に於て本件の如く赤誠無垢の中佐の忠誠心を抹殺し統帥権干犯事実を糊塗し国難打開の目的を法的に考慮せず、

本件の場合の如き動機目的は犯罪不成立の原由たるべき原理を忘却し、動機の如何に拘らずとして忠誠心を軽視する検察官の論告を鵜呑して、被告中佐をして遂に一暴漢と化せしめ終りたること皇国皇軍の為め真に遺憾に堪えざる次第なり、中佐固より死を恐るるに非ず、唯尊皇絶対の信念を閉却し統帥権干犯の事実を糊塗し軽挙盲動なりと断じ一暴漢の私闘として国家正義と共に本件を葬り去られんとする事態を国家の為め深憂し身を以て之を是正すべく、毀誉褒貶を度外に置き本件上告に及びたるものなれば、幸に此審理不尽理由齟齬の原判決を破毀し此点に関する十二分の審理を竭くし国家としても軍としても第一義的たる忠誠心を生かし、本件を結ばれんこと願望に堪えざる次第なりと謂い、

同第二点は、抑々《そもそも》皇国に於て最も尊重すべきは　至尊の大権なり、就中《なかんずく》統帥大権は列国に卓絶し儼乎《げんこ》として

日星の如く断じて之が冒瀆を許さゞるものなり、然るに万一被告中佐の確信せしが如く陸軍大臣、軍務局長等軍首脳部相謀り此大権を干犯し勅裁を受けし省部規定を蹂躙し、教育総監の帷幄《いあく》上奏の道を絶ちしが如き事、真実存在したりとせば、這《これ》は天人倶《とも》に許さざる皇国最大の不逞事にして皇国臣民として其害を除くに何の躊躇すべき要あらんや、況《いわ》んや軍人として更に皇軍将校として若し大権干犯の事実を知り之を除く事を躊躇せんか之れこそ不忠の臣と謂わざる可《べか》らず、中佐の認識にして誤ちなくんば禁闕《きんけつ》守護に際し闖入者を排撃すると何ぞ異なる処あらんや、事態に応じ緩急自ら度ありと雖、不得已《やむをえぬ》限り断乎として殲滅することそ皇威発揚国家保護の任にある皇軍将校の職責なりと謂わざる可らず、之れ豈《あに》敵前逃亡を企つる上官を斬るの比ならんや、

法治国家の通念は原則として各人の自力救済を禁止す、然れ共尚《なお》時と場合に依りては必ずしも之を否定するものに非らず、中佐は神に祈り友に聴き文書を研し最後迄熟慮に熟慮を重ね此不逞を確信し、永田少将を悪魔の総司令部、宮中の鵺《ぬえ》、禁闕の闖入者、蛤御門の役の長州兵と看做し、皇国皇軍の為め皇軍将校として其職責に基き唯一の方法として之を成敗天誅を加えたるものにして、此事実は本件記録の随所に明記立証せらるる処なり、

例之《これをたとえば》予審第三回被告人訊問調書第二問答（三二三丁）には「永田局長を殺害した動機は如何」との質問に対し、「永田は軍籍に而《しか》も同期の先頭の奉公するの寵遇を禀《う》くるに端然たるものなく時代の悪風に淩《さら》われて、軍人の本分を忽《ゆるがせ》にし漸次野望を増し遂に政治的野心を起し、世相内外騒然たる時に当り哀れにも昭和六年三月事件の主謀者の一人となって画策するに至り、次で十月事件に関係して益々其の野望を高め、彼が性来の組織的な頭脳を傾倒して着々と奸策を漸進的に軍内統帥部は勿論、漸次諸方面殊に在郷軍人を唆《そその》かして国民の一部に向い、幕僚等の官職に在る者を利用して窃《ひそ》かに雷同を図り、進んで林［銑十郎陸軍］大臣をして種々の勧告を排して軍務局長に彼を就任せしむる機を作り、

茲に愈々重臣、官僚、財閥等と款を通じ宇垣《うがき》〔一成〕、南〔次郎〕両大将等と林大臣をして接近せしめ、林大臣をして益々輔弼の責任を誤らしめました、それで永田は現世相に当り神州生気の発するものあるの明は更に皆無であって、浅薄なる思想より発する奸智を以て軍務局長の重責を権力化し、尽忠至誠の真崎大将の教育総監交替を陸相をして奏上せしめたる如き大逆なる犯罪を犯し、内外に対して軍の威信を失墜せしめました、是れ実に陸軍未曾有の不祥事であって明かに統帥権干犯に依って為されたもので天誅は将《まさ》に目睫《もくしょう》の間《かん》にあるは当然であります、

然るに此の交代に対して斎藤〔実〕、高橋〔是清〕を始め重臣等は挙《こぞ》って讃美したのに狂酔して愈々軍統制の美名に隠れて、村中、磯部等が神州生気の愈々燃えて無限の活動に努力し粛軍に関する意見を公にした事に対して全く皇軍を毒する私兵の不逞漢なりとして之を免官せしめました事は、全く永田が重臣、財閥、官僚等の手先となって漸次軍隊を私兵化せるものであります、尚従前真崎大将は至誠を以て嘗《かつ》て不仲なりし阿部〔信行〕大将を動かして一致協力せしめ、又海軍首脳部をも動かして茲に陸海軍協力一致するに至ったのは真崎大将の非常な努力に依ったもので、我皇軍は正に厳然たるものにならんとした際に、永田が真崎、荒木〔貞夫〕両大将等が皇軍を利せんとする野望を遂げる為に青年将校を唆かして種々に画策盲動を為さしめつつあると云う様な中傷的の怪文書を出して、林陸相との間を離間せしめ、林陸相をして政治的野望を抱かしめ遂に真崎大将を教育総監から退かしめたのであります、

此の事は折角皇軍の一糸乱れざる状態に向いつつあるのを根本的に破壊したもので、之が為に軍の統制が乱れた事を内外に暴露し特に蘇国〔ソ連邦〕をして思う壺に入らしめたもので、斯の如き状態では我陸軍は部内に党派が出来て互に対立し之が各所に及び陸軍自ら破滅に陥ります、此の憂を除く為には此の画策者たる永田を殺害する事が唯一の方法であると信じたのであります」との供述記載、

及原審第二回公判調書中にも（一一六八丁以下）「其れで私の認識の結論ですが私は次の様に感じ確信した

のであります、其れは元老、重臣、財閥、官僚と云う方々、政府或は軍当局と云うお方々、逐次私慾に基く権益擁護の目的を以て尊い昭和維新に翼賛し奉るところの此の勢を駆逐すべく、終には統帥権干犯も其の本質に於て将又《はたまた》其の手続上に於ても明瞭に犯して居られる、是れには種々な元兇があって或はいろいろ誘惑がある等に依って、皇軍が私兵化しつつある急速なる速度を以て歩みつつある、是れでは全く皇軍の危機である、皇軍が目前危機に陥って居る、目前国が破壊の危機に陥って居る、（中略《ママ》）是れは此の儘で行っては皇軍は本質に於て内紛が起きると感じ確信したのであります、

是れはいろいろ外国にも例があります、東西の歴史を見ると東洋史ではよく皇帝のお側に奸臣が居て自分が勢力を得て其の勢力を増すに随って表向きは王朝を尊ぶ、其して図らんが為めにいろいろ遜譲の美徳を発輝する、ところが陰には随分悪いことを逐次にやる、其していろいろ自分の便宜にならぬ者は逐次首を切って仕舞う、其して忠臣とか尊い人がお側に居ると毒殺したり或は弑《しい》したりする、然して自分の為めに王朝を軽んずる、遂に国内は乱臣賊徒に誘導される様なことが支那の歴史にもあります、

我国に於ては決して左様なことのない様に御努めするのが臣であります、即ち此の状態を達観しまして所謂国家が危機であると云うのは露西亜《ロシア》の共産党がいろいろ日本国内に禍いをする、其して国内に於て闘争を行《ママ》われ国内が乱れると日本の国内がいろいろごたごたする、其れに乗じて外国がやって来る、恰度《ちょうど》外国が思う壺の事を外国人の手先になって元老、重臣が私慾の為めに夢を見て居ると云うこと等であります、実に所謂皇軍の御《み》式微《しきび》の極《きわみ》であります、（中略《ママ》）

所謂国内が危機に瀕して居ると一般に云いますが、其の通りで皇軍は私兵化しつつある、所謂神国の危機である、而して其の事を今迄の生立ちの事からいろいろの方面有《あら》ゆる方面に頭を走らせ現状を達観するときに段々感じが鋭くなりました、夫れは私の父が大義名分は明かにせよ、お前は人になったら総て身命を天子様に捧げなければならぬと子供の時に云われたことが非常に頭の中に深刻になって来ました、尚無《む》外《がい》禅師から

いろいろ人世の進むべき道を聞き油然《ゆうぜん》として胸間に湧き出《い》で非常なる勇猛心、誠に自家宣伝の様ですが自分を左様な気持ちで身を挺して大に万星一条、地球を自分の決心を以て貫くと云う気分であります、（中略《ママ》）然るに当の責任者たる軍務局長永田閣下のお立場は寧ろ大臣閣下より尚以上元老、重臣、財閥或は軍閥のお方或は新官僚と脈絡を有するところの中心であり、直属であり、一口に云えば永田閣下が丁度悪魔の高等総司令部で一刀両断の下に之を殲滅することが此の場合に於きまして私の執るべき道と思いましたが、私は八月此の情況を見て其の儘台湾に赴任することは誰方《どなた》が考えても日本臣民皇軍将校として出来る筈ではありませぬ、（中略《ママ》）原宿に下車しました其の時は彼是午後九時半頃であったと思う、参宮橋を渡り鳥居前にて遥拝を致し私は精神を籠め両宮と同様祈願致しまして、私は此の一念が間違って居らなかったならば神明の御加護に依って天誅を成功させて戴き度いと云うことを心に籠めて祈願念願したのであります（下略《ママ》）」等の記載は、明瞭に被告中佐の信念、教養、決意、目的が唯皇軍将校として皇国皇軍の為め職責を遂行したるものなることを有力に立証するものなり、

然るに原審は此中佐の行動が皇軍将校としての職責の範疇に属するや否や、法的に之を云えば刑法第三十五条に所謂正当の業務に因り為したる行為なりや否や、又若し其範疇に属せずとするも被告中佐は此確信の下に断行したるものなれば錯誤の理論に拠《よ》りて判断すべきものなりや否や等に関し何等考慮する処なく、永田少将等軍首脳部に統帥権干犯の如き事実存せざりしことも、被告中佐の決行が単なる上官暴行殺人に非ずして大義名分を正さんとするに在りしことも共に明白にせず、漫然私闘的殺人罪を以て問擬し遂に軍に対する陰影を解消せしめられざりしなり、

時は正に非常時なり、民主々主義デモクラシーの思想は欧米心酔者の骨髄を麻痺せしめ、共産党の勢力は澎《ほう》湃《はい》として皇国の内外に弥漫《びまん》し、僅かに気概を存するの士は権力万能の国家社会主義に堕しつつあるが皇国の現状なり、此秋《このとき》に際し皇国を護る第一の武器は臣下に於ては忠の一字なり、忠に基く一切の行動を第一主義

とすることに於てのみ此危機を脱却し一層の躍進を遂げ得べし、寔《まこと》に忠の一字は古今を貫く皇国臣民の根本精神たること勿論なれ共、現下の場合特に之が確立の最大急務たるを痛感せざるを得ざるなり、司法裁判に就て之を観るも被告の懐抱せる信念にして忠節に合致せざるものは論ずる迄もなし、若し真に忠節より生じたる行動なるに於ては先ず第一に其原因動機に関し判断し大義名分を明かにし、然る後其行動を批判せざる可らず、軍裁判に於て特に之が必要を感ぜざる可らず、

然るに本件原審検察官の論告は動機の如何は問う処に非らずと一蹴し、又原判決は前半に於て被告の　尊皇心に触れしに拘らず後半に於ては全然之を忘却し忠誠心と国法との関係、換言すれば忠節が国法に如何に反映するか、忠節は刑法第六十六条の酌量減軽の第一に値すべきもの（刑法改正の綱領及同案第四十八条御参照）に関し些《いささ》かの考慮を払われざるが如きは、皇国皇軍の現状並に将来の為め衷心遺憾に堪えざる処なり、要之《これをようするに》原判決は此点に関し審理不尽理由不備の違法あるものにして須《すべから》く之を破毀し、真に皇国皇軍の真意義に徹せる御判決の為されんことを衷心より懇願する次第なりと謂い、

同第三点は、本件に於て若し被告中佐の認識したるが如き統帥大権の干犯行為ありたりとすれば、其逆徒に対し他に有効なる手段なきに於て天誅を加え皇国を救うことは独り軍人に留まらず、皇国臣民の権利且義務にして刑法の処分を受く可らざる正当行為と云うべきは前掲所論の如し、果して然らば本件に於て大正二年省部関係業務担任規定の存否、之に対する林陸相の違反行為の有無並に永田局長が該違反行為に対し牽連《けんれん》関係ありや否や等は、被告中佐の為めは勿論軍の威信の為めにも撤《ママ》底的に明確に為されざる可らざる事項なり、然るに原判決は此点に関し被告中佐の認識を或は同志の言、若しくは所謂怪文書、村中、磯部等の文書に依りたりと資料を羅列せしに止まり、其認識の正しかりしや否やに関しては何等論及判示する処なし、然れ共該認識正しとすれば被告中佐を単なる用兵器上官暴行殺人罪に問擬し且つ極刑に処せらるるの理由なき事明瞭なるを以て、敢て茲に出《い》でられし結果より推測すれば当時の陸軍省の声明並に検察官の論告同様、巷説の

盲信なりとして如此《かくのごとき》事実の存在を否定せられたるものと断ぜざる可らず、然るに原判決言渡後昭和十一年五月十八日の各新聞紙朝刊は一斉に陸海軍大臣現役軍人に限定さるの官制改正同日公布されたるを報道し、同時に陸軍に於ては従来陸相任命資格が予後備役大中将に拡張せられて以来慣行せられたる陸軍三長官会議も、今後は人事の決定は陸相の単独権限によって行われることとし、部内の統制を統一強化することになったのは最も注目される（読売新聞掲載）との報道を為したり、元来軍人の人事は帷幄に依って輔弼の責に任ずべく国務大臣たる陸相の専権に属すべからざることは統帥権の本質上当然にして、本改正が根本的に其本質を滅却するの誤謬に陥り居ることは言を俟たず、従而《したがって》三長官の会議の如き統帥権の本質上当然にして単なる慣行に非らざること多言を要せず、

然れ共此報道に依り少く共大正二年の官制改正以来陸軍の高級人事が三長官の会議に依て決定せられ居たる慣行の存在は明白となれり、唯此慣行が単なる任意的慣行なりや統帥権の本質上明定し勅裁を経たる省部規定に基き施行せられたるものなりや判明せざれ共、既に真崎教育総監の罷免は同総監の承諾を俟たず決定内奏されたることは橋本［虎之助］、林、真崎各証人の証言に依り明かなるを以て相俟て当時此慣行を履践せられざりしことは明瞭となりし次第なり、従て残る問題は唯勅裁を経たる同規定存在するや否やに懸るに拘らず、原審は之が取寄申請も真崎大将の奉勅訊問の申請も共に之を却下し、此点に関する審理を竭くさずして被告の不利益に認定せられたり、従而原判決は此点に関しても亦審理不尽理由不備の違法ありと謂わざる可らず、破毀せらるべきものと信ずと謂うに在れども、

原判示に依れば被告人が永田某を殺害したる行為に付違法阻却其の他免責の原由と為るべき事実存せざること判文上洵《まこと》に明瞭なるが故に、被告人は当然其の罪責を負担すべきものとす、仮に被告人に於て本件犯罪の動機目的等に付所論の如き信念を抱きたる所ありとするも、斯の如き事由は毫《すこし》も犯罪の成否に影響を及ぼさざるのみならず又仮令《たとい》如何なる事情存すればとて非合法的直接行動に出《い》ずるが如きは、断乎として之を排撃

するの要あること論を俟たず、尚論旨に審理を要求する各事項の如き亦其の存否如何に依り本件犯罪の成立に何等消長を来さざると共に、其の取調の程度範囲を決定することは専ら原審の職権に属し、当軍法会議に於て之が当否を判断するの限《かぎり》に在らず、論旨は結局本件被告人の行為は純真なる動機目的等に基くものなりとし、延《ひ》いて独自の見解を前提とし判旨に副わざる事実を主張して原判決を攻撃するに外ならざれば上告適法の理由と為らず。

同第四点は、原判決は永田少将死亡の時期を、陸軍一等軍医正竹内釼作成に係る死亡診断書の記載に因り昭和十年八月十二日午前十一時三十分と認定したり、然れ共同軍医に対する昭和十年八月三十日付の予審訊問調書を見るに其第二問答に、(問)証人は本年八月十二日午前十一時三十分永田鉄山少将(当時)の死体を検案したことは事実なりや、(答)事実であります、陸軍省軍務局長室に於て検案致しましたとの記載あり、由是観之《これによりこれをみるに》　午前十一時三十分は同軍医が既に死亡せる死体を検案したる時刻にして永田少将死亡の時期に非らざること寔に明瞭なり、

而《しこうし》て、一、同調書第五問答(問)致命傷は如何なる創と判断するや、(答)致命傷は検案書記載の(8)の其二の創と判断致しますとの記載及び、一、同軍医作成の死体検案書(8)中「背部に二創存し(中略《ママ》)第二創は長さ六糎にして其の形状は上方に於て稍々《やや》鈍《どん》し、消息子《ゾンデ》を入るるに皮下に於て上方に向い其の深さ十三糎を算す、創の下方に於ては筋膜を存し、上方に於て筋組織の損傷を認む、二創共に略《ほぼ》脊柱に平行すとの記載、一、同軍医作成に係る死亡診断書六病名刀創に因る脱血死との記載及び、一、検察官の山崎正男大尉聴取書中(九九丁)「自分が再び自分の机に帰って居る間に誰からともなく局長が駄目だと聞きましたので、自分の業務が儀式に関係して居る為葬儀の事を調べて居りますと、同日午前十一時頃「軍事課」課長から呼ばれ課長室に行き初めて課長に会い葬儀関係の研究を命ぜられました、(中略《ママ》)再び自室に帰ってから他の者と兇行は何時頃であったかと話合って時計を見たのが午前十時頃云々」の記載、

一、検察官の北島規矩朗一等軍医聴取書中（一四九丁以下）「同日午前九時半過ぎ頃云々、軍務局長が大変だと云いますので私は急いで飛出そうとしましたが、若しも病気であると聴診器が必要であるから入口から引返えして聴診器を持って飛出しました、（中略《ママ》）局長は円卓の向側に仰向けに倒れて沢山出血して居って其出血は大部分右側でありました、私は直に局長の右側で右手を握って見ましたが脈膊《ママ》は無く瞳孔は散大し、当時出血しつつあると云う状況は見ませんでした、右側に出血が甚しい形跡が在ったので胸の釦《ボタン》を脱《はず》して見ましたら右頸部に相当深い創傷がありましたので、一寸開いて見ると溜って居った血がだらだらと落ちましたが更に出血する模様はありませんでした、私は其創は恐らく頸動静脈を斬って居るものと思いました、（中略《ママ》）余程時刻を過ぎてから軍医学校から竹内軍医正等が来ました云々」との記載等を総合考覈すれば、永田少将死亡の時刻は即死たること頗る明瞭なり、如此《かくのごとく》明白なる証拠関係存するに拘らず原判決が誤記たること一見明瞭なる死亡診断書の記載のみを採て、以て午前十一時三十分と断定したるは陸軍省が午後四時永田中将［事件により進級］薨去《こうきょ》せらると発表して永田少将遂に死せずと噂されたると同様、殺人事件に於て最も重要なる死亡の時期に関し充分なる審理を尽さず医学を無視し、証拠と矛盾する認定を為したる審理不尽理由齟齬の違法あり破毀を免れざるものと信ずと謂うに在れども、所論本件被害者永田鉄山の死亡時刻の点に付、原判決は陸軍一等軍医正竹内釼の作成に係る死亡診断書の記載を以て其の証拠に援用せり、然るに論旨は之に一致せざるが如き別の書類の記載を挙げて原判示を彼是《かれこれ》論難するも、右は結局原審の職権に属する証拠の取捨判断及事実の認定を攻撃するに帰するが故に、上告適法の理由と為すに足らず。

同第五点は、原判決は其理由中事実摘示の末尾に於て「尚前記の如く永田局長の背部に第一刀を加えんとしたる際、前示新見大佐が之を阻止せんとし被告人の腰部に抱き付かんとしたるより、右第一刀を以て永田局長の背部を斬ると同時に、新見大佐の上官たることを認識せずして同大佐の左上膊部に斬付け、因て同部に長さ約十五糎幅約四糎深さ骨に達する切創を負わしめたるものなり」と記載し、被告中佐は第一刀を以て永田少将と新見大佐の両氏を故意を以て傷付けたるものと認定せられたり、

而て此点に関する証拠は被告中佐と新見大佐の供述以外に之を求むるを得ざるに拘らず、被告中佐は徹頭徹尾永田少将を一刀両断せんの一心にて他を顧るの余念無く、検察官の聴取並に予審官の訊問、公判、何れも終始一貫余人を傷《きずつ》けたるの認識を否定したり、今原判決が右事実認定の証拠として採用されたる供述を検すれば、

一、被告人の原審公廷に於ける供述中「云々自分が永田局長を斬る際、同所に居合せたる来客の軍人は東京憲兵隊長新見大佐にして自分の為に負傷したることを後に知りたるが、当時同大佐なることを知らず、自分は先きに述べたる如く永田局長が来訪中の軍人の所に遁れ其の軍人と一緒になったとき同局長の背部に一刀を加え斬付けたるものなれば、其の一刀に依り永田局長を斬り次で其の来客の軍人新見大佐の左腕を斬ったものと認むる旨の供述」を引用しあれ共、

右は唯永田局長が来訪中の軍人の所に遁れ、其軍人と一緒になったとき同局長の背部に一刀を加えたるものなれば、同時に新見大佐の左腕を斬ったものと認むと云うに過ぎずして、何等傷害の故意を自供したるものに非ずして、却《かえつ》て原審に於ける第二回公判調書（記録一二一三丁以下）の記載「其れから先に二階から担架でお出になったのが、新見憲兵大佐殿であったと云うことを憲兵分隊長からのお話で知りましたが、併《しか》し全く私は覚えなかったのでありますが、其の他に刀を振った人がないのでありますから其の部屋で怪我をされたことは他の人がやったのではない、怪我をさせたのは全く私である、全く済まぬことをした、併し私は其れでは覚えがあるかと申されても如何《どう》考えても覚えありませぬ、再三再四斯様《かよう》なことを訊ねられましたが矢張り覚えありませぬ、憲兵隊でも再三お前其の様認識があったのではないかと云う様に検察官からも再三訊ねられたが、幾程考えても左様ではないので如何云う場合に怪我をさせたのか判りませぬが、併し兎《と》に角《かく》怪

我をさせたのは私であると云うこと丈《だ》けは判然《はっき》り認めます」に依れば、覚えはないが其責任丈は回避せぬとの供述たること明白にして、之れを以て故意傷害罪の証拠と為し難きは論を俟たざる処なり、

二、被告人に対する予審第六回訊問調書中同人の供述として「自分は局長室に這入《はいっ》て行きたる当時は、永田局長を一刀両断の下に殺害し得るものと思い居り、彼の様に同局長を追詰める様な場面を生ずるとは思い居らざりし為、他の人に危害を加える事になると云う事は当時思わざりしが、今より考えると若し自分の目的を邪魔する者あれば当然其の者を斬っても目的を達する事に努めたと思う故、当時同室の一軍人が自分を抑止した事が事実なれば、自分は其の邪魔を除く為に斬払ったものと思う云々」の記載も亦之を証拠として引用しあれ共、

「他の人に危害を加える事になると云う事は当時思わざりしが、今より考うると」の一言を以て前公判調書記載同様其当時は全然意識せざりしこと明白にして、今日に於て如何に考うるとも拠《よっ》て以て犯行当時の故意の立証と為し難きことは論を俟たず、又「抑止した事が事実なれば」と特に仮定を設けて供述せるは、被告中佐の人格上新見大佐の名挙《ママ》〔誉〕の為めに特に抱付の事実を否認せられざるも、後記福本〔亀治〕特高課長通報書は数回抱付きたることになり居ることより観ずれば抱付行為自体に頗る疑問の点なしとせず、況んや「邪魔を除く為めに斬払ったもの」に非らざることは、新見大佐が力強く振払われたる後起上らんとする迄の間に受けたる創たること一貫して供述せる処にして、如斯所謂未必の故意を以て覆わんとするが如き法律的技工に基き為されたる質問応答は、責任感厚く純真無垢なる被告中佐の如きに対する場合は真相把握に有力なる証拠たり得ざることは多言を要せず、

現に同訊問調書三二問答（三九五丁）「二人の軍人が何人なりしや又は階級が如何なりしや」の問に対し、「当時何人なりしや判りませんでした、階級に付ては二人居る事を認めた時に自分より上級者である様に感じました」との自供あるに拘らず之に一顧を与えず、新見大佐に対する関係に於ては用兵器上官暴行の成立

を否定されあるに拘らず、傷害に関してのみ此空漠たる供述を無理に故意の証拠に利用されたるは、採証法則に違背し虚無証拠に依り事実認定を為されたるものと謂わざる可らず、

更に、三、証人新見英夫に対する予審第一回訊問調書中同人の供述として「云々一軍人が抜刀を大上段に構え局長と腰掛の処にて向い合い、局長は確か手を挙げ防ぐ形を為し居るを見、其の犯人を取押えんと机の左側迄行きたるとき局長は自分の方に危難を避け来り、犯人も局長の後より迫り来りたれば自分は犯人の腰部に抱き付き局長を背後より斬らんとするを抑止したるに振払われて倒れ、更に起上って犯人を追わんとしたるも其の際左手を切られ居ることを知り追跡出来ざりき云々」、而て本調書の記載は次の第二回訊問調書と相俟て読まざる可らず、

即ち四、新見大佐第二回予審訊問調書（第四問答五七九丁）「私は犯人の闖入して居るのを知るや、直に無意識にこらっと叫び乍ら手にした書類を元の物入に納めつつ机の左側へ進みますと、局長は私の方向に向って遁れ来り、犯人は之を追い迫って来ました、東の窓辺りに局長を追詰めんとするを私は犯人の左背後から犯人の腰部に抱付き抑止しましたが、犯人は非常な勢で私を振払いました為、私は机の左側に頭を北の方に向けて伏せ倒れました、其処で私は起上らんとしましたが左手に痛みを感じああ斬られたなと思って云々」、右両予審調書に依れば新見大佐は被告中佐が永田少将を東の窓辺り迄追い詰めたる際、左背後より抱付き力強く振払われたること明かにして、永田少将は被告中佐の前方に新見大佐は後方に位置し居たること明瞭なり、従て前後の二人を一刀に斬付くることの至難なるは勿論、出月軍医の供述に依れば之を否定して余りあり、

五、出月軍医に対する予審訊問調書（六六七丁以下）四、問「創の状況より見て鋭利なる刃物を如何なる方向より如何に使用して生じたる創と判断するや」、答「創の状況より見て左腕の内方（新見大佐の身体の前）より腕の上部から下部に向けて鋭利なる刃物で斬付けたものと思われます［」］、六、問「新見大佐が予

審で供述する処に依れば抜刀を持って居た加害者の左背後より同人の腰部に抱付いた際、加害者より振払われて其際診断書記載の如き創を受けたと述べて居るが、右創は斯《かく》の如き場合に生じ得るや「」、答「左様な際に受創したとすれば創の状況と相照して最も適合すると思います」、八、問「新見大佐の創は鋭利な刃物で余程強く斬ったものと判断するや」、答「相当の力で斬ったものと思いますが、さりとて全力を注いで斬ったものとは思われません」、即ち由是観之新見大佐は被告中佐の背後に位置し単に力を以て振払われたる後、起上らんとして負傷したるを認識したる次第なり、

従而被告中佐が前方に在る永田少将に第一刀を加えると同時に、其儘其第一刀を以て後方の新見大佐を斬らんとするが如きは如何に剣道に達し居ても到底為し得ざる処にして、仮に出来得べしとするも其後方に位置する者の創は下部より上部へ斬上げられざる可らざるものにして、軍医の診断とは反対の結果に立たざる可らず、而て右第六問答は第一刀に非らずして別に振払う際、加えられたる刀創なることを説明し居ること明かなるを以て第一刀の証明と為し難きは言を俟たず、

要之新見大佐の創は第一刀に非らざることは勿論、偶然過失に依り刀と腕とが相打ち生じたるものなること疑を容れず、蓋し力を入れて故意に斬下ろしたる一刀に依り生じたる創とすれば如此浅創にて留まるべき理由あることとなし、前記出月軍医の第八問答は此事実を証して余りあり、

六、福本特高課長の通報書（記録二十一《ママ》丁）、更に新見大佐が遭難後第一番目に語られし東京憲兵隊特高課長福本亀治氏の八月十二日付通報書に拠れば、一層原判決の認定の不当なること明瞭なり、二《ママ》、隊長の漏らされたる断片的の言葉を総合するに当時隊長は軍務局長室に於て憲兵所管業務に付報告中、突然一将校抜刀の儘闖入、軍務局長に斬付けたるを以て該将校の背後より抱付き極力之を制止せんとしたる際、振り払われ左腕に切創を受けたるも屈せず、更に二回余抱付き制止せんとしたるが、該将校の力強き為振り払われて遂に制止し得ず云々、

七、診断書（出月軍医作成）現症中意識稍溷濁《ややこんだく》し応答明瞭ならず精神興奮す、顔貌憔悴し顔色蒼白にして口渇を訴う、瞳孔稍散大左右同大にして対光反応稍鈍なり、右に依れば事後相当時間経過したる後診察を受けたる時尚精神興奮瞳孔稍散大せるの状況なり、当時の喫驚《きつきょう》狼狽は策《さく》施すなく、又当時の記憶明瞭ならざるが真相なり、

大佐負傷の場所も或は机の左側と云い或は東南側窓際と云う、然れ共少将は机の前方より（机を一周し）軍事課長室の方へ遁れ、中佐は逆戻りして追躡《ついじょう》（予審第二回被告人訊問調書三四問答三一五丁）したること明かなるを以て、少く共第一刀は事務机の右側に於て加えられたること想像に難からず、東南側窓際に追詰めての第一刀なりとすれば続いて第二刀を其場所に於て加えられざりし理を解する能わず、然れ共窓際に非らずとすれば左背後より抱付たりとの事実頗る奇観を呈する次第なり、

新見大佐の書翰（八月十九日付一二七九丁）先日は小生の周章狼狽《しゅうしょうろうばい》其の尽すべき所を尽さざりし為め遂に永田軍務局長を死に至らしめ、且は貴官をして全く不自由の身とならしめ誠に恐縮且つ慚愧に堪えず、深く其の責任を痛感し其の罪万死に価す、茲に謹んでお詫申し上げる、尚当時新聞紙は新見大佐は病院に於て枕頭に故少将と中佐との写真を飾り詫び居らるると其心境を報道し、国民をして感激せしめたり、

若し福本特高課長の通報書、予審証人訊問調書並に原審判決事実認定の如くんば、大佐は憲兵隊長として尽くすべき総てを尽くし斬倒されたるものにして何等慚愧せらるる処なし、況んや故意傷害の加害者たる被告中佐に対して何の詫びらるる理由あらんや、周章狼狽と云い恐縮慚愧と云い其罪万死に価すと所懐を述べられたる点より之を推断するも、同大佐が被告中佐の故意の一刀を浴びて倒れられたるものに非ざること窺知《きち》するを得べし、

要之同大佐に対する故意傷害の一点は何時何処で如何にして加害したるものなりや一切明瞭を欠き、且つ之を立証すべき何等の証拠無きのみならず、記録に現れたる証拠に依りては寧ろ過失傷害の事実明白なるに拘

らず、原判決は検察官の見解とも異り漠然第一刀に基く故意傷害を以て問擬したり、従て原判決は審理不尽且つ証拠に基づかずして事実認定を為し、若くは擬律の錯誤を為したる違法ありと謂わざる可らず、破毀を免れざるものと信ずと謂うに在れども、本論旨の理由なきことは弁護人角岡知良上告趣意第二第三第四第五点に対する説明に就き之を了解すべし。

同第六点は、原判決は其理由事実摘示に於て「被告中佐は永田局長を殺害せんことを決意し云々、同局長の背部に第一刀を加え同部に斬付け、次で同局長が隣室に通ずる扉迄遁れたるを追躡し其の背部を軍刀にて突刺し、更に同局長が応接用円机の側に到り倒るるや其の頭部に斬付け、因て同局長の背部に長さ九、五糎深さ一糎及長さ六糎深さ十三糎、左顳顬部《さしょうじゅぶ》に長さ十四、五糎深さ四、五糎の切創外数箇の創傷を負わしめ、右刀創に因る脱血に因り同局長を同日午前十一時三十分死亡するに至らしめ、以て殺害の目的を達し」と判示したるに拘らず、

其法律適用に於ては「被告人の判示所為中、永田少将に対し兵器を用いて暴行を為したる点は陸軍刑法第六十二条第二号に、同人を殺したる点は刑法第百九十九条に、新見大佐の上官たることを認識せずして同人の身体を傷害したる点は同法第二百四条に各該当する処、右用兵器上官暴行殺人及傷害は一個の行為にして数個の罪名に触るるものなるを以て、同法第五十四条第一項前段、第十条に依り其の最も重き殺人罪の刑に従い其の所定刑中死刑を選択して処断す云々」と判示されたり、

従而原判決に依れば殺人の故意を以て数刀を加え依て以て其目的を遂げたる場合、其殺害行為は同時に暴行罪を倶発《ぐはつ》し其両罪は想像的併合罪を構成すと云うに在るが如し、然れ共所謂暴行は通常「自然力を他人の身体に施用する一切の行為中傷害の程度に達せざるもの」を謂うが故に、傷害の程度に達したる場合は傷害のみ存立し特に暴行の観念を容れず、同様に殺人の方法として暴行、傷害の数行為存すと雖尚且殺人罪のみ成立し、傷害罪、暴行罪若くは衣服の毀棄罪等の倶発と為すこと無し、蓋し如此は講学上法規競合中の吸収関係

に立つものとして解せらるるなり、
陸軍刑法第六十二条の所謂用兵器上官暴行罪は其罪質に於て一般暴行罪と異なるや否やを検討するに固《もと》より、同条は用兵器なる方法と上官なる客体に制限を付されあることは明瞭なれ共、其究極の目的は暴行なる不正力を制圧するに在ること言を俟たず、唯特殊の軍紀保持の目的より用兵器上官暴行罪を一般暴行罪より重く処罰すれ共、其根本且直接法益は被害者の身体権の保護に在ること疑を容れず、従而用兵器暴行傷害に依り上官殺害の目的を遂げたる場合に於ても殺人一罪成立し、用兵器上官暴行罪の倶発を見ること無し、而て本件の場合は殺害の故意を以て三刀を加え傷付け脱血死に至らしめたるものにして、夫れ以外に暴行若くは傷害の故意を以て暴行を加えたりとの観念を容るるの余地なきものとす、若し殺人傷害以外に特立する暴行の成立を肯認せんとするには其事実の摘示を要すること言を俟たず、
然るに原判決は何等暴行の故意暴行の事実を摘示すること無く、漫然「被告人の判示所為中、永田少将に対し兵器を用いて暴行を為したる点は陸軍刑法第六十二条第二号に該当す」と為し、殺人以外に用兵器上官暴行を認めたるは理由齟齬擬律錯誤の違法ありと謂わざるべからず、
唯茲に矛盾を残すは陸軍刑法第六十二条と刑法各条との刑の権衡《けんこう》なり、殺人罪は死刑存するを以て可なれ共、第二百四条の傷害罪の如き十年以下の懲役に過ぎざるに、陸軍刑法第六十二条第二号は無期若は二年以上の懲役又は禁錮にして、用兵器上官暴行が傷害に進むに於ては却而《かえつて》単純傷害と為り刑量軽き結果と為るの矛盾に逢着すべし、然れ共こは陸軍刑法が単に用兵器上官暴行脅迫のみに関し規定し、用兵器上官傷害並に用兵器上官殺害の規定を欠く法の不備に基因する結果なり、刑事に於て立法の不備を補わんが為めに暴行罪の身体保護なる本質を無視して、陸軍刑法第六十二条の規定を傷害若くは殺人の場合も想像的競合を見るものと為すことは、罪刑法定主義の根本原則を破壊するものと謂わざる可らず、
原判決が此見易き理を無視して殺人罪と用兵器上官暴行罪との想像的競合を肯認し、刑法第五十四条第一項

前段を適用したるは擬律錯誤の違法あるものにして破毀を免れざるものと信ずと謂うに在れども、本論旨の理由なきことは弁護人角岡知良上告趣意第一点に対する説明に就き之を了解すべし。

同第七点は、相弁護人の上告趣意書は本弁護人に於て全部之を援用すと謂うに在れども、孰れも其の理由なきことは援用の論旨に対する説明に就き之を了解すべし。

右の理由なるを以て陸軍軍法会議法第四百五十八条に依り本件上告は之を棄却すべきものとす、因て主文の如く判決す。

検察官陸軍法務官大塚操干与《かんよ》。

昭和十一年六月三十日

陸軍高等軍法会議

裁判長　判士　陸軍少将　牧野　正迪《まさみち》㊞
裁　判　官　陸軍法務官　小川関治郎㊞
裁判官判士陸軍砲兵大佐　木村兵太郎㊞
裁　判　官　陸軍法務官　藤井　喜一㊞
裁判官判士陸軍騎兵大佐　馬場　正郎《まさお》㊞

人 名 索 引

凡例　・原則として小見出しの初出を採用した。
・「付　相沢事件判決書」については、各ページの初出を採用した。
・本文中の引用文献の編著者名は初出のみ採用した。
・別名・別表記は（　）に入れて記した。
・読み方の判明しないものは、通有の読み方に従い配列した。

あ

い

く

こ

さ

し

す

み

む

も

や

北博昭（きた・ひろあき）
1942年鳥取生まれ。71年東京都立大学大学院修士課程修了。近代日本政治史専攻。
主な著書に『日中開戦―軍法務局文書から見た挙国一致体制への道』（中公新書），『軍律法廷―戦時下の知られざる「裁判」』『戒厳―その歴史とシステム』（朝日選書）。編書に，『支那駐屯憲兵隊関係盧溝橋事件期資料』『二・二六事件　警察秘録』『軍律法廷審判例集』（以上，不二出版），『新訂　二・二六事件　判決と証拠』（共編，朝日新聞社）ほか。

朝日選書 721

二・二六事件 全検証

2003年1月25日　第1刷発行
2010年7月30日　第5刷発行

著者　北　博昭

発行者　島本脩二

発行所　朝日新聞出版
〒104-8011　東京都中央区築地5-3-2
電話 03-5541-8832（編集）
03-5540-7793（販売）

印刷所　大日本印刷株式会社

Published in Japan by Asahi Shimbun Publications Inc.
ISBN978-4-02-259821-9
定価はカバーに表示してあります。

落丁・乱丁の場合は弊社業務部（電話03-5540-7800）へご連絡ください。
送料弊社負担にてお取り替えいたします。